안중근, 하얼빈의 11일

안중근, 하얼빈의 11일

2010년 3월 3일 1판 1쇄
2015년 11월 30일 1판 3쇄

지은이 | 원재훈

편집 관리 | 인문팀
본문·표지 디자인 | 디자인봄
제작 | 박흥기
마케팅 | 이병규·최영미·양현범
출력 | 한국커뮤니케이션
인쇄 | 천일문화사
제책 | 정문바인텍

펴낸이 | 강맑실
펴낸곳 | (주)사계절출판사
주소 | (우)10881 경기도 파주시 회동길 252
등록 | 제 406-2003-034호
전화 | 031) 955-8588, 8558
전송 | 마케팅부 031) 955-8595 편집부 031) 955-8596
홈페이지 | www.sakyejul.co.kr 전자우편 | skj@sakyejul.co.kr
독자카페 | 사계절 책 향기가 나는 집 http://cafe.naver.com/sakyejul
페이스북 | http://www.facebook.com/sakyejul
트위터 | http://twitter.com/sakyejul

ⓒ 원재훈, 2010

값은 뒤표지에 적혀 있습니다.
잘못 만든 책은 구입하신 서점에서 바꾸어 드립니다.

사계절출판사는 성장의 의미를 생각합니다.
사계절출판사는 독자 여러분의 의견에 늘 귀 기울이고 있습니다.

ISBN 978-89-5828-455-0 03900

이 도서의 국립중앙도서관 출판시도서목록(CIP)은
e-CIP 홈페이지(http://www.nl.go.kr/cip.php)에서 이용하실 수 있습니다.
(CIP제어번호: CIP2010000584)

안중근, 하얼빈의 11일

원재훈

다큐 안중근

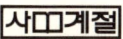

꿈과 현실 사이에 실낱같은 끈이라도 있으면
그것으로 나는 충분하다.

―레닌

| 차례 |

프롤로그 _8

1895년 을미 10월 7일
전조 _17

그해, 1909년 9월
황홀한 예감 _29

1909년 10월 22일
대한군 참모중장 안중근, 하얼빈에 도착하다 _59

1909년 10월 23일
동지들과 기념 촬영, 「장부가」를 짓다 _83

1909년 10월 24일
차이자거우 도착, 유사시 통지 요망 _107

1909년 10월 25일
12시 북행 열차를 타고 다시 하얼빈으로 _119

1909년 10월 26일
심판의 날, 만주 벌판에서 이토의 화려한 죽음 _129

1909년 10월 27일
안중근 가족 하얼빈 도착 _157

1909년 10월 28일
미조부치 다카오 검사, 안중근의 신병을 인도받다 _167

1909년 10월 29일
고독한 장군 안중근 _189

1909년 10월 30일
하얼빈 주재 일본 총영사관 지하실, 안중근 1차 취조 _207

1909년 10월 31일
의거 동지들, 취조를 받다 _221

1909년 11월 1일
일본과 러시아 헌병대, 안중근을 뤼순감옥으로 이송하다 _225

1909년 11월 3일~1910년 3월 25일
뤼순감옥에서 _239

1910년 3월 26일
순국의 날 _311

1910년 3월 26일 이후
동양 평화를 위하여 _317

2009년 10월 26일
안중근 의사 의거 백주년 기념식장에서 _323

에필로그 _337
참고문헌 _340

프롤로그

여기가 어디쯤일까? 하얼빈에서 뤼순으로 가는 야간열차 안에서 문득 깨어났다. 어둠 속이다. 여기가 어디쯤일까? 밤기차는 만주 벌판을 달리고 있다. 이곳이 어디쯤인지를 나는 알 수가 없다. 안중근은 자신이 가고 있는 목적지를 정확하게 알았다. 안중근의 생애는 멈추지 않는 기관차와 같았다. 창을 보아도 어두운 벌판이 펼쳐져 있을 따름이다. 여기는 어딘가. 길 가는 자의 위치는 멈추는 순간에 드러난다.

이 어둠을 뚫고 지나간 자리에 뭔가 남아 있다. 이 기차의 행로는 100년 전 안중근이라는 젊은이가 지나간 길이다. 4인실 침대칸의 오른쪽 아래에서 잠을 청하던 나는 벌써 두 번이나 잠에서 깼다. 객지의 밤은 고달프다. 창을 바라보며 '안중근의 밤은 과연 어두웠을까?' 하는 상념이 떠오르자 무기력해진다. 간혹 피곤한 몸은 신비한 경험을 하곤 한다. 어디선가 속삭이는 듯, 아니 출렁이는 물결처럼 안중근의 목소리가 들려왔다.

"너는 어디로 가고 있느냐?"

하얼빈 역에서 당대 일본의 최고 정치인 이토를 단숨에 저격하고, 호랑이 굴과도 같은 뤼순감옥으로 가고 있던 그의 심경이 어떠했을까? 그 마음을 헤아리다가 창밖을 본다. 막상 야간열차를 타고 내가 본 것은 차창 밖의 어둠뿐이었다. 이 어둠을 안중근은 보았다. 그것은 시대의 어둠이었다. 자신이 태어나고 자란 조선이 선 자리. 그것은 절망이었고, 어둠이었다. 그로부터 100년이 지난 뒤 내가 본 만주 벌판의 어둠 속에 안중근은 빛나고 있다.

사람은 그가 죽은 나이에서 멈춘다. 생은 이름으로 남는다. 안중근 의사는 서른둘 나이에 이 기차를 탔다. 이미 마흔을 넘겼지만 나는 그의 심경을 헤아리기가 쉽지 않다. 나는 스스로에게 묻는다. 안중근은 누구인가?

내가 안중근이라는 이름을 언제 어디서 어떻게 처음으로 들었는지는 정확하게 기억나지 않는다. 아마도 어린 시절 교과서나 위인전집과 같은 어린이 교양도서를 통해 그의 이름을 들었을 것이다. 신용하 선생은 『안중근 유고집』의 서문에서 다음과 같이 썼다.

안중근 의사는 우리들이 모두 아는 바와 같이 한국이 낳은 위대한 애국자이고 선구자다. 그러나 우리 국민들 중에는 안중근 의사를 이토 히로부미를 처단한 의열 투사로만 알고 있는 이들이 많다. 또한 이토의 처단도 '암살'이라고 알고 있는 이들도 많다. 이것은 정확하지 않으며, 잘못 생각하고 있는 것이다. 안 의사는 청년기에 이미 선각적인 교육가였고, 고도의 지성을 겸비한 지식인이었으며, 스스로 의병부대를 편성하여 항일 의병전쟁을 감행한 의병 대장이었다.

그는 천주교에 입교한 청년기에 이미 대학 교육을 시행해야 한다고 판단하고, '대학교 설립안'을 만들어 뮈텔 주교에게 제출한 적이 있었으며, 1906년에는 자기 개인 재산을 모두 털어 진남포에 '삼흥학교'와 '돈의학교'를 설립하여 교장으로서 신교육 구국 운동을 전개하였던 것이다.

또한 1907년 '국채보상운동'이 일어났을 때에는 관서(평안도) 지방 지부장이 되어 부인의 패물까지 헌납하면서 나라의 경제적 독립을 위해 헌신적으로 분투하였으며, 일제가 군사무력으로 조국을 병탄하려는 것이 명백해지자 노령 연해주로 건너가서 동포 청년들을 모아 군사훈련을 시켜 1908년 4월, 약 300명의 의병부대를 지휘하여 두만강을 건너 국내 진입 작전을 전개하였다.

안 의사는 이토 히로부미가 러시아 재무대신과 만주 분할 지배를 협의하려고 1909년 10월 만주를 방문하게 되자, 자기의 활동 지역에 찾아 들어온 적 수괴에 대한 의병 작전의 일환으로 이토를 공격하여 처단하였다. 안 의사가 공판장에서 이토를 처단한 것은 '암살'이 아니라 의병 참모중장의 자격으로 독립전쟁의 일환으로 의병 활동을 한 것이라고 당당히 밝힌 것은 이러한 연유에 의한 것이었다.

안중근 장군에 대한 공판 기록을 엮은 『안중근 전쟁 끝나지 않았다』에서 이기웅 선생 역시 안중근에 대해 이렇게 썼다.

안중근 공판 기록을 처음으로 접한 것은 70년대 무렵이었다. 노산 이은상 선생이 엮은 납 활자본 책은 매우 거칠었으며, 더구나 너무나 잘 알려진 인물이라 특별한 내용을 기대하지 않았다는 게 그 당시의 솔직한 심정이었다. 그러나 책장을 몇 장 넘기면서 나의 선입견은 이내 무너졌다. 처음엔 그 눈물의 연원을 알 수 없었다. 차츰 마음을 가라앉히면서, 나는 그 눈물의 강줄기가 어디에서 발원하고 있는지 알게 되었다. 그것은 이제까지 나의 발길이 닿은 적 없는 '민족'과 '역사'라는 두 말이 근원하고 있는 샘 자리였다. 여기서 민족이란 소박한 의미의 '우리'요, 역사 역시 그때 그곳의 '진실'이라 할 것이다. 안중근 공판기를 읽으면서, '우리'의 '진실'을 알아내는 행위야말로 절실히 필요하다고 느꼈다.

모차르트라는 작곡가를 안다고 해서 그의 음악을 잘 안다고는 하기 어렵다. 안중근과 같은 거대한 인물일수록 그 인물을 알려고 하면 할수록, 빙산의 일각을 더듬는 심경이 되곤 한다. 그래도 우리는 안중근을 알아야 한다. 우리의 답답하고 암울하고 지난했던 '근대'라는 시간의 열쇠가 거기에 있기 때문이다.

신용하 선생이 명쾌하게 밝힌 안중근에 대한 연대기적 기술은 안중근이 단순한 암살범이 아니라는 것을 강조했다. 하지만 우리는 이토 히로부미의 저격으로, 그 결정적 행위로 안중근을 알게 되었다. 일본인들이 보기에 안중근은 암살범이다. 하지만 동아시아 전체의 시각으로 보면 암살범이 아니다. 여기에 안중근의 고민과 고통이 있었다. 그는 쉽게 총을 든 것이 아니다. 명예욕이나 부귀욕, 혹은 개인적인 원한, 실리적인 목적이 있었던 것이 아니었다. 그는 자신이 꿈꾸는 나라를 위해 총을 들었다.

대한국인 안중근, 그는 다른 이름을 원하지 않았다. 제국주의 시대의 심장이 안중근의 총알을 원했다. 이토라는 동양 평화의 주적을 제거하는 것이 그가 원했던 동양 평화의 한 방식이었다. 그는 성찰하고, 판단하고, 행동했다. 과녁을 향해 날아가는 탄환처럼, 안중근은 짧은 생애를 불꽃을 태우듯 살았다.

안중근은 남과 북이 동시에 추앙하는 민족의 정신이다. 북한의 김일성은 안중근 의사에 대해서 각별한 생각을 가지고 있었다. 김일성의 『세기와 더불어』 제1권에 이런 문장이 나온다.

외할아버지는 청덕학교에서 안중근과 같은 인물이 한 명만 나와도 영광이라고 하면서 나더러 공부를 열심히 하여 훌륭한 애국자가 되라고 하였다. 나는 안중근과 같은 유명한 열사는 못 되어도 나라의 독립을 위하여 목숨을 아끼지 않는 애국자가 되겠다고 대답하였다.

김일성처럼 안중근과 같은 애국자가 되겠다는 생각을 한 번도 해 본 적이 없는 내가 안중근을 가슴에 품게 된 것은 남산에 있는 안중근 의사 기념관에서 본 권총 때문이었다. 안중근의 권총을 보는 순간 안중근이라는 이름이 거칠고 강인한 손으로 나를 잡아당겼다.

안중근이 거사에 사용했다는 권총은 무겁고 어두웠다(거사에 사용한 진품이 아니라 같은 종류의 권총을 전시했다). 저 어두운 쇳덩어리가 이제는 한 시대의 분기점을 상징하는 기념물이 되어 전시되어 있다. 기념관의 유리 상자에는 구한말 의병들이 사용했다는 총기와 안중근 의사가 사용했다는 권총이 놓여 있다. 이것들은 일제의 도발과 침략을 제지한 우리 민족의 성스러운 물건이 되었다. 문득 권총을 만져 보고 쥐어 보고 싶었다.

권총은 누구의 손에 쥐어지냐에 따라 그 용도가 달라진다. 강도가 들면 강도 살인의 도구가 될 수 있고, 일본군이 쥐면 일본 제국주의의 총구가 되는 것이고, 안중근 의사가 들면 저렇게 기념관의 한자리를 빛내는 명물이 되는 것이다.

나는 이 책에서 안중근 의사가 거사를 한 장소인 하얼빈에서 보낸 11일을 통하여 위대한 영혼의 행로를 더듬어 보았다. 필자 역시 하얼빈에서 11일을 지내다 돌아왔다. 비록 시공간은 다르지만, 위대한 인물의 숨결과 영혼을 느끼고 싶었다. 그가 하얼빈에서 보낸 11일은 하루하루가 마침표였고, 느낌표였다. 그 이전의 시간은 하얼빈으로 오는 긴 여정일 따름이었다. 만약 하얼빈이 우리 영토였다면, 거사 이후에 기차역의 이름은 '안중근역'으로 지금까지도 남아(미국의 존 F. 케네디 공항처럼) 동아시아 평화의 상징이 되었을 것이다.

그는 총을 들었지만, 그 총이 겨눈 것은 폭력이었다. 의병 지도자 시절 사로잡은 적군에게 훈계하고 총까지 돌려주는 평화주의자 안중근은, 결국 폭력을 통하여 평화를 꿈꿀 수밖에 없었기에 그 누구보다도 괴로웠다. 그는 단지 일본의 거물 정치인이 아니라 짐승과 같은 시대를 향해 총성을 울렸고, 그 총성은 종소리처럼 울려 퍼져 동아시아 전체가 제국주의와 투쟁하게 되었다. 비록 그 자리에 쓰러진 것이 일본 제국주의가 아니라 이토라는 늙고 작은 인간일 따름이라 해도, 그 노인이 쓰러진 자리에서부터 우리의 항일 저항기는 시작되었다. 안중근이 바로 그 자리에 있었다.

안중근 의사의 생애는 백범 김구나 도산 안창호, 혹은 단재 신채호 같은 분들과는 다르다. 그는 전광석화처럼 살았고, 짧고 굵게 삶을 매듭지었다. 그는 조선과 대한제국 시기를 살다 간 사람이다. 안중근은 일제강점기를 경험하지 못하고 그 직전에 순국했다. 일제강점기를 경험하지 못한 인물 중에서 안중근처럼 독립운동의 표상이 된 인물은 없다. 그의 거사와 순국은 향후 독립운동의 정신적인 지주가 되었고, 나태하고 부패한 조국의 현실에 대한 십자가였다. 그는 그 모든 것을 짊어지고 젊은 나이에 동양 평화를 꿈꾸며 먼 이국 땅에서 잠들었다.

안중근의 휘호 중에 '약육강식 풍진시대(弱肉强食 風塵時代)'라는 문구가 있다. 당시 우리의 상황을 참담한 마음으로 적어 놓은 것이다. 안중근은 그 불안한 근대에 총성을 울렸다.

하얼빈에 울려 퍼진 세 발의 총성은 잠든 우리의 근대와 우리의 무지와 우리의 약함과 울분을 흔들어 깨운다. 그는 나태한 대한제국 정부를 향해서, 제국주의의 팽창을 향해서, 요원한 동양 평화의 장벽을 향해서 총구를 겨누고 저격한 것이다. 만주 벌판을 달리는 시대의 야간열차를 둘러싼 어둠은 한 사내가 감당하기 어려운 어둠이었다. 그러나 그 어둠은 찬란하게 빛나는 밤하늘의 별의 바탕이었다.

흔들리는 열차 안에서 나는 안중근의 연보를 살펴보았다. 그의 연대기는 간단명료했다. 죽 읽어 내려가다 내 마음에 툭 걸리는 부분이 있었다. 안중근이 열일곱 살이 되던 1895년 을미년은 명성황후 시해 사건이 있던 해다. 명성황후 시해 사건을 계기로 조선의 운명은 급속도로 기울기 시작한다. 그리고 그 참상은 우리 근대 역사의 피눈물이 되었다. 한 나라의 상징인 왕비의 몸을 난자하고, 불태우고, 유린한 그해에 안중근은 무엇을 하였을까? 훗날 안중근은 이토를 저격한 동기 중에서 첫 번째로 명성황후 시해 사건을 들었다. 이 사건은 열사 안중근의 모태이기도 하다.

안중근이라는 이름은 막 내린 눈밭에 찍힌 발자국이다. 그 눈밭의 발자국은 일제강점기를 걸어가야 할 많은 사람들을 안내하는 발자국이 되었다. 첫눈이 내리는 날 이 프롤로그를 쓰게 되었다. 이제 방문을 열고 막 쌓인 눈길을 걸어 보고 싶다.

2009년 12월

원재훈

1895년 을미 10월 7일

전조 .

원래 희망이란 있다고도 할 수 없고, 없다고도 할 수 없다.
그것은 땅 위의 길과 같다.
원래 땅에는 길이 없었다.
가는 사람이 많아지면 길이 되는 것이다.

—루쉰, 「고향」 중에서

 그날 저녁은 놀이 유독 붉었다. 왕비는 놀을 바라보며 '세상이 저리 붉으니 아름답지 않으냐'고 스스로 되물었다. 선연한 핏빛 하늘, 그것은 아름다운 세상이었다. 왕비는 손을 뻗어 저녁 하늘을 만지려 했다. 평소와는 달리 왕비께서 이상한 행동을 하시는구나 싶은 궁녀가 바람이 차다고 말하자, 왕비는 그녀를 바라보며 말했다.
 "어릴 적부터 자주 놀을 보았지만, 오늘 저녁은 유독 아름답구나."

궁녀는 고개를 숙이고 뒤를 따르다 잠시 하늘을 보았다. 어제 저녁과 별반 다르지 않았다. 왕비의 심경이 매우 어지럽다는 걸 알 수 있었다. 궁녀는 자신도 모르게 길게 한숨을 내쉬었다. 찬바람이 낯선 사내의 손처럼 그녀의 가슴을 파고들었다. 자신도 모르게 몸을 떨며 천천히 걸어가던 궁녀는 왕비의 아름다운 모습을 올려다보았다. 놀이 스며든 얼굴, 붉게 빛나는 조선의 어머니, 국모의 얼굴이었다. 저분을 잘 모시고 싶다. 궁녀는 서둘러 왕비를 모셨다. 잠시 후, 독수리 날개 같은 어둠이 내려왔다. 놀은 사라지고 깊은 어둠이 그림자처럼 온 세상에 스며들었다. 그날 저녁도 여느 날과 다르지 않았다.

궁녀들은 왕비를 보호하려고 앞으로 나섰으나, 거친 늑대와 같은 낭인들의 칼날 앞에서 낙엽처럼 흩어져 쓰러졌다. 왕비를 찾아내려고 경복궁 안을 이 잡듯 뒤지고 다니는 낭인들의 눈에는 핏발이 서 있었다. 굶주린 짐승의 눈빛이었다.

저것은 사람의 눈이 아니구나. 이것은 사람의 일이 아니구나. 다가오는 낭인들의 모습을 처연하게 바라보면서 왕비가 몸을 곧추세웠다. 낭인들은 누가 왕비인지를 확인하기 위해 우선 그녀의 관자놀이에 나 있는 상처 자국을 확인했다. 순간, 상처 자국보다 더 선연한 눈빛을 보고 그녀가 왕비임을 직감한 낭인은 거칠게 몸을 뒤지기 시작했다.

"이놈들, 천벌을 받을 것이다."

왕비의 단말마가 건청궁 동쪽 곤녕합에서 울려 퍼졌다. 허공을 가르며 왕비의 몸으로 날카롭게 일본도가 번득였다.

"네 이놈이……."

치욕스러운 행동에 왕비가 아연했다. 낭인은 왕비의 옷에서 러시아 황제에게 보내는 문서를 찾아냈다. 득의에 찬 미소. 왕비를 보호하려고 달려드는 궁녀를 발로 내지르고 칼로 찌른 굶주린 까마귀 떼 같은 낭인들이 왕비를 향해 달려들었다.

"네 이놈들이…… 기어이, 기어이 일을……."

어둑한 왕의 침전을 밝히고 있던 촛불들이 갑자기 몰아닥친 피바람에 툭툭 그 빛을 잃었다. 어둠은 덩어리져 짐승의 눈알처럼 굴러다니고 있었다. 왜놈들이 이토록 포악하고 무례하단 말인가. 한 나라의 정신이자 심장인 고종은 한겨울날 벌판에 버려진 것처럼 추웠다. 거기 누구 없느냐, 거기 누구 없느냐. 왕은 차마 도움을 청할 여력도 남아 있지 않았다.

비명소리와 총성이 울려 퍼지자, 공포에 휩싸인 고종과 왕세자는 주위를 살필 겨를이 없었다. 낭인들은 왕의 침전을 어지럽히고 있었다. 한 낭인이 분노하여 일어서는 왕의 어의를 잡아 당겨 기어이 옷이 찢어지고야 말았다. 너무나 황당한 일에 왕이 어이없어하는 사이 어머니의 안위가 걱정스러웠던 세자는 거칠게 3명의 낭인들 사이를 빠져나가려고 했다.

"어마마마, 어마마마."

미친 듯이 어머니를 찾아 나서는 왕세자의 모습을 본 낭인 하나가 왕세자를 향해 칼을 들었다. 놈의 번득이는 눈빛과 함께 칼날이 내려오다 방향을 바꾸었다. 놈은 칼등으로 왕세자의 목덜미를 내리쳤다. 이놈들! 고종의 단말마가 울려 퍼지면서 허수아비처럼 왕세자가 쓰러졌다. 그리고 그림자는 천천히 고종을 향해 다가오고 있었다. 칼끝으로 핏방울이 떨어졌다. 일본군 제복을 입은 군인이었다.

"네놈은 일본의 군인이 아닌가? 이게 군인으로서 할 행동인가?"

준엄하게 호통치는 고종을 향해 놈은 말했다.

"대일본 제국의 뜻을 거스르면 이런 꼴을 당합니다. 궁은 이미 우리 수비대가 다 포위했습니다. 왕의 군사들도 이미 제압했습니다. 왕은 경거망동하지 마십시오. 부하들은 제정신이 아닙니다. 왕은 자중하십시오. 저는 임무만 완수하면 바로 돌아갑니다. 부디 더 흉한 일을 제 손으로 저지르지 않게 하십시오."

기가 막힌 고종이 말했다.

"도대체 조선의 궁 안에서 너희들이 해야 할 그 임무란 무엇이란 말인가?"

"곧 알게 됩니다. 여기에서 자중하십시오. 어이, 왕을 감시하라."

일본군 장교는 부하에게 간단히 지시를 하고 저벅저벅 걸어 나갔다. 이미 일본군은 수비대 제3중대가 미리 준비한 긴 사다리를 타고 담을 넘어 난입했다. 낭인과 자객들은 남쪽의 광화문, 동북쪽의 춘생문, 서북쪽의 추성문을 통하여 침투했다. 자객들을 진압하려던 훈련대 연대장 홍계훈은 일본군의 총격을 받고 쓰러졌고, 안경수와 그 병력은 일본군에게 허무하게 무너지고 말았다. 궁은 밀폐된 유리병처럼 일본군에 의해 고립되었다. 그 병을 들고 있는 것은 바로 일본군들이었고, 군인, 낭인, 장사치들이었다.

고종은 할 말을 잃었다. 이것이 분명 한 나라와 한 나라의 관계란 말인가? 나의 신하들은 어디에 있는 것인가? 세자는 죽은 듯 움직이지 않았다.

"네 이놈들, 네 이놈들……."

고종은 차라리 눈을 감았다. 그리고 허수아비처럼 쓰러져 있는 세자를 품었다.

"그래, 차라리 눈을 감고 있어라. 너의 심약한 마음으로 볼 일이 아니구나. 모든 것이 과인의 탓이로다. 과인이 죽을 죄인이로다. 네 모습이 바로 내 나라와 백성들의 모습이구나."

아들을 품에 안고 고종은 흐느꼈다.

빛이 흔들렸다. 세자를 찾는 왕비의 비명소리가 달빛에 스며들었다. 곁에 있던 세자빈의 온몸에는 낭인들의 칼날에 흩뿌려진 핏자국이 선연했다. 미친 자객의 칼이 춤을 추고 있었다.

"세자, 세자."

왕비가 애절하게 세자를 부르면서 쓰러졌다. 일본 낭인들은 왕비의 시신을 홑이불에 둘둘 말았다. 낭인들은 주위를 두리번거리면서 왕비의 시신을 밖으로 내고 있었다. 굶주린 개가 헐떡이면서 호랑이에게 쫓기는 모양이었다. 이때 명성황후의 나이 45세였다.

"증거를 없애야 한다."

일본군은 중얼거리면서 궁의 숲속으로 스며들었다. 새벽이슬에 축축이 젖은 풀잎으로 왕비의 피가 뚝뚝 떨어졌다. 어깨에 시체를 들쳐 멘 일본군의 등 뒤로도 왕비의 피가 흘러내렸다. 일본군이 숲에 이르자 검은 구름이 달을 가렸다.

"이런, 왜 이리 어두운 거야. 횃불을 가져와라."

횃불이 도착하자 무거운 짐을 내려놓듯 풀밭에 왕비의 시신을 던졌다.

"어이, 장작도 빨리 가져와라. 도대체 어디에 정신을 두고 있는 거냐."

새파란 풀빛에 피투성이가 된 왕비의 시신을 보고 일본군 하나가 정신을 못 차리자, 장교인 듯한 자가 군인의 따귀를 올려붙였다.

"정신 차려라."

"이건, 이건…… 어쩌시려고요."

"이 자식이 정말 정신 못 차리는구나."

장작을 시신 위에 내던지면서 장교가 다시 군홧발로 졸개의 정강이를 걷어찼다. 풀밭에 쓰러진 졸개는 바로 옆 왕비의 시퍼런 눈동자를 보았다. 죽은 왕비의 눈은 마침 검은 구름에 드러난 달빛에 반짝 빛났다. 졸개는 그 자리에서 구토를 하기 시작했다. 잠시 후, 왕비의 시신을 덮은 장작 더미에 불이 붙었다. 불타오르는 장작 더미에서 피어오르는 연기는 하늘로 올라가고 있었다.

훗날 순종이 된 세자는 왕이 된 후에도 간혹 홀린 듯이 명성황후가 시해된 곳을 찾으면서, "어마마마 어마마마" 하고 부르며 궁을 헤매었다고 한다.

일본 공사 미우라는 새벽에 왕비를 '제거'했다는 보고를 받았다. 임무를 완수한 수하들에게 수고했다는 치하를 하고 난 후 미우라는 경복궁으로 같이 들어간 대원군의 반응은 어떠냐고 영사 우치다에게 물었다. 우치다는 대원군이 손뼉을 치면서 만족감을 표시했다고 했다. 잠시 눈을 감았다. 그런 보고를 받았지만, 손뼉을 치면서라니 과연 그렇게까지 했겠나 싶었다. 이놈이 나의 눈치를 보는구나 싶었다. 하지만 대원군을 앞장세운 일이다. 정치는 냉정한 것이다. 잔혹하고 피비린내 나는 전쟁이라는 것을 미우라는 잘 알고 있었다.

어쩌다가 여기까지 오게 되었단 말인가? 미우라는 잠시 눈을 감았다. 왕비의 품에서 나왔다는 문서는 멕시코 전근이 내정된 러시아 공사 웨버를 조선에 유임시켜 달라는 내용이었다. 러시아 황제에게 보내는 문서였다. 여우 같은 년이구나, 미우라는 중얼거렸다.

본국에서 조선의 공사를 맡아 달라는 제안을 받았을 때 미우라는 거부했었다. 외교는 자신과는 상관없는 일이었다. 하지만 결국 공사 직을 맡을 수밖에 없었다. 일본의 입장이 무엇인지 확실히 밝혀 달라고 수차 물었지만, 일본 육군을 창설한 핵심 인사이자 일본에 군인정치의 문을 연 인물인 야마가타 아리토모는, 현 상황에서 어떤 방책을 선택할지는 매우 중대한 문제이므로 깊이 생각해서 행동해야 한다면서 일단 조선으로 건너가 달라고 했다. 이건 무슨 의미인가? 미우라는 깊이 생각할 수 없었다.

송별회 자리에서 대장대신인 마사요시가 조선에 대해 어떤 방침을 가지고 있느냐고 묻자 미우라는 "아이 하나를 조선이라는 들판에 풀어놨다고 생각해 주십시오"라고 대답했다.

그때 마사요시의 얼굴에 살짝 번지는 미소를 보았다. 아이들이 저지른 일은 어른들이 책임을 지는 법이지. 하고 싶은 대로 하라. 단 대일본 제국의 국익을 생각하라. 미소 속에는 이런 말들이 숨어 있음을 미우라는 보았다.

결국 정부는 아무런 방침도 정해 주지 않았다. 하지만 분명히 자신만이 할 수 있는 일이 있다는 걸 알았다. 조선이라는 들판에 아이가 불을 지른다. 어른들은 놀라겠지만, 좋아할 것이다. 땅은 타버린 풀과 나무로 비옥해지는 법이다. 그래, 불을 지르자. 이제부터는 위장 전술로 들어가야 할 것이다. 미우라는 내각을 책임지고 있는 이토의 얼굴이 떠올랐다.

이토는 이 보고서를 받고 어떤 표정을 지을까? 그는 알고 있었을 것이다. 미우라는 침착하게 외무대신 대리 업무를 맡고 있는 사이온지 긴모치에게 보내는 보고서를 작성했다. 사이온지는 보고서 전문을 내각 총리인 이토에게 즉시 보고했다. 이토는 천천히 보고서를 읽으면서 미소 지었다.

"미우라가 큰일을 해냈구나. 이제부터 아주 먼 길을 가야 한다. 천천히 가도 빠르다."

*

조선의 국모가 돌아가신 을미년에 내 나이 열일곱 살이었고, 왕비의 옥체가 처참하게 불길로 타오르던 바로 그해에 나는 프랑스인 홍 신부(프랑스명 니콜라 빌렘, 한국명 홍석구, 세례명은 요셉)에게서 주님의 사랑이 넘치는 세례를 받았다. 나에게 사랑은 물이 아니라 불로 다가왔다. 내가 만져야 할 것은 물이 아니라 뜨겁고도 뜨거운 불이었다.

나는 그 길로 들어선 것이다. 지금은 이 풍진 세상을 향해 용서와 사랑의 마음을 품으라는 하늘에 계신 천주님의 뜻으로 받아들인다. 하지만 이토가 저지른 명성황후 시해 사건은 내가 이토를 동양 평화의 적으로 삼게 된 결정적 단초였다.

그날 요셉 신부님은 나에게 이렇게 말했다.

세례성사는 우리를 하느님의 백성이 되게 하는 성사다. 세례란 무엇이냐. 세례성사는 단순히 물로 씻는 것을 의미하는 것이 아니라, 성령의 불로 씻는 것이다. 그래서 영적으로 깨끗한 새사람으로 태어나는 것이다. 이제부터 세례성사를 받은 너는 하느님의 은총으로 새롭게 태어난 존재다. 주님이신 예수 그리스도와 결합하여 그분의 일생과 죽음과 부활에 대한 믿음으로 영원한 새 생명의 문을 여는 것이다. 너는 믿고 따르겠느냐.

나는 신부님 앞에서 서약했다. 성령의 불길로 이전의 내가 타오르고, 새로운 내가 태어났다. 세례명으로 천주교 성자인 '도마'(토마스)라는 이름을 받았다. 안응칠, 안중근, 그리고 도마, 이것이 나를 가리키는 이름이다. 이 이름들을 나는 소중히 여겨야겠다.

홍 신부는 성경의 로마서를 인용했다. 세례란 물로 씻는 것이 아니라 불로 씻는 것이라는 말씀이 가슴을 태웠다. 어릴 적부터 산과 들을 돌아다니면서 사냥을 즐기던 내가 천주교에 입교하게 된 것은 부친의 영향 때문이었다. 한학에 정통하고 유학자이기도 한 아버지가 천주님을 받아들이게 된 것도 역시 나는 시대 탓이었다.

천주님의 인자하신 사랑과 평화의 세계를 나는 받아들이고 싶었다. 나 안중근은 이제 천주님의 축복으로 '도마'라는 세례명을 받았다. 도마 안중근. 천주를 알기 전의 나는 죽었다. 나는 이제 도마 안중근라는 이름으로 조선이라는 나라의 십자가를 짊어지고 갈 것이다.

그해, 1909년 9월

황홀한 예감

안중근 장군의 거사는 순식간에 이루어졌다. 치밀한 계획이었지만, 한 푼의 자금도 지원되지 않는 외로운 싸움이었다. 자서전을 통하여 안중근 의사의 거사를 살펴본다. 자서전은 개인의 심경을 기록하기에 평전과 같이 객관적인 자료가 아니다. 안중근은 이토를 저격한 거사로 불어닥칠 후폭풍을 짐작했을 것이다.

　안중근의 공판 기록을 보면 동지들의 신변을 걱정하는 마음이 잘 나타나 있다. 오로지 자신이 홀로 결행한 일이라는 것을 강조했다. 안중근의 평소 품행이나 성품으로 볼 때, 제3의 인물이 있었다 하더라도 철저하게 감추었을 것이다.

　자서전을 쓴 장소도 중요하다. 안중근은 수감된 상태에서, 즉 적의 옥중에서 자서전과 「동양평화론」의 일부를 집필했다. 사후에 일본인의 손에 넘어갈 것은 너무나 명확한 일이었다. 김구 선생처럼 자유롭게 집필했다면 자서전의 내용은 더 풍부해졌을 것이다. 하지만 미루어 짐작하건대 거사와 관련된 인물 중에는 우선 도산 안창호가 있을 것이다. 안중근은 도산 안창호를 매우 높이 평가했다. 도산 안창호는 안중근보다 한 살 더 많았다. 두 사람은 서북학회 연설회에서 만난 이후에 평양에서도 만났다. 두 사람은 같은 순흥 안씨였다. 박은식은 『안중근전』에서 이렇게 적었다.

이때 안중근은 평양에 있다가 국변(정미 7조약에 의해 한국 군대가 해산된 사건)이 있다 함을 듣고 급히 경성에 들어와 남문 밖 제중원에 머물고 있었다. 이날 이 참상을 보고 어찌할 바를 몰랐다. 포성이 약간 멎으니 즉시 안창호, 김필순 그리고 미국 의사 몇 명과 함께 적십자표를 달고 싸움터에 뛰어들었고, 부상자를 부축해 들고 입원 치료시켰다. 무려 50명이었다.

두 사람이 직접 연락한 기록은 보이지 않지만, 안중근이 거사를 협의한 장소인 『대동공보』 사무실은 안창호의 공립협회 지부였다. 『대동공보』의 주필인 이강은 안중근과 연락을 주고받는 사이였다. 안중근은 거사 직전 이강에게 편지를 보내 거사 후에 "앞으로의 일은 본사로 통지하겠다"는 추신을 달았다.

'앞으로의 일'은 무엇을 의미하는가? 본사로 통지하겠다는 것은 또 무엇인가? 안창호는 안중근의 거사 후 바로 체포되어 50일 이상 조사를 받았는데, 체포 당시 평양에서 하얼빈으로 가려 한다는 일정표가 도산의 주머니에 있었다. 왜 그 시기에 도산이 평양에서 하얼빈으로 가려 했을까? 안중근이 이토가 하얼빈으로 온다는 소식을 알게 된 것도 『대동공보』를 통해서였다. 안중근과 안창호의 관계는 더 이상 밝혀진 것이 없지만, 상상력을 촉발시키는 드라마틱한 요소가 있다. 도산 안창호가 안중근과 어떤 관련이 있었는지는 알 수 없지만, 도산은 이미 일본 정부의 요주의 인물이었다. 안중근은 철저하게 도산을 보호해야 했을 것이다.

*

도산 안창호는 이토 히로부미와 만나 장시간 대화를 나눈 적이 있다. 이토는 조선의 영민한 청년 지도자 도산을 설득해 친일 분자로 만들려고 했다.

1907년 11월경 조선 통감 이토 히로부미는 한편으로는 전국 각지에서 일어나는 의병부대를 무자비하게 진압했다. 이토는 매우 노회한 정치인이었다. 당시 예순여섯이었던 이토는 하급 무사 집안 출신으로 맨손으로 시작해 일본 초대 총리를 지낸 입지전적 인물이다. 유신 시절부터 산전수전을 다 겪은 그는 조선 구국 운동의 별로 떠오르는 도산 안창호를 포섭하려고 했다. 이토는 안창호를 중심으로 한 청년 내각을 미끼로 던졌다.

도산은 동학에서 일진회로 변신한 예를 들면서 단호히 거절했지만, 이토는 여러 차례 사람을 보내 결국 도산을 불러들였다. 이때 이토는 울타리까지 나와 조선의 젊은이를 영접했다. 그의 인물 됨됨이를 잘 보여 주는 대목이다.

이태복 교수의 『도산 안창호 평전』에 나와 있는 두 사람의 대화를 살펴본다.

이토 그대가 한국 삼천리 남북을 두루 다니면서 연설을 하는데, 그 목적은 무엇인가?

도산 귀하가 50년 전 일본 강산에서 일본을 위해 하던 그런 사업을 나는 오늘 조선에서 조선을 위하여 하려는 것이다.

이토 그대의 연설은 이 연설집에 의해 잘 알고 있다. 그대는 열렬한 애국자다. 나는 일본인이지만 그대의 조선을 사랑하는 애국열은 잘 알고 있다. 나는 일본 유신 공로자의 한 사람으로서 조선도 훌륭한 나라로 만들려고 생각하고 있다. 그러니 흉금을 열고 말하자.

도산 만일 일본이 조선을 위한다면, 조선의 자주독립을 용허한다면 일본은 어찌하여 한인으로서 조선 독립을 위해 활동하는 자이면 조금도 가차 없이 체포하고 투옥하는가. 이것이 조선을 위해 주는 것인가?

이토 그것은 나의 생각을 이해치 못하는 하부의 자들이 잘못하는 일이다. 내 평생의 이상이 셋 있으니 하나는 일본을 열강과 각축할 만한 현대 국가로 만드는 것이요, 둘째는 조선을 그렇게 하는 것이요, 셋째는 청국을 그렇게 하는 것이라. 일본에 대해서는 거의 목적을 달성했으나 일본만으로는 서양 세력의 아시아 침입을 막을 수 없으니 조선과 청국이 일본만 한 힘을 가진 국가가 되고 서로 사이좋은 나라가 되어야 한다. 지금 조선의 재건에 전심전력을 경주하고 있거니와 이것이 완성되면 청국으로 가겠노라. 그대는 나와 같이 이 큰 사업을 경영하지 않겠는가. 내가 청국으로 갈 때 나와 함께 가서 세 나라의 정치가가 힘을 합하여 동양의 영원한 평화를 세우자.

이 대목에서 이토는 자신의 훗날을 이야기하고 있다. 일단 조선을 침략한 다음에 청국을 침략하겠다는 이야기다. 이러한 방식은 일본의 전형적인 침략 방식이었다. 특히 이토는 전쟁보다는 이러한 정책적인 면에서 탁월했다. 이토가 하얼빈으로 간 것은 바로 그런 단계였다. 거기에서 이토는 조선인 청년의 손에 의하여 자신의 평생소원을 이루지 못한다.

그가 일본의 정한론자들을 물리치고 정책을 펼칠 수 있었던 것은 싸우지 않고 이기는 것이 최고의 전쟁이라는 생각에 기인한다.
당시 이용구를 비롯해 항일투쟁의 전력을 가지고 있는 친일 분자
들이 이러한 일본의 계략에 협조를 한 것이다. 일단 조국을 구한다
는 대의명분을 내세우는 것이다. 도산이 이러한 이토의 내면을 모
를 리 없다. 도산은 말한다.

> **도산** 세 나라의 정립친선이 동양 평화의 기초라는 데는 동감하며, 그
> 대가 그대의 조국 일본을 혁신한 것을 치하하며, 조선을 사랑하여
> 도우려는 호의는 감사한다. 그런데 그대가 조선을 가장 잘 도울 방
> 법이 있으니, 그것을 아는가?
>
> **이토** 그 방법이 무엇인가?
>
> **도산** 일본을 잘 만든 것이 일본인인 그대였던 것처럼 조선은 조선인
> 으로 하여금 혁신하게 하라. 만일 메이지유신을 미국이 와서 시켰
> 다면 그대는 가만있었겠는가. 그뿐 아니라 유신 그것이 되지 못했
> 을 것이다.

도산의 날카로운 지적에 이토는 아무 말도 하지 못했다. 이때 도
산은 이토의 가슴에 비수를 꽂는 발언을 한다. 즉 일본은 조선이나
청국에서 인심을 잃었다는 사실, 그것이 서양 세력의 침략을 끌어
오는 원인이 될 것이라는 예상을 했다.

도산 일본의 압제 밑에 있는 조선은 미국이나 러시아에 도움을 구할 것이다. 일본의 강성을 원치 않는 열강은 조선인의 요구를 들어줄 것이니, 이리하여 일본이 열강의 적이 되고 동양 여러 민족의 적이 될까 두렵노라. 그대가 만일 우방의 빈객으로 우리나라에 왔다면 나는 매일 그대를 방문하여 대선배로 선생으로 배우겠노라. 그러나 그대가 조선을 다스리려고 온 외국인이기에 나는 그대를 방문하기를 꺼리고 그대와 친근하기를 꺼리노라.

일본이 조선의 독립을 재삼 보장했고, 청일·러일 두 차례의 전쟁도 조선의 독립을 위함이라 하므로 조선은 일본에 얼마나 감사하고 믿었던가. 그러나 전승 후 일본이 제 손으로 조선의 주권을 깎을 때 조선은 얼마나 일본을 원수시 하게 되는가. 조선과 일본 두 나라의 이런 관계가 계속되는 동안 조선인이 일본에 협력할 것을 바라지 말라. 또 그대가 청국을 거들어서 도울 것을 말하나, 그것은 조선의 독립을 회복시킨 뒤에 시험하라. 청국의 4억 민족은 일본이 조선을 보호국으로 가지고 있는 한 결코 일본을 신뢰하지 않을 것이다. 이 세 나라를 위하여 그대와 같은 대정치가의 손으로 해결하기를 바라노라.

이토의 노회한 설득과 애국 청년의 정직한 답변이었다.

*

　사람에게는 스스로 설명할 수 없는 육감이나 예감이 있다. 특히 어떤 일에 몰두하다 보면 자신도 뭐라고 설명할 수 없는 예감이 드는 순간이 있다. 때로는 이러한 동기로 큰일을 하기도 한다. 베토벤 같은 예술가의 영감도 그러하다.

　1909년 9월, 안중근은 조선 침략의 원흉인 이토 암살이라는 거사를 오랫동안 생각해 오고 있었지만 구체적으로 어떻게 실행하겠다는 생각은 하지 못하고 있었다. 마음만 굴뚝같았지, 이토라는 대정치인에게 접근하기도 쉽지 않았다. 안중근에게 이토 암살은 배고픈 사람이 쳐다보는 병풍 속의 닭과도 같았다. 그해 9월 안중근은 조국 독립을 위해 이전투구를 거듭하다가 먼 길을 돌아와 심신이 지쳐 피곤하였다. 그런 그에게 문득이라고밖에 할 수 없는 심경의 변화가 찾아왔다. 그는 자서전에 그 심경을 이렇게 적었다.

　그러는 사이에 어느덧 이곳에서의 첫 가을을 맞이하니 그때가 1909년 9월이었다. 엔치야에 머무르고 있던 어느 날이었다. 갑자기 아무런 이유도 없이 마음에 분노와 울적함이 치솟으며 초조함을 달래기가 어렵고 스스로 진정할 수가 없었다. 그래서 동지들에게 블라디보스토크에 가겠다고 말하니 그들은 놀라움을 금치 못하였다.

"왜 그러시오? 갑자기 아무런 기약도 없이 왜 떠나려는 것이오?"

"나도 그 까닭을 모르겠소. 공연히 마음에 번민이 생겨 도저히 이곳에 머물러 있을 수가 없소. 그래서 떠나려는 것이오."

"이제 가면 언제 돌아오겠소?"

나는 홀연히 대답했다.

"다시 돌아오지 않을 것이오."

왜 블라디보스토크였을까? 왜 다시 돌아오지 않을 거라고 선언을 해버린 것일까? 안중근이 사형 집행을 목전에 두고 묵묵히 써내려간 자신의 일생, 태어남에서부터 죽음까지를 기록한 문장은 간단명료하고 빠르다. 바로 다음 달의 일을 자신도 몰랐다. 이 문장은 신비한 기운이 감돈다. 이토 저격 계획 이전의 말이기에 더욱더 비장하다. 안중근의 복잡한 심경을 걱정하는 동지들을 향해 "다시 돌아오지 않을 것"이라고 말한 것은 이미 그때 1909년 10월 26일의 거사를 예감하고 있었음을 의미한다. 이렇게 안중근은 자신도 모르게 누군가의 손길에 이끌리듯 홀연히 길을 떠난 것이다.

여기에서 왜 갑자기 "이유도 없이 마음에 분노와 울적함"이 치솟았을까? 정체를 알 수 없는 초조함으로 안중근의 바위보다도 무거운 마음은 흔들렸다. 수년 전 조국을 떠나 러시아에 머물고 있던 안중근, 이미 서른을 넘긴 장년의 가을날이다. 먼 타국 땅에서 조국을 바라보던 안중근의 심경을 헤아리기는 그리 어려운 일이 아니다. 그리고 최근 안중근이 걸어온 일 년의 행로는 지난했다. 동지들과 의군을 결성하고 처음으로 치른 일본군과의 전투에서 패하고, 몇 번의 죽을 고비를 넘기면서 추적하는 일본군의 총칼을 피해 생지옥을 탈출한 직후였다.

의거 후, 안중근은 법정 진술에서도 다른 동지들을 보호하기 위해 거짓 진술을 한 적이 있다. 자서전에는 자신의 블라디보스토크 행이 돌연히 일어난 일이라고 기록하고 있지만, 정말 그러한 정황 밖에 없었던 것인지는 알 수가 없는 일이다. 목숨을 바쳐 독립운동을 함께한 형제 같은 의로운 동지들을 보호해야 했고, 또 자신의 솔직한 심경을 적어야 하는 정직과 거짓의 경계선을 아슬아슬하게 걸어가야 했다.

흑룡강조선민족출판사에서 발행한 『안중근과 할빈』은 거사 직전의 안중근의 모습을 이렇게 기록했다.

하얼빈에서 발행하는 『원동보』에 동경특전으로 이토 공이 10월 하순에 하얼빈에 온다는 소식이 실렸다. 『대동공보』 주필인 이강이 연추에 있는 안중근에게 "속히 오라"는 전보를 쳤다. 10월 19일 이강의 사무실에서 이강, 안중근, 우덕순 등이 토론한 결과 이는 이토를 죽여 버릴 좋은 기회라고 인정하였다. 이에 안중근이 자진하여 이 중임을 맡겠다고 나서니 우덕순이 같이 가겠다고 나섰다.

이 기록을 보면 연추(옌치야)에 있던 안중근은 이강에게서 연락을 받았음을 알 수 있다. 이때 이토의 이야기를 들었는지는 자세히 알 수 없지만, 안중근은 어떤 예감을 했고 결론을 내렸다.

안중근의 예감은 문득 온 것이 아니었다. 그것은 '고독'과 '허무감'에서 기인하는 것이다. 안중근의 고독은 대한군 지도자로서 정규 일본군과 전쟁을 할 때 생긴 좌절감이기도 하다. 재판을 받을 때 안중근은 자신이 대한군 참모중장임을 강조했다. 군인은 적군과 전투를 하는 존재다. 안중근은 누구보다도 대한 의군이라는 자부심이 대단했다. 하지만 아직 독립운동 초기의 대한 의군은 허술한 조직이었다.

안중근은 1908년 우리나라 최초의 해외 독립군 부대인 '대한 의군'을 김두성·이범윤과 함께 창설했는데, 김두성은 의병 총독, 이범윤은 의병 대장, 안중근은 참모중장으로 피선되었다. 그리고 두만강을 건너 일본군과 전투를 시작했다.

의병의 구성원은 안중근으로서는 매우 불만스러웠다. 정식으로 훈련을 받은 군인이 아니라 조국의 위태로움을 보고 사방팔방에서 모인 민간인들이어서, 군대의 위계질서가 잡히지 않았고 명령 전달이 전광석화처럼 이루어지지 못했다. 독립운동 초창기의 의병 조직은 이처럼 허술했다.

안중근은 당시 의병들의 모습을 자서전에서 이렇게 기록했다.

이곳 사람들은 기질이 완고하여, 첫째 권력이 있거나 돈이 많은 사람, 둘째 주먹이 센 사람, 셋째 관직이 높은 사람, 넷째 나이 많은 사람을 높이 여겨, 나같이 네 가지 조건 중에서 한 가지도 갖추지 못한 사람의 말은 따르려 하지 않았기 때문이다.

의병들의 모습을 보고 안중근은 그만 물러나고 싶은 마음까지도 있었다고 한다. 이러한 의병들의 모습을 보면 자신이 토벌한 동학군을 빙자한 폭도들의 모습과도 많이 겹친다. 하지만 '이미 내친걸음'이라 일본군과 전투를 하기 위해 두만강을 건넌다. 적군이었던 일본군은 유럽식으로 잘 훈련받은 제국주의 군대였다.

또한 의병을 이끌고 일본군과 전투를 하는 안중근은 다분히 낭만적인 평화주의자였다. 전쟁터에서 사로잡은 일본군 포로를 대하는 자세에 그의 정신과 마음이 잘 나타나 있다. 그것은 그가 믿고 따르는 천주교의 가르침인 사랑의 정신이다. 당시 일본군이 의병을 대하는 태도는 매우 잔혹했다. 그들은 전투에서 사로잡힌 포로는 물론이고, 심지어 의병에게 음식을 제공해 주는 민간인까지 그 자리에서 잔혹하게 사살했다.

안중근은 사로잡은 포로들에게 무기까지 돌려주고 훈방했다. 음주운전을 해도 벌금 내고 면허증을 빼앗기는 것이 법인데 안중근이 적군의 총기까지 돌려주는 바람에, 부대의 장교들은 적들은 우리 의병을 잡기만 하면 모조리 참혹하게 죽이고 있는데 겨우 잡은 적들을 돌려보내면 우리가 전쟁을 하는 목적이 무엇이냐면서 심하게 반발했다. 집을 떠나 일본군에 대한 분노로 목숨을 걸고 싸우며 갖은 고생을 하는 병사들의 솔직한 심경이었다.

안중근은 자서전에서 이렇게 말했다.

현재 만국 공법에는 사로잡은 적병을 죽이라는 법이 없다. 적당한 곳에 가두어 두었다가 나중에 배상을 받고 돌려보내기로 되어 있다. 더구나 그들이 하는 말이 진정에서 우러나오는 의로운 말들인지라 놓아 주지 않을 수가 없었다.

그렇지 않다. 절대로 그렇지 않다. 적들이 그렇게 폭행을 자행하는 것은 하느님과 사람을 다 함께 분노케 하는 것이다. 그런데 우리들마저 저들과 같은 야만적인 행동을 해야만 하겠는가? 또 그대들은 일본의 4000만 인구를 모두 죽인 다음에 국권을 회복하려고 하는가? 적을 알고 나를 알면 백 번 싸워 백 번 모두 이길 수 있다. 지금 우리는 약하고 적은 강하니 악전고투할 수밖에 없다. 그뿐 아니라, 충성된 행동과 의로운 거사로 이토의 포악한 정략을 성토하여 열강의 호응을 얻어야 우리의 한을 풀고 국권을 회복할 수 있을 것이다. 이것이 바로 약한 것으로 강한 것을 물리치고, 어진 것으로 악한 것에 대적한다는 것이다. 그대들은 더 이상 여러 말 하지 말아 주기 바란다.

안중근은 전쟁을 전쟁으로 막으려 하지 않았다. 그는 가능하다면 정치적으로, 평화적으로 국권을 회복하겠다는 마음을 먹었던 것이다. 그는 "약한 것으로 강한 것을 물리치고, 어진 것으로 악한 것에 대적한다"고 적었다.

이 문장은 매우 혼란스러운 문장이지만 당시 안중근의 심경을 잘 보여 주는 문장이다. 안중근은 자신도 이야기를 했듯, 문장으로 이름을 알리기보다는 전설적인 천하장사 항우처럼 사내의 기개를 널리 알리겠다고 했다. 그의 눈에 일본군 포로는 어쩔 수 없이 이토의 뜻에 의해 끌려 나온 단순한 농민이거나 백성이었다. 그는 이 순간에 숲이 아니라 나무나 풀포기를 본 것이다. 전쟁이라는 큰 숲에서 일본군은 나무나 풀포기를 보지 않고, 승리를 위해 무자비하게 적을 제거했다. 하지만 평화주의자 안중근은 전쟁터에서도 사람의 생명과 명분을 중요시했다. 그는 선비 정신, 대장부 정신으로 아귀지옥인 전쟁터에서 전쟁을 했다. 그 결과는 무참한 패배였다.

*

 전투에 나선 지 얼마나 되었나. 날짜를 헤아려 보니 벌써 한 달 반이 지났다. 그동안 집 안에서는 하루도 자본 일이 없어 매일 한데서 밤을 지새웠고, 장맛비는 쉬지 않고 퍼부었으니, 그동안 겪은 고생이란 도저히 글로는 다 적을 수가 없는 일이었다.

 안중근이 그해 9월까지 걸어온 길은 매우 참담했다. 군대를 이끌고 두만강을 건너 전투를 치르고 패잔병이 되어 12일간 단 두 끼의 밥만을 먹고 만난 노인에게 도주할 길을 묻는다. 한 걸음 한 걸음을 옮길 때마다 무릎이 꺾이고, 허기가 져서 헛것이 보일 판이었다. 이 길은 어디에도 없는 길이었다. 오로지 자신만이 스스로 걸어가 만들어야 할 길이었다.
 어떠한 상황에서도 안중근에게는 인간 사랑에 대한 확고한 신념이 있었다. 이토 히로부미 저격에는 조국의 운명을 자기희생을 통해서, 자신의 사랑과 신념을 배반하는 폭력인 저격을 통해서 짊어질 수밖에 없었던 인간의 고뇌가 녹아 들어가 있다. 점점 밀려오는 제국주의의 마각을 단칼에 베어 버리고자 한 영웅의 고뇌다. 그의 판단과 행동이 직접적으로 조국의 운명에 어떠한 도움을 주었는지는 보는 이의 시각에 따라 달라지겠지만, 안중근은 한 인간으로서 자신이 할 수 있는 최선의 선택을 했다. 그는 나라가 어려울 때 군인으로서 의무를 다한다는 '위국헌신 군인본분'의 사명감으로 가족의 울타리를 뛰어넘는다. 안중근의 외롭고 무서운 결단이다.

당시 모든 조선인들이 원수처럼 여기던 이토 히로부미는 1841년 9월 2일생이다. 안중근이 이토의 생일까지 알았는지는 알 수 없지만, 인생에 가장 강력한 트라우마를 남긴 인물이 태어난 달에 그는 초조하고 불안하다. 세상에는 말로 설명할 수 없는 일이 있는 법. 안중근은 이토가 태어난 달인 9월에 돌아올 수 없는 길을 떠난다.

"다시는 돌아오지 않을 길"이라고 자신도 모르게 말했다는 문장이 이어지는 것으로 보아, 훗날 뤼순감옥에서 자서전을 저술할 때의 마음이 보인다. 지나고 보니 다 보이는 것. 그것이 역사가 아닌가. 역사의 길은 다시 되돌아가지 않는다. 그것은 직선으로 뻗어간다. 인간은 그 직선 위에서 둥근 공을 굴리면서 간다. 안중근뿐만 아니라 세상의 그 누군들 다시 돌아올 수 있는 길을 가겠는가. 하지만 안중근의 길은 천주교의 영생, 우리 민족의 영원의 길로 이어졌다. 안중근은 그 돌아오지 못할 길을 걸어갔고, 그 길은 이전에 좌절하고 실패한 인간 안중근이 아니라, 자신의 임무를 완수하고 그 뜻을 전 세계에 널리 알린 장군 안중근의 탄생을 의미한다.

*

 안중근이 구체적인 거사 계획도 없이 '예감'을 받아 여행길을 떠난 그 무렵 이토 역시 자신의 죽음을 예감했다. 이미 조선 통감으로 부임하던 1907년 3월 2일에 죽음을 각오했는지도 모를 일이다. 이토는 그런 인물이었다. 항상 죽음을 각오하고 사지로 들어가 자신의 뜻을 이루고야 마는 근대 일본의 중심이었다.
 어떤 인간은 자신의 죽음을 예감하는 능력을 갖추고 있다. 이토는 인생의 마지막 장소가 되는 하얼빈으로 떠나기 전인 10월, 해외 유학을 준비하고 있던 아들 분키치를 불렀다. 당시 스물네 살이었던 분키치는 이토가 소실에게서 얻은 아들로, 그와 기질이 비슷했다. 그는 아들의 모습을 보면서 젊은 날의 자신의 모습을 떠올렸을 것이다. 일본의 근대는 해외 유학을 다녀온 이들에 의해 이루어졌다. 이토 역시 해외 유학을 통하여 성장했고, 정치와 인생에 눈을 떴다. 미요시 도오루의 『사전 이토 히로부미』에서 이토는 다음과 같이 말한다.

 읽는 학문도 필요하지만 듣는 학문도 필요하다. 사람은 살아 있는 책이다. 사람은 살아 있는 책이어야 한다. 서양에 도착하면 사람들과 많이 접촉해 식견을 넓혀라. 그 누구와 만나 그 어떤 문제를 토론하더라도 대화 상대가 될 수 있어야 한다. 사물에는 반드시 겉과 속이 있다. 넓고 깊게 사물의 안과 밖을 통찰할 수 있는 것이 안목이다. 정밀한 관찰은 서양인의 특색이며, 조잡한 관찰은 동양인의 약점이다.

사람에겐 타고난 하늘의 뜻이 있다. 나는 너에게 나의 뜻을 계승하라고 강요하지 않는다. 타고난 운명이라면 비록 네가 거지가 되더라도 결코 슬퍼하지 않을 것이며, 부자가 되더라도 기뻐하지 않을 것이다.

주어진 상황에서 최선을 다하고 결과에 연연하지 말라는 비범한 아버지의 평범한 충고였다. 이토는 성공한 아버지를 둔 분키치와는 달리 가난한 시절을 보내면서 뼈저리게 '공부'한 인물이다.

도쿠가와 막부 말기 일본의 정국은 존왕(천황을 존대한다), 좌막(막부를 지지한다), 양이, 개국 네 그룹이 존재했다. 이토가 출생한 조슈(지금의 야마구치현 일대)번은 존왕양이 노선을 취했다. 그들이 존왕의 노선을 취한 것은 양이 때문이었다. 도쿠가와 막부를 지지하면 일본은 서구 열강에 멸망하고 말 것이라는 위기감을 느끼고 있었던 것이다. 그들은 서양 세력을 물리치고 도쿠가와 막부를 붕괴시키기 위해 천황 편에 선 세력이다.

양이에 대한 그의 신념이 개국으로 바뀌게 된 것은 1863년 그의 평생 친구인 이노우에와 '해군학'을 공부하러 영국에 다녀온 후부터였다. 그전에도 이토는 늘 서양에 가고 싶어했다. 그것이 신분의 차이를 극복하고 혼란스러운 시국에 성공의 길을 걷는 것이라는 사실을 알았기 때문이다. 이토는 영국에 다녀오고 나서부터 환골탈태를 하게 된다.

가난한 농사꾼의 자식이 어쩌다 운이 좋아 하급 무사가 되고, 당대의 대귀족들 틈바구니에서 기 한번 펴보지 못하고 살다가 메이지유신의 주역이 되고, 일본인들이 제일 존경하는 일본의 총리가 된 단초는 외국의 문명을 흡수하는 여행이었다.

그리고 일본의 총명한 젊은이들을 지원한 스후 마사노스케라는 후원자가 있었다. 그는 조슈번의 재력가로서 고향의 젊은이들을 외국으로 내보내는 데 큰 기여를 한 인물이다. 『사전 이토 히로부미』에 따르면 그는 서양으로 젊은이들을 보내면서 이렇게 말했다.

이번에 우리 번(조슈번)에서 무기를 하나 구입하려 한다. 그 무기란 사람이다. 일단은 양이를 통해 일본 무기를 서양인에게 보이겠지만, 곧 각국과 교류할 날이 올 것이다. 그때 서양의 사정을 알지 못하면 크게 불리해진다. 그때 활용할 무기로 노무라, 야마오 두 사람을 영국에 보내 공부하게 하고 싶다.

이 스후의 후원으로 이토도 외국에 나갈 수 있었다. '살아 있는 무기'란 표현에 무서운 칼날이 서 있다. 이토와 이노우에 두 사람은 상하이에서 출발하는 페가수스 호를 타고 영국으로 향했다. 약 4개월에 걸친 고통스러운 항해였다. 정식으로 운임을 내고 승선을 했는데도 영국인들은 항해술을 가르쳐 준다는 명목으로 두 사람을 밑바닥부터 교육시켰다.

이토는 과로를 한 데다 음식이 맞지 않아 매우 심한 설사에 시달렸다. 그 선박에는 수부용 화장실이 없었다. 바다로 나와 있는 횡목에 매달려 목숨을 걸고 용변을 봐야만 했다. 이토는 하루에도 몇 번씩 거친 파도가 몰아치는 바다 위 횡목에 매달려 목숨을 걸고 용변을 보면서 "나는 이제 글렀다"고 울부짖었다.

그때마다 이노우에 가오루는 "이따위 일로 약한 소리를 하다니, 평소의 자네답지 않다"고 격려했다. 그는 이토의 몸에 줄을 감아 그 한쪽 끝을 기둥에 감고, 자신도 거친 파도에 시달리면서도 용변을 보는 이토가 바다로 떨어지지 않도록 도와줬다. 이노우에 덕분에 이토는 살았다. 훗날 두 사람은 매우 '친밀한 동지'로서 메이지 정부의 핵심 인물이 된다.

이러한 이토의 모습은 당시 개국을 강요받던 동아시아의 모습과 비슷하다. 높은 파도가 휘몰아치는 거친 바다 위에 대롱대롱 매달린 운명은 일본도 마찬가지였다. 이렇게 죽을 고생을 다해 영국으로 공부하러 간 이토는 일본이 강제로 개국을 당하고 불평등조약을 맺은 그 경험을 되살려 조선 침략을 감행한 일본 제국주의의 선두에 서게 된다.

이토가 받은 하늘의 뜻은 근대 일본의 성장이었다. 그것이 제국주의로 이어지게 된 것은 당시의 국제 정세로 보면 당연한 귀결이다. 러시아 제국이 부동항을 얻기 위해 남진했고, 일본은 러시아의 영토 확장 정책이 일본의 존립을 위협한다고 믿었다.

국제적으로 3국 간섭 등 서구 열강들의 제국주의 파도가 휘몰아칠 때, 일본은 자국을 보호하기 위해서는 선제공격을 통해 전쟁에 나설 수밖에 없다고 주장한다. 그 희생양은 주변국이었다. 이러한 풍진시대에 필요한 것이 국가에 대한 충성과 지극 정성의 마음이었다. 한결같은 마음은 세상을 움직인다.『사전 이토 히로부미』에 따르면 이토는 이렇게 말했다.

충성 다음으로 필요한 것이 지성이다. 지성은 귀신을 울게 하고 천지를 움직인다고 하는데, 이는 진실이다. 나는 젊은 시절부터 심신을 군주에게 바치고 나라를 위해 최선을 다하려고 노력해 왔다. 이 마음은 오로지 지성이란 단어로 집약된다. 반드시 귀신을 울리고 천지를 움직여 보이겠다고 다짐했다. 너도 충의 다음으로 지성이란 글자를 깊이 가슴에 새기거라.

해외 유학을 떠나는 아들에게 아버지가 자신의 정신을 전하는 장면이다. 그의 지성(至誠)은 죽음을 목전에 두고 있었다. 이러한 마음을 안중근도 똑같이 품고 있었다. 안중근의 충성과 지성은 총구를 통해 나왔다.

이토는 일본 제국주의의 제일선에서 움직일 수밖에 없는 운명이다. 이토는 이미 조선 통감 부임으로 조선의 공적이 되었다. 그간 그가 조선 정부에 보여 준 행보는 평화주의자 안중근을 분노케 했다. 안중근은 하얼빈으로 향한다. 주머니에 두 손을 넣고 외로운 걸음걸이로 천천히 걸어간다.

두 사람, 안중근과 이토가 만나는 하얼빈은 어떤 도시인가.

*

하얼빈은 안중근에게는 생명의 도시이고, 이토에게는 죽음의 도시였다. 두 사람 모두 이곳에서 인생의 대단원의 막을 내렸지만, 안중근에게는 자신의 신념이었던 동양 평화의 실현을 위한 창조의 장이었고, 이토에게는 제국주의 진출의 출구에서 좌절한 장소였다.

하얼빈은 근대와 함께 태어난 신도시였다. 쑹화 강이 흐르는 중국 변방의 작은 마을에 '하얼빈'이라는 지명이 붙은 것은 1822년이었다. 하얼빈은 만주어다. 1864년 흑룡강장군아문에 보관하고 있던 문서에 만주족 문자로 '하얼빈'이라고 쓴 기록이 전해진다. 이 작고 평화로운 마을에 도시가 건설된 것은 '동청(東淸)철도'가 부설되면서부터다. 하얼빈은 중국에 철도를 놓기 위해 탄생한 철도도시다.

'동청철도'의 역사는 청나라의 이홍장이 특사 자격으로 제정러시아의 신임 황제 니콜라이 2세의 대관식(1896년 5월)에 참석하여 중국과 러시아 간에 밀약을 체결하면서 시작되었다. 이 밀약에 의하여 러시아는 중국의 동북 경내 동쪽 수분하에서부터 만주리까지의 동청철도 부설권을 얻었다. 러시아는 1898년 5월 하얼빈을 동청철도의 관리 지역으로 지정하고 7월에는 동청철도 공사의 연속 계약으로 하얼빈에서부터 뤼순까지의 동철철도 남부선 부설권도 얻게 된다.

동청철도 동쪽선은 하얼빈에서부터 러시아의 시빌리 철도를 연결하는 우스리스크까지의 선로에 1902년 3월 3일 기차가 개통되었다. 동청철도 서쪽선인 하얼빈에서 만주리까지는 1903년 7월 14일 개통되었다. 1903년 동쪽의 수분하로부터 서쪽의 만주리까지 동청철도의 전 노선이 개통되자 노동자, 건설업자, 상공업자들이 하얼빈에 모여들기 시작하면서 도시로서의 면모를 갖추게 된다.

이러한 시대적 흐름을 타고 조선인들의 하얼빈 이주가 시작되었다. 조선인 최초로 하얼빈을 방문한 사람은 '츄푸뤄프'였다. 러시아 국적을 가진 조선인인 그는 동청철도를 놓기 위해 러시아에서 파견한 50여 명의 일행 중 한 명으로 러시아어와 중국어를 통역했다. 1898년 3월 8일 블라디보스토크를 출발한 그들은 4월 24일 하얼빈의 '전씨 술 공장'에 도착했다.

러시아에서 발행한 『동청철도 연혁사』에 이 기록이 남아 있다.

선발대가 하얼빈에 도착한 이튿날 스터뤄브스끼 등은 말을 타고 쏭화 강변을 시찰하였다. 그들은 마구가 나루터를 지나 (지금의 도리구 제옹가부 부근) 고지에 올라서서 쏭화 강을 바라보았다. 강 남안에는 비교적 좁고 낮은 언덕(지금의 조린공원에서부터 우이궁 일대)이 보였다. 이 언덕 위에 초소 하나와 초가집 세 채가 있었다. 동쪽으로 한참 내려가 보니 10여 채의 집이 있는 작은 마을(지금의 도외구 승덕가 부근)이 보였다.

고지에서 쏭화 강변까지는 넓은 저습지대로서 강변까지 직접 갈 수 있는 길이 없었다. 밭에서 일하던 중국 농민들이 호기심을 품고 우리 곁에 다가왔다. 이때 조선인 통역 츄푸뤄프가 그들에게 강가로 가는 길이 있느냐고 물었더니 그들은 남강 고지의 동쪽 끝(지금의 문화공원)에 길이 있다고 알려 주었다. 과연 일행은 남강의 동쪽 내리막에서 길을 찾아 강변까지 도착했다. 낮은 언덕 위에 있는 초소에는 포대 하나를 지키고 있는 청나라 병사 10여 명이 있었다.

목격자들의 회상에 의하면 처음 하얼빈에 왔을 때 남강구 높은 지대는 옥수수, 조, 수수 밭이었고 화원가와 아동공원 부근은 묘지였다. 지금의 하얼빈 역 부근에는 농가 한 채가 있었는데, 그 집 주인의 성을 따라 이곳을 진가강이라고 불렀다. 지금의 도리구 석두도가 쪽에는 아편이 심어져 있었고 공장가와 매매가 부근에는 큰 늪이 있어 물오리가 떼를 지어 날아다녔다. 고이가와 경위가 일대는 큰 비술나무들이 우거졌다고 한다.

러시아 선발대는 이 작은 어촌 마을에서 철도 건설 사무실과 숙소로 쓸 건물을 물색하다가 전씨 술 공장을 발견했다. 방이 모두 32칸인 큰 집이었다. 선발대가 이 집을 물색할 무렵 이 집은 비어 있었다. 만주 마적 떼의 습격을 받아 주인은 다른 곳으로 피신한 상태였다. 통역사인 조선인 츄푸뤄프는 당시 아스아성(지금의 아성시)에 피신해 있던 주인을 찾아가 상황을 설명하고 은 8000냥이라는 헐값에 그 집을 매입해서 철도부설공정국의 사무실과 숙소로 개축했다.

하얼빈 최초의 조선인으로 기록에 남은 러시아 국적의 츄푸뤄프에 대한 기록은 더 이상 남아 있지 않았다. 그의 조선 이름도,

고향도, 어떤 사연으로 러시아어와 중국어 통역을 하게 되었는지도, 하얼빈에 정착을 했는지 이주를 했는지도 전혀 알 수가 없다. 다만 그가 하얼빈으로 들어온 날짜인 1898년 4월은 조선인이 처음으로 하얼빈에 도착한 날로 남았다. 그로부터 11년 후에 안중근이 하얼빈에 들어온다. 이러한 정황으로 미루어 보아 하얼빈은 매우 빠르게 성장한 도시다. 허허벌판에 철도부설공정국의 사무실과 숙소를 세우고 나서 10여 년 만에 중국의 철도도시로 성장한 것이다.

동아시아 3국의 근대화 과정은 마치 파도치는 해안을 떠다니는 조각배를 연상시킨다. 조선과 청, 그리고 일본은 모두 거친 파도 위에 떠 있는 조각배와 같은 운명이었다. 이 과정을 거시적인 안목에서 보면 유럽과 미국의 문물을 스펀지처럼 흡수한 일본은 간발의 차이로 제국주의의 총칼을 들었고, 중국과 한국은 그 희생양이 되어 투쟁의 길을 걸었다. 동청철도, 그 철도 위에서 안중근은 생의 가장 중요한 시간을 보낸다. 하얼빈에서 뤼순까지 이어지는 동청철도의 철로는 안중근이 마지막으로 여행을 했던 바로 그 길이다.

조선인들의 하얼빈 이주는 1898년부터 시작되어 110년이 지난 지금까지 이어져 온다. 첫 조선인이 하얼빈 땅을 밟은 후, 동청철도 공사 기간 6년 동안에 조선의 북방, 러시아의 동부지구, 중국의 지린성에서 온 조선인들이 철도 부설 공사의 노동자로 일하기 시작했다. 1903년 6월 철도 부설 공사가 끝나자 하얼빈을 중심으로 동쪽의 수분하로부터 서쪽의 만주리에 이르는 철도 주변에 조선인들이 정착하기 시작한다.

1911년경에는 이 지역에 거주하는 조선인이 2364명에 달했다고 한다. '동청철도의 개설로 조선인들이 이주하기 편리해진 까닭도 있을 것이다. 안중근 의사가 거사를 감행한 시점과 근접한 1910년 1월 15일 하얼빈 주재 일본 총영사관의 보고서에 따르면 당시 하얼빈에는 268명의 조선인이 거주하고 있었다.

하얼빈의 이주자에 대해서 역사학자 서명훈 선생은 노동자 이민이라는 점을 강조했다. 전통적인 농업에서 벗어나 맨주먹으로 먹고살기 위해 찾아온 이들이었다. 가족 구성원도 당시 조선인 총인구 268명 중에서 남자가 250명, 여자가 18명으로 독신 남자들이 대다수였다. 이는 이들이 단지 돈벌이를 위해 조선 말기에 이곳에 찾아온 사람들이었음을 말해 준다.

이주 경로는 조선에서 두만강과 압록강을 건너온 이주민보다 러시아에서 건너온 이주민이 많다는 기록으로 보아 조선 말 러시아로 이주한 조선인들의 실태도 알 수 있다. 이주민들이 늘어나자 자연스럽게 이들을 상대로 한 장사꾼들도 몰려들었다. 하얼빈은 동청철도를 관리하는 중심 지역으로서 러시아의 옌하이저우(연해주)와 일본의 남만철도, 그리고 안봉선을 연결하는 접경지대이자, 도시 간의 허브와 같은 역할을 하기 시작했다. 1901년경에는 건설회사, 의원, 약국, 여관, 세탁소, 치과진료소는 물론 도박장과 같은 유흥업소가 생기면서 도시가 형성되었다. 이들은 대부분 가난한 생활을 했다. 조선인 노동자의 월급은 당시 돈으로 15원에서 25원 사이였는데, 이 돈의 가치는 집세와 식비 정도를 내고 남자들이 겨우 술 한잔 마실 정도에 지나지 않았다.

서명훈 선생은 현재 하얼빈 시 연홍로 57호에 사는 김정해 씨를 만나 100년 전 당시의 이야기를 들었다. 그녀의 어머니는 류동선으로, 안중근 의사의 거사에 동참한 류동하의 작은 누이동생이었다. 김정해 씨의 증언에 의하면 어머니 류동선이 열 살 때 살았던 집이 지금의 행정구역상 도리구 지단가 40호에 있었다. 한민회 회장 김성백이 살았던 길가의 2층집과 같은 대문을 쓰는 단층집이었다.

현재 하얼빈에는 조선인들이 세운 안중근 의사의 기념관이 있다. 안중근 의사의 자취는 하얼빈 역에서부터 도시에 스며들어 있다. 그것은 모두 하얼빈에 살고 있는 조선족의 노력으로 만들어진 것이다.

당시 안중근 의사가 머물렀던 김성백의 집을 찾는다는 것은 이

지역의 전문가들에게도 여간 힘든 일이 아닐까 싶었다. 하얼빈의 안중근 기념관에서 혹시나 하는 마음에 안내원에게 물어보았더니, 깜짝 놀라면서 고개를 흔든다.

"김성백이 말입니까? 안중근 의사를 도와준 분이지요. 100년이나 지난 곳을 어떻게 찾습니까?"

덩샤오핑이 주도한 개혁개방 정책으로 인해 중국은 이미 경제 강국으로 진입했다. 그것은 도시에서 가장 잘 드러난다. 자본이 가장 잘 모이는 곳이 바로 도시이기 때문이다. 하얼빈 역시 중국의 경제성장을 잘 보여 주는 큰 도시다. 필자는 하얼빈 역에서 내려 주위를 돌아보곤 깜짝 놀랐다. 시내로 나가면 서울만큼이나 화려하다. 그 거리를 지나다니는 여자들 역시 명품으로 치장했다. 서울과 다를 것이 없었다.

하얼빈은 일찍부터 러시아 국적의 조선인을 비롯한 독립운동가들의 근거지였다. 안중근이 하얼빈에서 거사를 치르기 전에 머물렀던 김성백의 집터를 찾는 것을 포기하고 다시 하얼빈 역으로 향했다. 2009년 현재로부터 100년 전 하얼빈 역에 내린 안중근의 심경을 헤아려 본다.

1909년 10월 22일

대한군 참모중장 안중근, 하얼빈에 도착하다

안중근과 하얼빈은 동의어처럼 읽힌다. 그가 태어난 황해도를 모르는 사람은 있지만, 하얼빈과 안중근을 모르는 사람은 없다. 인간에게는 운명이 결정되는 장소가 있다. 인간이 태어나는 최초의 장소는 자궁이다. 자궁에서 벗어나면 인간은 그때부터 장소에 의해 삶이 결정된다. 안중근에게는 하얼빈이 그러했다. 안중근은 우덕순과 함께 의거를 결심하고 하얼빈으로 향했다.

　안중근은 1909년 10월 21일 오전 8시 50분 러시아 블라디보스토크 역에서 하얼빈으로 가는 우편열차를 탔다. 블라디보스토크에서 하얼빈까지의 총 주행거리는 778킬로미터였다. 안중근에게 그 778킬로미터는 일생의 마지막 여행길이었다. 하얼빈을 향해 가는 기차는 조선 침략의 주적인 이토의 심장을 향해 날아가는 총알이었다. 안중근의 몸은 금속성으로 차갑게 얼어붙었다.

'내가 하려는 일이 내가 할 수 있는 일인가? 내가 해야 하는 일인가?'

안중근은 눈을 감았다. 머릿속까지 벌판의 바람이 스며들었다. 저 벌판에도 꽃은 피는가 싶었다. 아침 내 황량한 벌판을 바라보던 우덕순 동지가 같은 생각을 했던지 한마디를 던졌다.

"저 벌판에 다시 봄은 오겠지요?"

안중근은 우덕순 동지의 손을 잡고 말했다.

"겨울을 견딘 자에게만 봄이 오겠지요."

우덕순 동지는 고개를 끄덕였다. 아마도 우리는 그 봄을 보지는 못하겠지요, 하고 속으로 되뇌었다. 우덕순 동지는 코트 깃을 잔뜩 세우고 다시 잠을 청했다. 오늘 저녁이나 되어야 하얼빈에 도착할 것이다. 미리 한숨 자두는 것이 좋으리라. 안중근은 눈을 감았지만, 이토가 하얼빈에 온다는 생각을 하니 쉽게 잠을 이룰 수가 없었다. 안중근은 객차를 가로질러 승하차 구간으로 갔다.

'우리는 지금 어디로 가고 있는가? 과연 내가 가는 길이 나의 길인가?'

벌판을 가로지르는 철로에서는 등줄기를 쓸어내리는 만주 벌판의 칼바람이 차창 틈으로 스며 들어왔다. 조선에서는 느낄 수 없는 추위다. 여기까지 오는 동안 그의 몸에 난 상처들이 얼어붙었다.

하등실의 허름한 객차로 스며드는 한기가 날카로웠다. 승객들은 대부분 러시아 사람과 중국 사람들로 보였다. 우덕순 동지는 차창으로 얼굴을 돌리고 있었다. 그는 안중근과 무장투쟁의 인연을 이어 왔다.

공립협회 블라디보스토크 지회를 설립할 때도 우덕순은 안중근과 같이 일했다. 생사고락을 같이한 자만이 느낄 수 있는 안도감 같은 것이 있다. 그래 저 사람이면 되겠다 싶은 그 무엇이 있다.

우덕순 동지는 안중근의 의병부대가 산산조각이 났음에도 구사일생으로 엔치야 본거지로 귀환한 이가 아닌가. 풍찬노숙이었다. 겨우 목숨을 부지하여 귀환한 그는 피골이 상접하여 친구들도 알아보기 어려울 지경이었다. 그래, 그랬었다. 안중근은 휘몰아쳐 오는 맞바람을 맞으며 어금니를 앙다물었다.

'그래, 이것이 내가 할 일이다.'

안중근은 기차 안에서 지나온 일생을 뒤돌아보며 성찰했다. 품 안에 있는 브라우닝 권총을 만지작거리면서 끝이 보이지 않는 만주 벌판을 바라보았다. 이토 역시 비슷한 행로를 걸었다. 원로 정치인으로 근대 일본의 최고 정치가의 운명을 타고난 덕에 조선 통감이라는 중요한 직책을 맡아 과업을 성공적으로 마치고 그 역시 하얼빈으로 향하고 있었다. 이 순간은 근대의 한 페이지가 된다.

하얼빈으로 향하는 안중근과 이토는 대척점에서 하얼빈이라는 꼭 지점으로 조금씩 가까워지고 있었다.

두 사람은 벌써 몇 시간째 아무런 이야기도 나누지 않았다. 마치 러시아 사람들이 올려놓은 짐짝들처럼 온몸이 흔들리고 있었다.
"하얼빈에는 아는 사람이 있습니까?"
우덕순 동지가 문득 이런 말을 던졌다. 그들은 러시아 말을 전혀 할 수 없어 매우 불편했다. 이럴 때 러시아 말에 능통한 동지가 있다면 큰 도움이 될 것이다. 그때 객차는 수분하역에서 한 시간가량 쉬었다 간다고 했다.

수분하역 앞에는 유경집이 의원을 운영하면서 살고 있었다. 의사인 그는 안중근이 아플 때 돌보아 주고, 자금도 지원해 준 인물이었다. 안중근은 우덕순에게 이 사실을 알렸다. 두 사람은 서둘러 기차에서 내렸다.

유경집은 반갑게 안중근을 맞아 주었다. 간단하게 인사를 하고 서둘러 부탁했다.
"제가 하얼빈에 가족을 만나러 가는데, 러시아 말을 몰라 아주 답답합니다. 동행할 사람 한 명 구할 수 있을까 해서 이렇게 갑자기 찾아뵈었습니다. 항상 급한 일로만 만나니 죄송한 마음입니다."
"아닙니다. 시절이 이러한데요. 가족들을 하얼빈으로 불러들인

다니 제가 다 기쁜 일입니다. 마침 제 자식을 하얼빈에 보낼 생각이었습니다. 약재를 구할 일이 있어서지요. 동하야, 거기 있느냐. 어서 와서 인사드려라. 안중근 선생 오셨다."

유경집은 자신의 아들이 안중근 선생을 존경하니 매우 좋아할 것이라는 말로 두 사람의 미안한 마음을 씻어 주었다. 유동하는 열여덟 살이었지만 아직 솜털이 보송보송한 어린아이처럼 보였다. 유경집은 자랑스럽게 아들을 안중근에게 소개했다.

"인사드려라. 이분이 안응칠 선생이시다. 러시아 말을 모르시니 옆에서 잘 모셔야 한다."

안중근은 유동하를 데리고 다시 하얼빈행 열차에 올랐다. 동하는 쑹화 강의 얼음을 이야기했다.

"쑹화 강의 얼음은 무척 두껍고 투명해서 사람들이 얼음 조각을 만들곤 합니다. 선생님, 우리나라도 지금 저 쑹화 강의 얼음처럼 꽁꽁 얼어붙었습니다. 일본인들이 드디어 우리나라를 유린하려는 거지요. 우리나라를 조각내어 자기네들 마음대로 만들려는 거지요."

우덕순과 안중근은 동하의 말을 들으면서 주위를 살폈다. 주위에 혹시 엿듣는 이가 없는지 매섭게 살폈다. 이 정도의 대화는 자유롭게 나눌 수 있는 것이지만, 크고 어려운 일이 뜻밖에 어처구니없이 티끌 같은 계기로 무너지기도 하는 법이다. 안중근은 동하에게 조용히 말했다.

"세상이 어지러울 때는 말을 아껴야 하는 법이다. 하지만 네가 그런 말을 꺼냈으니 한마디만 하지. 나의 마음은 지금 저 쑹화 강의 얼음보다 더 두껍게 얼었다. 이 얼음은 봄이 와야 녹는다. 봄이 올 때까지는 어떻게 기다려야 하겠느냐. 그저 암담할 따름이다. 단 너는 여기에서 살고 있으니, 이곳에서 조국을 위해 할 일이 무엇인지 잘 생각하고 행동해야 한다. 너는 너의 일이 있고, 나는 나의 일이 있다. 이번에 하얼빈에 가서 통역을 잘 부탁한다. 사소한 일처럼 보이겠지만, 그 일 또한 매우 중요한 일일 수도 있다."

유동하는 통역은 걱정하지 마시라고 했다. 그리고 "평소에 선생님을 존경해 왔습니다"라고 말했다.

안중근은 이 청년에게 풍전등화에 처한 대한국의 이야기를 해주어야 하는가 싶은 생각이 잠시 들었다. '그래, 그동안 나는 쓰러져 가는 조선의 운명과 그 운명을 버티면서 서 있는 방법에 대해 수많은 사람들에게 이야기를 했다. 학교를 세워 교육 사업에도 투신했었다. 하늘에 계신 절대자 천주님을 통해서도 나는 조국의 운명을 걱정했다. 하지만 지금은 아무런 이야기도 하고 싶지가 않다.' 온몸에 피곤이 몰려왔다. 신경이 곤두서고 그동안 벼리고 벼려 날이 선 마음에 더 매섭고 날카로운 겨울바람이 불었다.

1909년 10월 22일

안중근과 우덕순의 통역으로서 하얼빈에 온 유동하는 우연히 거사에 참가하게 된다. 물론 그는 안중근의 거사를 전혀 짐작하지 못했을 것이다. 법정에서 유동하는 두려움에 떨고 있었고, 어서 집에 보내 달라고 투정을 하는 아이처럼 보이기도 했다.
 안중근은 어린 유동하의 모습을 보면서 이 일이 얼마나 고독한 일인가를 뼈저리게 느꼈다. 이것은 전투이면서 전투가 아니기도 했다. 적군 진영에 홀로 떨어져 적장의 심장을 향해 조선인들의 울분을 쏟다. 그것은 결코 개인의 일이 아니었다.

 안중근은 조용히 신을 향해 묵상했다. 천주교 신자가 된 후로 그는 하루도 거르지 않고 새벽기도를 올렸다. 막막한 만주 벌판에 떨어지니 한 인간의 존재가 신과 연결되지 않고는 존재할 수 없다는 깨달음을 얻었다. 내일은 신의 몫이다. 우선 오늘은 무사히 하얼빈에 도착해야 한다.
 우편열차는 조금 있으면 하얼빈 역에 도착한다. 안중근은 주머니 속에 넣어 둔 권총을 만져 보았다. 차가운 금속성의 질감이 느껴졌다. 권총은 안중근과 그가 가고자 하는 세계를 연결시켜 주는 철도와 같은 것이었다.
 '내 몸을 싣고 가는 동청철도의 노선은 하얼빈에서 뤼순까지 이어진다. 그리고 내 품속에 있는 권총은 내가 가고자 하는 저 평화

의 땅으로 이어져 있다.'

권총은 차가운 쇳덩어리로 만든 것이다. 만주 벌판을 가로지르는 철도와 그 위를 질주하는 열차의 관계처럼 자신과 권총이 그렇게 서로에게 연결되어 있음을 안중근은 알고 있었다.

"조금 있으면 하얼빈입니다."

곁에 있던 우덕순 동지가 말했다.

하얼빈에 가까워지자, 불현듯 엔치야 근처에서 머물다가 블라디보스토크로 떠났을 때가 떠올랐다. 보로실로프 항구에서 배를 타고 블라디보스토크로 떠나기 전 안중근은 갑자기 걷잡을 수 없는 상실감에 시달렸다. 낙엽이 떨어지던 어느 가을날의 일이었다. 그것은 안중근이 단지를 하고 동지들과 나라를 위해 몸을 바치겠다고 결의한 여파일까?

약지를 끊어 흐르는 피로 안중근이 적었던 글은 '대한 독립'이었다. 대한 독립이라고 쓰고 태극기를 바라보았다. 태극기의 음과 양처럼 조화로운 세상을 꿈꾸는 동지들은 잠시 침묵했다. 안중근은 그것이 과연 자신이 감당할 수 있는 일인지, 누구에게도 물어볼 수 없었다. 그날부터 안중근은 마치 호랑이 꼬리를 잡고 있는 심경으로 나날을 보냈다.

안중근은 10월 22일 저녁 9시 15분에 하얼빈 역에 도착했다. 긴 여행길에 피곤한 몸을 일으켜 개찰구를 통과하는 안중근, 그리고 우덕순과 유동하. 이렇게 그들은 하얼빈 역에 도착했다. 블라디보스토크에서 하얼빈까지 778킬로미터의 여행은 안중근에게는 지상에서의 마지막 여행이었다. 자신도 그것을 믿었다. 그리고 하얼빈에서 뤼순까지의 여행은 죽음으로의 여행이었다.

하얼빈에서 거처할 곳은 이미 김성백의 집으로 생각해 두었다. 김성백은 안중근의 거사에 결정적인 도움을 준 인물이다. 안중근은 유동하의 부친인 유경집의 집에서 김성백과 인사를 나눈 사이였다.

김성백은 두 살 때 함경북도 종성읍을 떠나 러시아 옌하이저우 우스리스크로 이주했다. 그 후 그는 러시아에 귀화하여 러시아 국적을 취득하고, 러시아 이름 '치온 이바노비치 김'으로 불리며 러시아의 동방정교회 활동을 하기도 했다. 그는 건설업자로서 러시아 동청철도 건설에 참여한 인연으로 하얼빈에 거주하게 되었다. 1907년 가을에 하얼빈으로 이사를 와 러시아식 단층 목조 건물에 살았다. 그는 러시아 관헌들도 함부로 할 수 없는 지역의 유력자였다.

당시 김성백은 하얼빈 조선인들의 생활고를 해결해 주기 위해 조직된 '한민회'의 회장이었다. 한민회는 1909년 7월 27일 하얼빈에 거주하는 조선인 70여 명이 모여 만든 조직으로, 중국 내 소수민족으로서 당해야만 하는 어려운 문제를 해결하기 위한 자치 조직이었다. 러시아 관헌이 러시아 국적을 가지고 있으면서 왜 조선인들의 자치 조직인 '한민회'를 만들었냐고 묻자 김성백은 이렇게 대답했다.

"하얼빈을 찾아오는 조선인들은 이곳의 사정을 잘 모르기 때문에 거리에서 방황하는 경우가 많다. 그래서 이곳 사정에 밝은 내가 회장에 취임한 것이다."

두 주먹으로 먹고살기 위해 하얼빈으로 흘러 들어온 많은 조선인들은 경제적으로 약자였던 탓에 죽어 무덤조차도 제대로 갖추지 못했다. 시체들은 임시 무덤을 만들어 매장을 했는데 비라도 오면 자주 침수되었고, 개들이 무덤을 파헤쳐서 인골이 나뒹구는 끔찍한 일도 벌어졌다. 김성백은 러시아 관원들로부터 토지를 빌려 조선인 묘지를 세워 이러한 난처한 처지를 모면하게 했다.

그는 어려운 동포들의 생활고를 해결해 주는 한편, '한민회'를 기반으로 회원들의 힘을 모아 하얼빈에 조선인 학교 '동흥학교'를 세우고 교육 사업에 투신했다. 김성백은 유경집의 집에서 처음 안중근을 소개받았는데, 이미 그가 독립운동가임을 잘 알고 있었다.

비록 안중근의 거사를 알지는 못했지만, 김성백은 안중근이 거사를 성공할 수 있게 도와준 유력자였다. 안중근의 가족은 정대호의 안내로 거사가 끝난 후에 하얼빈에 도착했다. 그때 안중근의 부인 김아려 여사와 두 살, 네 살 된 두 아들도 김성백의 집에 머물렀다.

김성백의 집은 언제나 사람들이 모여드는 집으로 통했다. 그는 조국의 어려운 실정을 통감하면서 비밀 항일 조직인 '대한국민회 만주리아총회'의 회장도 겸임했다. 이 조직은 주변 지역의 지방 독립운동을 이끄는 조직이었다.

하얼빈 주재 일본 총영사관은 일본 외무대신 앞으로 보내는 보고서에서 김성백에 대해 "반일파 조선인들의 수령이다", "한민회는 반일 사상을 선동하는 중심이다"라고 적었다. 일본 영사관에서는 김성백을 요주의 인물로 다루었다. 김성백은 안중근의 거사 이후에도 하얼빈에서 기반을 닦아 1912년에는 지금의 지단가 40호에 있는 2층 벽돌집에서 살면서 자신의 마차를 타고 외출을 할 정도로 부자로 살았지만, 결국 일제의 감시로 반일 활동을 하기 힘들어지자 1917년 다시 러시아로 이주했다.

안중근 일행이 마차를 타고 김성백의 집에 도착했을 때 마침 김성백은 집에 없었다. 김성백 부인의 안내로 집으로 들어가 여독을 풀고 있을 때 안중근의 도착 소식을 듣고 김성백이 달려와 안중근의 두 손을 잡고 반갑게 맞아 주었다. 김성백은 자신이 잡고 있는 안중근의 손이 어떠한 일을 할 손인지 짐작조차 하지 못했다. 다만 먼 길을 오느라 피곤에 지친 얼굴과 헝클어진 머리칼이 가슴 아팠다. 안중근 역시 조선의 큰 부잣집 자식이 아니었던가.

김성백이 말했다.

"눈빛이 형형합니다. 안 형의 이야기는 전해 들어 알고 있습니다. 고생이 많으십니다."

안중근이 답했다.

"세상이 어두워 스스로 눈을 밝혀야 하니 그런 모양입니다. 하지만 한 치 앞도 제대로 보이지 않습니다. 이렇게 반겨 주시니 오랜 기차여행의 여독이 저절로 풀립니다."

안중근은 오랜만에 따뜻한 저녁 밥상을 받았다. 술 한 잔 생각이 간절했지만, 조국이 독립될 때까지 금주하겠다는 생각에는 변함이 없었다. 안중근은 김성백의 단란한 가족과 부인이 차려 주는 밥상을 보고 잠시 조국에 두고 온 아내와 두 아들의 모습을 떠올렸다. 창문을 두들기는 사나운 북풍이 심란한 안중근의 마음을 스치고 지나갔다.

노독에 지친 안중근은 따뜻한 잠자리에서 깊은 잠이 들었다.

*

안중근이 하얼빈으로 가는 기차를 타기 전, 이토는 1909년 10월

18일 다롄 부두에 상륙했다. 이토가 도착하자 러시아는 귀빈열차를 보내 이토를 뤼순으로 안내했다. 뤼순은 러일전쟁 당시 유명한 전투지였던 203고지가 있는 곳이다. 이토는 203고지를 참배하고 시를 지었다.

이토가 일본의 유신 3걸을 비롯한 정치인들 중에서 유독 조선인들의 분노를 사고, 지금까지도 반일 감정의 원조가 된 까닭은 무엇일까? 사실 근대 일본 정치인 중에서도 이토는 조선에 대해 비교적 유연한 정책을 펼친 사람이라고 스스로를 평가했다. 그는 전쟁이 자국에 미치는 악영향을 잘 알고 있었다. 얼마나 많은 사람들이 희생되는지도 잘 알고 있었다. 전쟁보다는 외교와 전략으로 총칼 없이 이기는 것이 상책이었다.

정한론, 즉 조선을 총칼을 앞세워 단번에 쓸어 버려야 한다는 정한론에 대해 이토는 정치적으로 다른 입장을 가지고 있었다. 일본의 정치인으로서 조선을 정복해야 한다는 생각은 일치했지만 방법론에서 달랐던 것이다. 이토는 자국의 이익을 먼저 생각한다. 이토의 정치적인 생애에서 '정한론'과 '반정한론'이 부딪친 정한 논쟁의 시기는 매우 극적이었으며, 그것은 이토의 정치적인 모습을 매우 잘 보여 준다고 학자들은 평가한다.

1868년 대원군은 한일 양국의 국교 회복을 청하는 일본 정부 사신의 접견을 거부했다. 이를 계기로 1872년까지 조선 정부와 일본 정부는 외교적으로 타협점을 찾지 못하고 표류하게 된다. 당시 일본인들은 부산의 일본 공관에서 온 보고서에 조선 내부의 대일관이 다음과 같이 적혀 있는 것을 보고 분노했다.

그들은 서양 오랑캐의 제도를 받아들이고도 부끄러워하지 않으며, 자신들의 모습을 바꾸고 풍속을 바꿨다. 이들을 일본인이라 할 수 없다. 우리 땅에 그들이 왕래하는 것을 허락해서는 안 된다.

대원군의 쇄국정책과 더불어 근대화된 일본을 잘 파악하지 못한 당시의 정황이 잘 적혀 있다. 조선에게 일본은 아직도 미개한 오랑캐일 따름이었다. 한편 부패와 서양 열국의 침략으로 다 쓰러져 가고 있던 청나라와는 관계를 유지하고 있었다. 일본은 미국 페리 제독의 함대에 치욕적으로 개항을 당한 후, '유신'을 거치고 나서 국가 발전에 박차를 가하여 정치·경제·교육·군대를 서구화하면서 막강한 힘을 기르고 있었다.

조선은 일본이 조선에 보낸 문서에 쓰여진 '황칙(皇勅)'이란 글자를 문제 삼아 문서를 접수하는 것조차 거부했다. 조선은 중국과 조공 관계를 맺고 있었기 때문에 일본의 황칙 운운은 경우에 맞지 않는 일이었다. 이러한 국제 문제를 놓고 일본 내부에서는 여러 가지

의견이 나왔다. 정치인들 중에는 부산에 있는 일본인들의 권익을 위해 군대를 보내자는 사람도 있었다.

그때 정한론자인 사이고 다카모리는 반대했다. 이유는 자국민 보호도 중요하지만 군대를 보내면 쇄국정책을 펴고 있는 조선을 자극해 최악의 사태, 즉 전쟁이 일어날 수도 있다고 보았기 때문이다. 따라서 그는 우선 사절을 보내 교섭에 임해야 한다고 주장했다. 사절을 보내면 조선이 홀대할 것이고 그것을 빌미로 전쟁을 할 계책이었다.

이 의견을 오쿠마가 반대했다. 전권사절을 보낸다고 일이 잘 해결될 기미가 없고, 역시 전쟁이 벌어질 수 있다. 일본의 당시 재정으로는 조선과 전쟁을 하는 데 필요한 전비를 조달할 수 없다고 판단한 것이다.

하지만 이 의견은 무시되고, 이타가키의 파병안과 사이고의 조선 사절단 파견안 중에서 하나를 선택해야 했다. 하지만 결론적으로 둘 다 비슷한 내용이었다. 이유를 만들어 전쟁을 하는데, 어떤 방식을 택할 것인가가 문제였다.

1873년 일본에서는 메이지유신의 핵심 인물인 사이고 다카모리를 중심으로 한반도를 공격하자는 정치적인 움직임이 강하게 일게 된다. 이들은 조선에 사절단을 보내기로 하고, 그 사절단장으로 사이고를 내정했다. 조선이 사절단을 거절할 것을 염두에 두고 한 결정이었다. 조선이 사절단을 거부한다면 무력으로 부산을 개항할 생각이었다.

한편 이토는 반정한론자의 편에 서서 탁월한 정치적 감각으로 당대 정치 거물과 물밑 작업을 능수능란하게 전개했다. 이토는 스승인 요시다 쇼인으로부터 '주선자'로서의 능력을 인정받았다. 요시다 쇼인은 이토를 높이 평가하지 않았지만, 그것은 이토가 모자라서라기보다는 다른 인물들이 더 탁월해서였다.

이때 주선자로서 이토의 역량이 발휘된다. 이토의 반정한론은 조선이 아니라 일본 자국을 위한 정치투쟁이었다. 오쿠보가 이미 일본 참의원들의 회의에서 조선 사절단 파견을 내정한 상황에서 반정한론을 펼친 근거는 모두 일곱 가지다.

첫째, 신정부 성립 이후 제도 변혁과 증세로 국내가 불안정하다. 사소한 일로도 소란이 일어날 수 있다.

둘째, 국가 재정이 매우 어렵다. 외국 정벌을 일으키려면 증세할 수밖에 없다. 증세하면 인민이 피폐해지고 원한을 갖게 된다. 이를 완화하기 위해서는 지폐를 발행해야 하는데, 이는 물가 상승으로 연결된다. 이어 외채에 의존하게 된다. 외채를 상환할 가망은 없다.

셋째, 부국강병을 실현하는 데는 수년이 걸린다. 이 시점에서 병력을 동원하면 지금까지의 민생 대책이 모두 붕괴되고 만다.

넷째, 전쟁이 벌어지면 외국으로부터 수입이 늘어 금이 유출된다. 젊은이를 전쟁터에 보낼 경우, 제품 제조 능력이 떨어져 수출이 어려워진다. 함정이나 무기를 외국에서 구입할 경우 재정이 파탄난다.

다섯째, 러시아는 남진을 기도하고 있다. 만약 조선에서 전쟁이 벌어지면 러시아가 어부지리로 덕을 보게 될 것이다.

여섯째, 러시아뿐 아니라 영국도 안심할 수 없다. 일본은 이미 영국에 빚을 졌다. 이를 갚지 못하면 내정 간섭을 초래해 일본은 제2의 인도가 된다.

일곱째, 일본은 영국 · 프랑스와 대등한 존재가 아니다. 현재 그들에게 병력 주둔을 허용하고 있다. 이래서는 독립국가라고 할 수 없다. 이 점을 수치스럽게 생각하지 않고 조선에 무례를 범하는 것은, 큰 일은 참고 작은 일은 참지 못하는 것과 같다.

당시 일본에도 영국과 프랑스의 병력이 들어와 있었다. 반정한론은 조선을 위한 것이 아니라 일본의 미래를 위한 것이었다. 유신의 주역들과 일본 정치인들은 일본이 나아갈 방향을 놓고 목숨을 걸고 자신의 신념을 펼친다.

참의들이 모인 회의에서 사이고의 조선 사절단 파견 문제는 격론 끝에 다음 날로 연기되었고, 사이고의 조선 사절단 문제는 파견 쪽으로 결론이 났지만 사이고가 다음 날 회의에 불참함으로써 전

세는 역전되어 버렸다.

여기에는 이토의 뛰어난 비책이 있었다. 대세에 따르면 당연히 사이고의 사절단이 파견되었어야 했다. 하지만 반정한론자인 이토는 쉽게 물러나지 않았다. 당시 일본에서는 참의에서 결정된 사안을 천황에게 보고하고 결재를 받아야 했다. 보고하는 자들은 태정대신인 산조와 우대신인 이와쿠라였다. 이토는 이 과정을 이용했다. 즉 천황에게 두 가지 안을 상신하자는 비책을 낸 것이었다. 이토는 이렇게 말했다.

"태정대신이 결정된 의견을 상신할 때, 우대신께서는 천황과 국가를 위해 적절하다고 판단되는 의견을 말하고, 성단을 받는 것이 어떻겠습니까?"

이것은 대담한 발상이다. 군주에게 두 가지를 안을 내고 하나를 선택하라고 하는 것은 가당치 않은 일이었다. 일본 조정에는 그러한 선례가 없었다. 이 말을 들었을 때 이와쿠라는 이토가 하층민 출신이라 조정의 예의범절을 모른다고 무시했을 수도 있다. 이와쿠라는 무사가 아니라 조정의 신하인 구게(公家)였다. 구게는 한 입으로 두말 안 하는 사무라이와는 달리 입장 전환이 빨랐다. 그는 반정한론자의 수장인 오쿠보와는 절친한 친구 사이였다.

이와쿠라는 사이고와 오쿠보 사이에서 번뇌하다가 산조가 조정에 들어가는 날 낮잠을 자버렸다. 우대신이 없이 태정대신이 혼자

들어갈 수는 없어 하루를 기다리게 된다. 태정대신 산조는 정한 논쟁이 너무나 복잡하고 거물들끼리의 대결이라, 골머리를 앓다가 결국은 병석에 누워 버린다.

다 결정된 사항을 보고하는 임무였지만, 그 보고를 하지도 못하고 병석에 누울 정도로 당시 정한론은 일본 정계의 쟁점이었다. 국가의 존망이 걸린 문제이기도 했다. 태정대신이 공석이 되자, 절호의 기회를 잡은 이토는 잽싸게 이와쿠라를 찾아가 우대신인 이와쿠라가 태정대신이 되어 정국을 전환해야 한다고 역설했다. 이토가 이렇게 물밑 공작을 펼치고 있을 때 사이고는 이토를 별로 신경 쓰지 않았다. 자신과는 상대가 되지 않는 하층민 출신의 인사일 따름이었다.

반대로 이토는 상대방의 능력을 파악하는 데 뛰어났다. 이토의 집요한 설득으로 이와쿠라는 결국 오쿠보 편에 섰다. 사이고는 다 결정된 사안이라 안심하고 회의에 불참했다가 뒤통수를 맞은 격이었다.

이와쿠라가 천황에게 두 가지 방안을 올릴 계획이란 사실이 알려지자 사이고 측은 맹공을 퍼부었지만, 태정대신 이와쿠라는 23일 의결 내용을 다음과 같이 올렸다.

(조선에) 대사를 파견하는 안건은 거의 정해졌습니다. 신도 이를

알고 있습니다. 그러나 실제로 대사를 파견하는 데는 완급과 순서를 살펴야 합니다. 만약 사절이 모욕을 당할 경우 전쟁으로 이어질 우려가 있습니다. 따라서 제대로 준비하지 않고 사절을 파견한다는 것은 옳지 않습니다.

일본 유신 이래 이러한 보고서는 없었다고 한다. 더군다나 천황에게 올리는 문서에 사실도 조작해 버렸다.

이달 14일 조선견사를 논의하기 위해 모였습니다. 산조 태정대신 및 이와쿠라는 일의 선후 완급을 고려해 순서를 정해야 한다고 했고, 지금은 사신을 보내서는 안 된다고 보고 있습니다. 대다수 참의가 여기에 동의했습니다. 참의 중 사이고만이 속히 사절을 보내야 한다고 주장했습니다. 15일 다시 이 일을 논의했습니다. 오쿠보, 오쿠마, 오키 세 사람은 자신들의 견해를 바꾸려 하지 않았습니다. 대다수 참의는 사이고의 주장에 동의했고, 마침내 태정대신도 이를 받아들였습니다.

14일 회의에서 사이고만이 사절 파견을 주장한 것도 아니었지만, 15일 회의에서는 사절 파견에 반대한 사람은 오쿠보 한 사람이었다. 천황이 이와쿠라의 상신을 받아들여 사이고의 조선 사절단 파견은 무산되고 말았다. 결국 사이고는 체면을 잃은 데다 정치적으로 크게 타격을 입고 사표를 내고 시골로 내려갔고, 주위에 있던 젊은 무사들의 권유로 반란(세이난 전쟁)을 일으켰지만 정부군에 의해 토벌되었다.

그런데 역적이어야 할 사이고 다카모리는 메이지유신의 공로를 인정한다는 명분으로 명예가 회복되어 도쿄 우에노 공원에 동상이 세워진다. 본래 이 동상은 황궁에 세워질 예정이었으나 시민들의 사랑을 받는 군인이라는 이유로 사람들의 왕래가 잦은 우에노 공원에 세워지게 되었다.

일본에는 유신 3걸이 있다. 사이고 다카모리, 오쿠보 도시미치, 기도 다카요시다. 사이고는 1827년생으로 오쿠보와 기도보다 연장자이기도 했지만, 유신 3걸을 논할 때 항상 선두에 선다. 일본 근대사에서 매우 중요한 인물이다. 이토는 사이고가 생존했을 때는 정치적으로 미미한 존재였다.

정한론을 내세운 사이고 다카모리의 반란군은 진압되고, 2년 뒤 1875년에 운요호의 강화도 침공으로 강화도조약을 체결하게 된다. 결국 조선은 일본의 무력 앞에 무릎을 꿇었다. 일본의 정한론과 반정한론은 한 배를 타고 있는 사람들의 견해 차이일 뿐이었다.

그들이 조선을 식민지화하려는 의도는 한결같았다. 이 시기에 이토는 반정한론자들에게는 그리 신경 쓰이는 존재가 아니었다. 사이고를 비롯한 정한론자들도 이토를 염두에 두지 않았다. 하지만 이토는 그러한 상황 속에서도 정확하게 자신의 뜻을 관철하고 결국은 참의가 되어 정치인으로서 입지를 확실히 다진다.

이때 그의 나이 서른두 살이었다. 서른두 살은 안중근이 이토를 저격하던 때의 나이였다. 한 인물이 일본 정계의 중심으로 막 나아가려던 나이에 안중근은 자신의 인생을 송두리째 내던져서 그의 야망을 저지하고 동양 평화라는 원대한 뜻을 이루려고 했다.

미요시 도오루는 『사전 이토 히로부미』에서 정한 논쟁과 이토에 대해서 이렇게 말했다.

정한론, 아니 좀 더 정확히는 '사이고 조선 파견' 문제를 둘러싼 충돌을 너무 장황하게 설명한 느낌도 있다. 그러나 이 사건은 유신 후 최대 정변이었고, 세이난 전쟁의 계기가 되었다. 이토 히로부미가 살았던 1909년까지 수많은 정변이 일어났으나, 정한론 정쟁만큼 이토의 정치적 생애에 큰 영향을 미친 사건은 없었다. 더구나 이 정변은 여전히 수수께끼에 싸여 있다. 그러나 이토는 40일간 이어진 정변을 통해 일본을 움직이는 정치역학의 깊은 못을 목격했다. 일본적인 정치의 요체가 무엇인지 직접 몸으로 보고 배웠던 것이다.

안중근은 「장부가」에서 이토를 일러 '쥐도적'이라고 썼다. 그는 과연 일본의 입장에서 보면 탁월한 정치가이지만, 안 되는 일을 되게 하는 권모술수의 대가다. 정한론의 입장에서 보면 이토는 '쥐도적'의 면모를 확실하게 보여 주었다. 이 정한 논쟁을 계기로 이토는 일본 정계의 중심부에 진입했고, 그의 파란만장한 인생은 계속된다.

1909년 10월 23일

동지들과 기념 촬영, 「장부가」를 짓다

김성백의 집에서 하룻밤을 묵은 안중근은 하얼빈 시내를 돌아보기 위해 집을 나섰다. 거사에 대한 생각으로 안중근의 마음은 복잡했다. 하얼빈 시내를 둘러본다는 핑계로 집을 나섰지만, 이토 히로부미가 하얼빈에 오는 정확한 날짜와 시간을 알아내는 것이 급선무였다. 안중근은 아직 여독이 풀리지 않아 피곤했다.
 거리로 나선 안중근은 우선 이발소로 갔다. 거사를 앞둔 그에게는 일종의 의식과 같은 행동이었다. 그동안 풍찬노숙을 한 생활의 여파였는지 온갖 상념과 고통으로 머리카락은 어지럽게 자라 있었다. 이발소 거울에 비친 자신의 모습을 보면서 안중근은 어린 시절 청계동에서 안 진사의 귀한 도령이었던 시절의 긴 머리카락을 떠올렸다. 부모에게서 받은 육신을 단정하게 하는 것은 전통 유교 교육을 받은 안중근에게 자식 된 도리이기도 했다. 세상이 바뀌어 단

발을 했다. 단발을 하지 않겠다고 버티던 사대부들의 고집스러운 머리카락이 떠올랐다. 안중근은 거울을 보고 자신의 모습을 응시했다. 거울 안의 조용한 세상에서 눈동자가 빛났다. 가위를 들고 다가오는 중국인 이발사에게 안중근은 머리카락을 짧게 잘라 달라고 말을 하곤, 잠시 눈을 감았다.

머리를 단정하게 손질하고 동지들과 근처의 사진관을 찾았다. 이제 곧 적의 소굴로 들어갈 것이다. 중국인 사진관에서 안중근은 이제 자유인으로서는 마지막이 될 사진을 찍었다. 왼쪽에 그가, 가운데 우덕순이, 오른쪽에 유동하가 나란히 앉았다.

찰칵, 찰나의 순간이 인화지에 담기고 그 사진 속에서 시간은 이제 멈추었다. 사진관에서 번쩍하고 조명이 터지는 순간처럼 모든 것이 순간적으로 이루어진다. 어떤 순간은 영원으로, 어떤 순간은 티끌로 사라지는 것이 삶이다. 안중근은 자신이 짊어지고 가야 할 거대한 운명 앞에 번쩍 터지는 섬광을 보았다.

'머지않아 나의 총구도 저렇게 번쩍일 것이다. 그리고 나의 세상은 고요할 것이다.'

안중근은 이발소에서 머리를 짧게 깎고 기념 촬영을 마쳤다. 며칠 후에 사진을 찾아야 할 것이다. 하지만 그가 그 사진을 볼 수는 없으리라. 안중근은 자신이 보지 못할지라도 이 사진은 남으리라는 사실을 알았다.

안중근은 청계동 시절부터 많은 사진을 남겼다. 진남포에서 교육 사업을 하던 시절 단정한 양복에 이목구비가 뚜렷했던 청년 안중근, 조국과 집을 떠나기 전에 가족들과 찍은 사진, 단지를 하고 나서 그 손등을 앞으로 하고 찍은 사진들.

우리는 안중근 의사의 사진으로는 거사 후 체포된 모습에 익숙하다. 고집스럽게 부릅뜬 눈동자와 콧수염, 짧은 머리카락, 심문에 두 볼이 움푹 들어간 모습이다. 허리 뒤로 손이 묶여 쇠사슬이 혁대처럼 드리웠다. 거사 직후 일본군에 의해 증거 자료로 찍힌 사진의 머리카락을 보면 금방 이발을 한 모습이다.

거사 직전 세 사람이 함께한 사진을 보면 양복을 잘 갖춰 입은 안중근 의사의 모습에 젊은 혈기가 넘쳐흐른다. 인화 상태가 좋지 않아서인지 콧수염은 잘 보이지 않는다.

지금의 하얼빈 공원 서쪽 대문, 남북으로 관통된 신성대가 건너편에는 고려가가 있었다. 당시 하얼빈에 거주하는 조선인 268명이 모여 사는 마을이었다. 그곳에는 조선인 단체인 한민회, 기독교조선감리회 하얼빈예배당, 조선인 공동묘지, 동흥학교 등이 있었다. 안중근은 동흥학교에 관심이 있었다. 옛날 조국에서 가산을 털어 교육 사업에 전념하던 시절도 떠올랐다.

하얼빈에 도착한 안중근은 당연히 이 학교를 찾았다. 동흥학교는 1909년 4월 하얼빈에 제일 처음 세워진 조선인 학교이고, 헤이룽장성 내에서도 조선인 사립학교로는 가장 먼저 세워졌다.

우리 민족의 교육열은 먼 타지에서도 식지 않았다. 앞날이 풍전등화와 같은 시기에 한 끼 식사를 걱정하는 가난한 살림살이에도 자식들을 위한 교육 투자에는 과감하고 용감했다.

동흥학교는 하얼빈에 거주하고 있는 조선인들이 힘을 모아 세운 학교다. 1908년 서른 살이었던 김형재는 블라디보스토크의 『대동공보』 하얼빈 주재 기자로 이곳에 부임했다. 이곳에서 그는 당시 하얼빈의 유력 인사였던 김성백과 손을 잡고 여러 동지들을 모아 1909년 1월 반일 단체인 공립회를 조직하였고, 이 공립회를 기반으로 조선인 학교를 설립하자는 뜻을 모으게 되었다.

학교 설립을 위해 300원을 모금했는데, 김성백이 제일 많이 냈다. 학교는 1909년 4월에 개교했다. 안중근이 하얼빈에 도착하기 불과 6개월 전에 생긴 신흥 학교였다.

수업 방식은 학년제를 실시한 것이 아니라 한글·한문과와 러시아어과 2개 반으로 나누어 수업했다. 과목은 한글, 한문, 러시아어 세 과목이었다. 학생은 한글·한문과에 8명, 러시아어과에 20명, 총 28명이었다. 한문은 김형재가, 한글은 탁공규가, 러시아어는 러시아인 와시리우사레우이치가 선생이 되었다. 한 달 월급은 15원이었다. 학교 경영은 처음에는 탁공규가, 훗날에는 김성옥이 책임지게 되었다.

학교 운영비는 매달 35원 정도였다. 수업료는 학생들의 가정 형편에 따라 매달 2원, 1원, 50전을 받았다. 학교 운영을 책임진 김성옥이 매달 5원을 보조했다. 학교가 순조롭게 운영되자 7월에 김형재는 김성백을 도와 하얼빈 한민회를 조직하였고, 동흥학교는 이 조직의 자금 지원도 받게 되었다.

또한 낮에는 학생들이 공부하고, 밤에는 노동자들이 야학 형식으로 러시아어를 배웠다. 김형재는 거처할 집이 없었기 때문에 학교에서 생활했다. 그는 무급으로 학생과 조선인들에게 반일 애국사상을 고취시켰다.

탁공규는 서른여섯 살이었고, 『대동공보』의 수금원으로 일하면서 반일 단체인 '청년회' 부회장으로 반일 활동을 했다. 그러다가 하얼빈에 와서 약국을 차려 생계를 유지하면서 학교 건립과 운영에 적극적으로 참여한 인물이다. 김성옥은 러시아에 귀화한 조선인으로 3년 전에 하얼빈에 와서 약국을 차렸다. 당시 마흔아홉 살이었던 그는 조선인 사회에서는 민족의식이 강한 부자 가운데 한 명이었다.

안중근 의사의 거사 직후 동흥학교의 교원 김형재와 탁공규, 김성옥 등이 공범 혐의로 체포되었다. 이들이 안중근 의사와 함께 뤼순감옥까지 압송되었기 때문에 동흥학교는 잠시 학교 문을 닫았다. 이때 김성백이 하얼빈에 사는 조선인들을 일일이 찾아다니면서 학교 운영의 필요성을 설득하여 12월에 다시 학교 문을 열었고, 학교 책임자로 김성옥 대신에 의사인 방사첨이 선출되었다.

1910년 1월 15일 하얼빈 주재 일본 총영사관에서 일본 외무대신에게 보낸 보고서에는 동흥학교에 대해 이렇게 적혀 있다.

　　학교라고는 하지만 실제로는 일종의 구락부로서 배일 한인의 소굴이다.

이후 동흥학교는 계속 교세를 확장하여 1916년 10월 6일자 『원동보』에서는 동흥학교의 학생이 40명이고, 저녁 야학에는 10여 명이 모여서 공부를 한다고 보도했다.

이날 오후, 안중근은 김성백과 함께 『대동공보』 주필 이강의 소개장을 들고 『대동공보』 하얼빈 주재 기자 김형재를 찾았다. 소개장을 읽어 본 김형재는 두 사람과 함께 김성옥의 집으로 갔다. 김성옥의 집에서 기거를 하고 있던 조도선은 병으로 누워 있는 김성옥을 대신해서 손님들에게 술대접을 했다. 조국이 독립될 때까지 금주 맹세를 한 안중근은 술을 사양했다.

안중근은 우덕순, 김형재, 조도선, 김성옥과 자리를 같이했다. 이

자리에서 우덕순은, 안중근은 가족을 마중하러 나왔고 자신은 『대동공보』의 신문 대금을 받으러 왔다고 소개를 했다. 하지만 술자리가 무르익자 이토 히로부미가 하얼빈에 온다는 이야기가 자연스럽게 흘러나왔다. 또한 중문판 『원동보』에서 이토에 대한 단신을 입수할 수 있었다.

이토 히로부미가 동청철도 총국의 특별열차 편으로 25일 밤 11시에 콴청쯔(관성자, 지금의 창춘) 역을 출발하여 러시아 재무대신 코콥체프와 하얼빈에서 회담을 한다는 내용이었다. 안중근에게는 매우 중요한 정보였다. 이토가 탄 야간열차는 어둠을 뚫고 하얼빈으로 올 것이다. 콴청쯔에서 하얼빈까지의 구간은 총 237킬로미터다. 소요 시간은 10시간 정도다. 그렇다면 다음 날인 26일 아침이면 이토의 모습을 볼 수 있을 것이다.

안중근은 이 사실을 확인하고 기도하는 심경으로 술자리를 벗어났다. 혈관을 타고 흐르는 피가 심장에 와서 요동쳤다. 벌써부터 두근거리는 가슴을 진정시키기 위해 안중근은 마당으로 나와 큰숨을 쉬고, 다시 하얼빈의 밤거리를 천천히 걸었다.

안중근의 마음은 무거웠다. 이틀 후면 총을 들어야 한다. 이제 거사 장소를 구체적으로 어디로 정할 것인지도 혼란스러웠다. 직감적으로 느끼기에도 이번 기회는 다시는 오지 않을 천재일우의 기회였다. 거사 장소를 이토가 출발하는 콴청쯔로 할 것인가? 중간에 잠시 쉬어 가는 차이자거우(채가구) 역으로 할 것인가? 아니면 하얼빈으로 할 것인가? 안중근은 머리를 도리질쳤다.

안중근의 거사에는 후원하는 조직이 없었다. 거사에 꼭 필요한 자금도 지원되지 않았고, 심지어 몸을 움직일 여비조차도 넉넉지 않아 항상 불안했다. 과거 국채보상운동이 일어났을 때 아내의 패물까지 모조리 국가에 헌납한 안중근이었다. 선친에게서 물려받은 재산은 대부분 학교를 짓는 데 투자했다. 많은 재산을 교육 사업과 독립운동에 바치고 난 안중근은 기차표를 살 푼돈마저 절실하게 필요했다. 한편, 이토는 자신을 위한 특별열차를 타고 환영을 받으면서 안락하게 목적지를 향해 오고 있었다. 그 역시 러시아와의 만주 분할 문제 등 복잡한 현안에 대해 이런저런 생각에 시달리고 있었다.

안중근은 목적지가 가까워져 오는 것을 알고 있었다. 하지만 이토는 목적지가 아직도 멀고 멀다고 생각했다. 러시아의 코콥체프와 만나 일본의 조선 합방 문제와 러시아·일본의 세력 확장 문제를 조정해야 했다. 하얼빈 회담을 출발로 이토는 일본의 제국주의 노선을 새롭게 수정 보완할 생각이었다.

안중근은 방 안에서 조용히 생각에 잠겼다. 호롱불이 타오르는 책상 한 귀퉁이를 바라보았다. 북만주의 늦은 가을밤 대지를 달려온 바람의 정령들이 안중근의 마음을 흔들었다. 길 잃은 자들의 노랫소리처럼 처량하게 울리는 하얼빈의 바람소리를 들으면서 안중근은 자신을 바라보고 있는 호롱불을 바라보았다.

'저 불빛이 밝히는 것이 과연 무엇인가? 밖에 내면 금방 사라질 저 불빛이 없다면 이 어둠 속에서 내가 나를 바라볼 수 있을 것인가?'

로맹 롤랑은 영웅이란 "자신이 할 수 있는 일을 하는 자"라고 했다. 보통 사람은 자신이 할 수 없는 일을 하려고 하지만, 영웅은 자신이 할 수 있는 일을 다한다. 영웅 안중근은 호롱불 아래서 금방 스러져 버려도 타오르는 일이 자신이 할 일이라고 생각했다.

그래, 이건 내가 할 수 있는 일이다. 조국에서, 러시아에서, 만주 벌판에서, 사방팔방을 둘러보아도 내가 할 수 있는 일은 오로지 이것밖에 없다. 안중근은 책상머리에 앉아 비장한 마음을 대지와 같은 흰 종이에 적어 나가기 시작했다. 심장이 터져 나갈 것 같아 피를 토하는 심경으로 한자 한자 꾹꾹 눌러 적었다.

장부가 세상에 처함이여 그 뜻이 크도다
때가 영웅을 지음이여 영웅이 때를 지으리로다

천하를 응시함이여 어느 날에 업을 이룰 것인가

동풍이 점점 차가워지니 장사의 의가 뜨겁다

분연히 떨쳐 일어나 나가니 반드시 목적을 이룰 것이다

쥐도적 이토여 어찌 즐겨 목숨을 비길고

어찌 이에 이를 줄을 헤아렸으리오 시세가 고연하도다

동포 동포여 속히 대업을 이룰지어다

만세 만세여 대한 독립이로다

만세 만세여 대한 독립이로다

제목을 따로 적어 놓지 않아, 첫 글자인 장부에서 제목을 따 이 시를「장부가」라고 부른다. 이 시를 안중근은 처음엔 한자로, 다음엔 한글로 적어 나갔다. 시의 내용이 급하고 과격하다. 도저히 참지 못하고 대한 독립 만세를 외치면서 펜을 놓았다. 직설적이어서 뜨겁고 용광로 같다. 적군을 향해 선전포고를 하는 기개가 넘친다. 하지만 고독하다. 이 고독은 전쟁터에 나가기 전의 장군의 고독이기도 하다. 이러한 고독한 문장은 일본군과 맞서 싸운 이순신에게서 이미 볼 수 있다.

한산섬 달 밝은 밤에 수루에 혼자 앉아

큰 칼 옆에 차고 깊은 시름 하는 적에

1909년 10월 23일

어디서 들려오는

일성호가(一聲胡笳)는 남의 애를 끊나니

안중근과 이순신, 시대를 달리하고 전쟁의 방식도, 전술도, 업적도 다르지만 두 장군은 같은 고독을 가지고 있었다. 조선인으로 태어나 일본의 침략에 맞서 싸운 두 장군은 살아 있는 조선 혼의 상징이다. 두 사람의 죽음은 패배가 아니었다. 그것은 한 고독한 개인의 승리이고, 우리 혼의 부활이었다. 안중근은 이순신 장군의 정신을 잇는 위대한 우리나라의 장군이다.

같은 방 안에서 안중근의 모습을 바라보던 우덕순도 울컥하는 마음에 시를 적어 나갔다.

만났도다 만났도다 너를 한번 만나고자
일평생을 원했지만 하상 견지만야런고
너를 한번 만나려고 수륙으로 기만 리를
혹은 윤선 혹은 화차 천신만고 거듭하여
노청 양지 지날 때에 주 예수여 살피소서
동반도의 대제국을 내 원대로 구하소서
오호라 간악한 늙은 도적아
우리 민족 2000만을 멸망까지 시켜 놓고

금수강산 삼천리를 소리 없이 뺏느라고

궁흉극악 네 수단을

지금 네 명 끊어지니 너도 원통하리로다

갑오 독립시켜 놓고 을사 늑체한 연후에

오늘 네가 북향할 줄 나도 역시 몰랐도다

덕 닦으면 덕이 오고, 죄 범하면 죄가 온다

네 뿐인 줄 알지 마라 너의 동포 5000만을

오늘부터 시작하여 하나둘씩 보는 대로

내 손으로 죽이리라

우덕순은 이 시를 다 쓰고 조용히 펜을 놓았다. 안중근은 또 방을 나갔다. 어디론가 산책을 하고 있을 것이다. 가까이에서 안중근을 보아 온 우덕순은 안중근의 고독을 누구보다도 잘 알고 있었다. 이 순간은 안중근의 생애 마지막 순간이라고 해도 과언이 아니다. 이제부터 개인 안중근은 사라졌다.

안중근은 시를 쓰던 순간의 마음을 자서전에 이렇게 적었다.

그날 밤은 또 김성백의 집에 묵었다. 그때 비용이 부족할 것이 걱정스러워 유동하를 시켜 김성백에게 가서 50원만 잠깐 빌려 가지고 오면 머지않아 곧 갚겠노라고 말하라 시키고 유씨가 김씨를 찾아갔으나 밖에 나가고 없었다.

그때 나는 홀로 방안의 희미한 등불 아래, 차디찬 침상 위에 앉아 장차 할 일을 생각했다. 그리고 비분강개한 마음을 이길 길 없어 노래 한 수를 읊었다.

*

안중근에게 「장부가」가 있다면, 죽음을 앞두고 있던 이토는 일본을 떠나면서 이러한 시를 지었다.

> 늦가을 집을 나와 긴 여정에 오르다
> 차창에는 벌레 소리가 들리네
> 내일 아침 발해의 파도는 2000척
> 충혼들을 위로하러 간다

이 시에서 집을 떠난다는 표현을 할 때 이토가 사용한 한자는 '사가(辭家)'다. 일본에서 사가라는 단어의 의미는 남의 집을 방문했다가 자신의 집으로 돌아갈 때 상용하는 단어라고 한다. 보통 자신의 집을 떠나는 데 사가라는 표현은 사용하지 않는다고 한다. 자신의 집을 떠날 때 사가라고 한다면, 다시는 돌아오지 않겠다는 뉘

앙스를 풍기는 것이다. 이 시를 본 궁내대신 비서관 모리는 불길한 예감을 느꼈지만 아무 말도 하지 않았다.

이토는 조선의 초대 통감이라는, 일본 측에서 보면 막중한 임무를 맡았다. 안중근이 제시한 이토의 죄악 중에서 가장 눈에 띄는 것이 바로 조선 통감 부임이다. 이토가 조선 통감으로 부임하는 과정도 한 편의 비극적인 드라마다.

러일전쟁의 승리와 미국 루스벨트 대통령의 주선으로 이루어진 포츠머스 조약은 도약하는 일본 제국주의에 기폭제가 되었다. 적어도 우리 한반도 문제에서만은 그간의 고난을 헤치고 일본이 우선권을 선점하게 된 것이다. 포츠머스 조약의 일본 전권대사로 협상을 한 고무라 주타로는 조약 제2조에 들어간 '대한제국에 대한 우선권'을 어떻게 운용할 것인지에 대한 구상안을 이미 협상을 마치고 귀국하기 전부터 준비해 놓고 있었다.

그의 구상 중에서 핵심은 대한제국의 외교권을 박탈하는 것과 조속한 시기에 일본의 병력을 파견하는 것이었다. 이 고무라의 구상이 우리나라 역사에 치욕적인 을사늑약으로 현실화되는 것이다. 고무라는 조선에 대한 이러한 조약 체결을 하야시에게 일임하려고 하였으나, 이 막중한 임무를 맡을 사람은 일본에서는 이토밖에 없다는 현실을 깨달았다.

이토에게 대한제국 문제에 대한 이러한 의견을 타진하자 이토 역시 즉각 수락하였다. 포츠머스 조약에서 러시아 전권대사인 비테와의 협의 중에 반드시 대한제국의 동의를 얻어야 한다는 기록이 의사록에 남아 있었기 때문에 총칼로 해결될 문제가 아니었다. 대한제국의 고종 황제에게 천황의 친서를 전달한다는 표면적인 이유를 들어 이토가 조약 체결을 위해 떠나게 된다. 이때 이토의 마음가짐에 대해 미요시 도오루는 『사전 이토 히로부미』에서 이렇게 쓴다.

결과적으로 이토는 이 임무를 수락함으로써 하얼빈 역에서 암살당하는 운명으로 발을 내디딘 것이다. 이토는 당시까지 수차례 생사의 갈림길에 선 적이 있었다. 젊은 시절 영국 유학에서 조슈번으로 돌아왔을 때나, 공산사에서 다카스키 신사쿠 거사에 동참했을 때도 그랬다. 바람의 방향이 조금만 바뀌었다면 그는 생명을 부지하지 못했을 것이다. 이토는 그런 사실을 알고도 자신의 생명에 도박을 걸었다. 잃을 것이라고는 목숨밖에 없었기 때문이다. 이토는 지위도 명예도 없는 하급 무사에 불과했다. 또 1873년 가을 정한파와의 대결에서도, 패배하면 정권에서 쫓겨날 처지였다.

이제는 정한파와 대결하던 시절의 이토가 아니다. 이토는 지위와 명예를 가지고 일본 국정을 좌지우지하는 인물이었다. 이토가 이미 자신이 가지고 있는 것에 집착했다면 조선 통감 직을 거절했을 수도 있었다. 하지만 기록을 보면 이토는 주저한 흔적이 없다. 이토는 참으로 묘한 인물이다.

역사에 '만약'은 없다. 하지만 만약에 이토가 조선 통감 직을 거절했다면 그 자리에 들어선 일본의 다른 정치인이 조선의 주적이 되었을 것이다.

이토는 산전수전 다 겪은 노회한 정치인이었다. 안중근 의사가 그를 쥐도적이라고 표현한 이유도 그가 잘 파악되지 않는 교묘한 인물이기 때문이다. 이토가 조선 통감 직을 쉽게 수락한 것은 정치적으로는 잘 이해가 되지 않을 수도 있다.

사람은 누구나 살고 싶어한다. 천박한 하급 무사 출신인 이토가 권력의 중앙에서 사지인 조선으로 떠나는 모습은 일본인들에게는 매우 자랑스러운 일이었다. 하지만 일제강점기의 조선인들에게는 '원수'로 남게 된다. 이토가 이 사실을 몰랐을 리 없다.

이러한 자신의 행동에 대해. 이토는 훗날 하얼빈으로 떠나기 전에 자신의 아들에게 "천하의 일을 추진하려면 목숨을 걸어야 할 경우가 생긴다"라는 말을 남겼다. 그리고 유산 문제와 같은 재산 정리도 통감으로 부임하기 전에 마쳤다.

주변을 깨끗이 정리하고 이토는 조선으로 떠난다. 근대 일본의 성장기에 목숨을 걸고 자신의 뜻을 펼친 인물들은 메이지유신 3걸 이외에도 수없이 많다. 을사늑약으로 분통한 마음을 품은 우리나라의 선비들도 마찬가지다. 당시 제국주의로 치닫던 일본에 대한 항쟁의 기폭제가 되었던 안중근 의사의 마음을 한 조각이라도 이해하기 위해서는 이토가 조선에서 고종과 황실을 농락한 정황을 알아야 한다.

"일본 천황이 신임하는 추밀원 의장 정2위 대훈휘 후작 이토 히로부미." 이 거창한 직함은 이토가 조선에 들어올 때 일본 천황이 써준 친서에 나오는 내용이다. 이 친서를 들고 이토는 1905년 11월 9일 서울에 들어와, 10일 고종에게 일본 왕의 친서를 바친다.

이토는 발 빠르게 을사늑약을 추진했다. 을사늑약은 외교권을 박탈하고 조선에 통감을 파견한다는 내용으로, 말이 조약이지 실상은 총칼을 목에 겨누고 도장을 찍어 나라를 일본에 넘기라는 도적질이었다. 다만 국제 관계를 고려해서 일본은 이토를 보내 그 문서를 받아 오게 한 것이다.

이른바 국가의 외교적인 관계인데, 제국주의 일본과 이미 나라의 기운이 기울기 시작한 조선은 평등한 관계가 될 수 없었다. 자신의 목숨을 담보로 내걸고 조선에 온 이토는 조금의 여유도 주지 않았다. 고종에게 일본 정부에서 결정한 사항이라고 밀어붙이기 시작했다.

당시 일본 공사였던 하야시의 회고담에 따르면, 을사늑약 당시 조정의 최고 책임자였던 한규설은 비분함을 참지 못해 실신해 버렸다고 기록되어 있다. 한규설은 을사늑약이 체결된 지 25년 후인 1930년에 당시의 비통한 마음을 담은 회고담을 쓴다.

2005년 11월 14일자 『경향신문』에서 조운찬 기자는 한규설의 회고담을 다음과 같이 재구성했다.

광무 9년, 즉 1905년 한반도에는 풍운이 드리워 있었다. 서울에는 일본군 하세가와 요미시치 대장을 비롯한 일본 군대들이 드나들었다. 11월 9일에는 이토 히로부미가 서울에 와 10일 고종 황제를 알현했다. 이때 일진회에서는 일본의 보호를 받아야 한다고 소동을 피웠다. 나는 관리들에게 일진회의 언동에 현혹되지 말도록 하고 이토 대사의 행동을 감시했다. 15일 외부대신 박제순은 하야시 곤스케 공사의 초청을 받고 다녀와 을사조약에 관한 이야기를 들었다고 말했다. 그러나 우리는 예정된 사실이어서 별로 놀라지 않았다. 모두 일치하여 반대할 것을 결심했다. 16일 이토 대사가 숙소에서 원로 민영환과 심상훈, 그리고 대신들을 초청했다. 그 자리에서 이토는 동양의 대세이니 조약 동의에 날인하자고 하였다. 그러나 모두들 거절하였다. 밤중에 수옥헌에서 어전회의가 열렸다.

1909년 10월 23일

이 자리에서 박제순은 "군신들이 순직하는 결심을 가져야 한다"고 아뢰고 숙고하여 선처하라는 하명이 있었다. 대신들은 회의 때마다 비분강개하여 조약에 강경한 자세를 보였다. 특히 박제순은 자주 나를 찾아와 의견을 나눴다. 한번은 그가 "외부대신의 인장을 뺏길 것 같으면 자결하는 게 낫다"고 말했다. 그러면서도 "나에게는 서너 살의 아이밖에 없어 사후가 걱정된다"며 유약한 모습을 보이기도 했다.

17일 공사관에 불려가 회담을 했다. 모두들 변함없이 "불가"라고 완강하게 말했다. 그러나 회의가 계속되면서 대신들의 태도가 부드러워졌다. 어떤 대신은 조문을 수정한 뒤 승낙하면 어떤가 하는 의견을 내놓았다. 이때 나는 사직도 고려했다. 그러나 나보다 약한 사람이 임명될 경우 내가 죄인을 벗어나지 못할 것이라 생각해 그만두었다.

공사관에서 돌아와 궁정에서 다시 어전회의를 열었다. 이 사이 이토, 하야시, 하세가와 등 외교관과 군인들이 다수 내전 근처로 들어왔다. 각 대신이 차례로 의견을 말했다. 학부대신 이완용이 "반대한다고 해결되는 형세가 아니니 차라리 조문 수정을 요구하는게 낫다"고 말하자 농상공부대신 권중현, 내부대신 이지용도 찬성 의견을 말해 회의가 혼란에 빠졌다. 이 사이 고종은 내전으로 들어가고 이토 대사가 회담장에 들어와 찬성할 것을 설명하였다.

이때 나는 이 문제가 군신만으로 해결할 수 없는 중대사이니 만민의 공론에 부쳐 해결하자고 제의하고 회의 연기를 청하고 회의장을 빠져나왔다. 잠시 후 공사관 통역관을 통해 이토 대사가 만나고 싶다는 전갈을 해와 들어가니 이토가 날인을 강요했다. 나는 끝내 불가하다며 반대했고 이 와중에서 일본군들에게 감금되었다.

새벽 1시 30분쯤 일본군들이 물러나 나와 보니 조약서에 외부대신 박제순이 날인했다는 것이다. 벌건 얼굴로 나온 박제순에게 "숨긴 도장은 어떻게 된 거야"라고 소리쳤으나 이미 늦은 때였다. 그때 나는 조약 무효를 위해 법부대신과 탁지대신을 제외한 모든 대신을 면직하는 수속을 밟았다.

그러나 다음 날은 이미 별천지였다. 나에게는 "어전에서의 행위가 도리에 어그러졌다"는 죄명으로 '3년 유형'에 처한다는 칙명이 내려와 있었다. 23일 조약이 공포되었고, 그때부터 나는 두문불출하며 집안에서 유형을 받았다.

나는 우리 근대의 치욕적인 역사가 임진왜란 당시의 '이순신 정신'의 결핍에서 오는 것이라고 생각한다. 이순신은 일본군의 행동양식과 문화에 통달한 지장(智將)이었다. 당시 일본 해군은 우리 근해에서 노략질을 일삼던 왜구들의 해적 전술을 이어받고 있었다. 상대방의 배에 접근했을 때 다리 역할을 하는 '다테이타'라는 것이 있었다. 일본 해군은 경첩이 달려 있는 다테이타를 상대의 배에 떨어뜨리고 마치 다리를 건너듯, 민첩하게 올라타서 칼로 치는 '놋토리' 전술에 능란했다. 이순신 장군과 대적한 장군 중 하나인 구키 요시다카는 해적 출신의 다이묘, 즉 영주였다. 구키가 타고 온 일본의 주 전함인 아다케 후네 역시 해적선과 별반 다르지 않았다.

이순신 장군은 일본 함선이 접근하여 올라탈 수 없도록 갑판에 뚜껑을 해 닫고 거기에 칼날과 창끝을 꽂아 놓았다(노르망디 상륙작전을 저지하기 위해 독일군의 롬멜 장군 역시 해변에 이러한 장애물을 설치했다). 이 모양이 자연스럽게 거북선으로 탄생한다. 해적들은 절대 화공법을 쓰지 않는다. 상대의 배를 태워 버리면 노략질할 것이 타버리기 때문이다. 만약 일본군이 화공법을 쓴다면 거북선은 지붕으로 막혀 있어 불리하다.

이순신 장군에게서 우리가 배워야 할 정신이 있다면 그것은 상대를 미리 알고 준비를 하는, 즉 이겨 놓고 싸우는 그 정신이다. 임진왜란과 같은 국난이 근대에 밀려오고 있었다. 임진왜란이 일본이 중국 대륙으로 진출하기 위해 그 길목에 위치한 우리나라를 치고 들어온 것이라면, 근대 일본 제국주의 역시 청나라와 러시아를 향한 포문을 열기 위해 우리나라를 치고 들어온 것이다. 임진왜란에는 이순신이 있었지만, 우리 근대에는 이순신이 없었다.

이러한 시대에 안중근 의사의 거사는 이순신 정신의 빈자리를 메우는 고독한 전투였다. 이토는 자기 몸을 관통하는 총알을 통해 안중근의 고독을 배워야 했다. 자국의 이익을 위해 한 몸을 던진 근대 일본의 영웅이지만, 하늘의 노여움이 그를 용서하지 않았다.

을사늑약의 막중한 책임을 완수하고, 이토는 당연히 초대 통감으로 지목되고 그 역시 받아들인다. 한규설이 회고담에서도 밝히고 있지만, 고종을 알현한 이토의 오만불손함은 이루 말할 수 없었다. 을사늑약을 체결하고 이토가 천황에게 보고한 「대한제국봉사기적요」에 이러한 기록이 있다.

고종은 이토에게 일본에 대해 이러한 잘못을 지적했다.

명분은 금융 재정 재건이지만 일본의 제일은행이 모두 장악하고, 국고 수입마저 관리하고 있다. 이로 인해 국내 금융은 원활하지 못해, 국민은 고생하고 있다. 우편이나 전신도 일본이 장악했고, 짐은 수수방관할 수밖에 없는 상황이다. 또 국방이 완비되지 못했다고 하지만, 현실적으로 대한제국의 군사는 갈수록 규모가 줄어들고 있다. 이로 인해 지방의 도적 하나 진압하지 못하고 있다. 철도 전신 보호 명목으로 군령을 내렸는데, 이를 반대한 자를 그 자리에서 총살하고 있다. 국민의 원성이 나오는 것도 당연하다. 일본은 또 대한제국의 외교권까지 박탈하려 한다. 대한제국은 일본의 진의를 의심할 수밖에 없다. 입장을 바꿔 생각해 보라.

이토는 고종의 준엄한 질타에 노회한 정치인답게 이렇게 대답했다.

폐하는 불만을 말씀하시지만, 제가 한번 질문을 드려 보겠습니다. 대한제국이 어떻게 오늘날까지 생존할 수 있었습니까? 또 대한제국의 독립은 어떻게 보장되었습니까? 폐하는 그러한 사정을 알면서도 불만을 말씀하시는 것입니까?

오만한 이토의 모습이 잘 그려지는 문장이다. 조선의 국왕 앞에서 일본의 신하가 이렇게 말했다. 고종은 가슴이 찢어지는 마음으로 이토에게 계속 물었다. 형식적으로 외교권을 인정할 수 없겠는가? 대답은 간단하게 "불가"였다.

이토는 이러한 인물이다.

1909년 10월 24일

차이자거우 도착, 유사시 통지 요망

안녕하십니까.

이달 9일(양력 10월 22일) 오후 8시 이곳에 도착하여 김성백 씨 댁에 머물고 있습니다. 『원동보』에서 보니 이등은 이달 12일(양력 10월 25일) 러시아 철도 총국에서 특별히 배려한 특별열차에 탑승하여 이날 오후 11시쯤에 하얼빈에 도착할 것 같습니다.

우리는 조도선 씨와 함께 저의 가족들을 맞아 콴청쯔에 가는 길이라 말하고 콴청쯔에서 거의 십여 리 떨어진 정거장에서 때를 기다려 그곳에서 일을 결행할 생각이오니 그리 아시기 바랍니다. 이 큰일의 성공 여부는 하늘에 달려 있으니, 동포의 기도에 힘입어 성공하게 되기를 간절히 바랍니다. 그리고 이곳의 김성백 씨에게 돈 50원을 차용하니, 속히 갚아 주시기를 천만 번 부탁 드립니다.

　　　　　　　　　대한 독립 만세 9월 11일(양력 10월 24일) 오전 8시

* 오늘 아침 8시에 출발하여 남쪽으로 갑니다.

추신 : 포쿠라니챠나에서 유동하와 함께 이곳에 도착했으니 앞으로의 일은 본사로 통보할 것입니다.

어머니 눈동자 같은 호롱불 아래에서 의거를 다짐하는 마음을 시로 적은 후, 안중근은 이강에게 편지를 쓴다. 이 편지의 목적은 우선 김성백에게 50원을 차용할 경우 자신을 대신해서 빚을 갚아 달라는 부탁을 하는 것이었다. 안중근의 성품으로 보아 이러한 돈 문제를 의논하는 이강과는 매우 각별한 관계임을 짐작할 수 있다. 하지만 안중근의 돈 심부름을 한 유동하가 돈을 빌리지 못하고, 이 편지는 결국 부치지 못한 편지가 되어 거사 후에 일본 검사에게 압수당한다.

거사를 이틀 앞둔 안중근은 만사가 조심스러웠다. 대사의 성공 여부는 하늘에 달려 있다는 마음으로 인간 안중근은 치밀하게 계획했다. 진인사 대천명의 마음이었다.

아침 일찍 안중근은 우덕순과 함께 김성백의 집을 나섰다. 그리고 하얼빈 공원으로 들어가 산책로를 걸었다. 두 사람은 거사 계획을 하나하나 짚어 나갔다. 우선 이토가 콴청쯔 역에서 출발한다는 사실에 주안점을 두었다.

"이토가 콴청쯔 역을 출발하여 하얼빈으로 온다고 합니다."

"콴청쯔는 왜놈들이 통제하는 지역입니다. 하얼빈은 러시아인들이 통제하니 어디가 좋을까요?"

"아무래도 우리가 동양인이니 콴청쯔가 좋지 않겠습니까? 왜놈으로 위장하면 거사하기가 더 유리할 것입니다."

애초에 안중근은 콴청쯔에서 이토를 저격하는 것이 성공 확률이 높을 것으로 판단했다. 그렇다면 바로 콴청쯔로 가야만 했다. 하지만 안중근의 호주머니에는 여비가 없었다. 대사를 앞두고 콴청쯔까지 갈 여비가 없다는 것이 이토 저격을 앞둔 안중근의 처지였다. 이 경제적인 외로움 앞에서 안중근은 김성백에게 돈을 차용하기로 결정하고 편지를 보내려 한 것이다.

안중근의 현실은 이러했다. 이토 암살이라는 의거를 하는 투사에게 여비조차 지원되지 않는 현실이었다. 거사가 비밀스럽게 진행된다는 점을 감안해도 너무나 허술한 준비가 아닐 수 없다.

하지만 이러한 현실을 불평할 시간이 없었다. 그렇다면 여비가 되는 곳까지라도 가봐야 한다는 판단을 내렸다. 두 사람은 수중에 있는 30원의 돈으로 하얼빈에서 차이자거우 역으로 향했다. 차이자거우 역은 콴청쯔를 출발한 이토의 특별열차가 잠시 쉬어 가는 역이다. 이토가 이 역에서 잠시 쉬는 시간을 이용해 거사를 치를 계획이었다.

"그렇다면 일단 차이자거우 역에서 기회를 엿보도록 합시다. 이토가 지나간다면 그곳에도 어떤 정보가 있을 겁니다."

"우리 여비로 그곳까지 갈 수 있으니 일단 현지에 가서 상황을 봅시다."

"이제 이틀 후면 이토의 얼굴을 볼 수 있을 겁니다."

"그렇게 되어야겠지요."

두 사람은 이렇게 결론을 내리고, 유동하에게는 하얼빈에 남아 이토가 도착하는 정확한 날짜와 시간을 확인해서 차이자거우 역으로 전보를 치라고 당부하여 놓았다. 하얼빈에 남아 있는 유동하를 대신하여 통역을 부탁할 사람이 필요했다. 정보를 캐내기 위해서는 러시아 말에 능통한 조도선이 적격이었다. 조도선은 러시아 여인과 결혼을 하여 하얼빈에서 세탁소를 운영할 준비를 하고 있던 참이었다. 안중근은 조도선 동지에게 자신의 가족이 하얼빈으로 오고 있으니 같이 동행해 줄 수 있느냐고 물었다.

조도선은 안중근의 가족을 데리고 오는 이가 자신이 신세를 진 적이 있는 정대호임을 알고는 선뜻 수락했다. 일본의 공판 기록에 의하면 조도선은 자신이 하얼빈에서 세탁업을 할 때 정대호에게서 자금을 융통할 수 있으리라고 생각하고 안중근에게 협조한 것이라고 밝혔다. 안중근의 가족을 데리고 오는 정대호와 조도선은 이런 관계였다.

하지만, 과연 조도선이 거사 사실을 몰랐을까? 조도선은 안중근 의사가 하얼빈에서 거사를 할 때 차이자거우 역에서 우덕순과 함께 있다가 체포되었다. 조도선은 거사가 있기 15년 전에 이미 함경북도에서 농사를 짓는 아버지 곁을 떠나 러시아에서 생활했다. 처음에는 남의 집 농사를 지어 주면서 생활하다가 금광 광부로, 장사꾼으로, 그리고 세탁업 등을 하면서 살아가던 조선인이었다.

당시 하얼빈은 크게 러시아가 통치하는 동청철도의 부속지와 청나라의 지린성이 통치하는 지역 두 곳으로 나뉘었다. 그래서 안중근이 거사를 할 때 유동하와 조도선에게 러시아어 통역을 부탁한 것이다. 1911년 6월 동청철도공사의 인구조사에 의하면 하얼빈에는 중국인, 일본인, 한국인, 독일인, 프랑스인, 그리스인, 영국인, 유대인 등 많은 국적의 사람들이 살았지만, 그중에서 러시아 사람들의 인구 분포가 제일 넓었다.

하얼빈은 당시 국제도시로서 '작은 파리' 혹은 '작은 모스크바'로 불렸다. 하얼빈에 사는 조선인들은 중국 문화보다는 러시아와 서양의 문화에 더 많은 영향을 받았다. 의식주는 물론이고 언어 역시 러시아인들을 상대하기 위해 러시아 말을 상용했다. 하얼빈에서 안중근 의사가 관심 있게 보았던 '동흥학교'와 '한인노동자학교'에서도 러시아어를 가르쳤다. 하얼빈에 사는 조선인들은 한국어와 러시아어를 같이 사용했다.

안중근 의사에게 도움을 주었던 한민회 회장 김성백은 러시아 국적을 가지고 '치혼 이바노비치 김'이라는 러시아 이름을 같이 사용했다. 러시아 여성과의 국제결혼도 흔한 일이었다. 안중근 의사의 거사에 협조한 죄로 1년 6개월간 수감 생활을 한 조도선은 서른여덟 살의 나이로 스물네 살 러시아 여성과 결혼했다. 법정 기록에서도 보이듯, 이 두 사람의 부부 사이는 매우 각별했다.

조도선이 하얼빈에서 뤼순감옥으로 압송될 때 조도선의 부인은 역전에서 남편을 잡아가는 일본인들을 향해 "나의 남편이 도대체 무엇을 했다는 거냐. 동양의 원숭이 새끼들에게 말해 두겠는데 내 남편을 무사히 하얼빈에 돌려보내지 않으면 너희들 섬나라를 발트 함대로 산산조각내 바다 쓰레기로 만들어 주겠다"고 소리쳤다고 한다. 그리고 남편 조도선을 면회하는 자리에서 언제까지라도 세탁소를 하면서 기다리고 있을 테니 무사히 돌아오라고 기원했다고 한다. 부부의 정은 유독 두터웠다.

조도선은 안중근의 거사에 대해서는 전혀 몰랐다고 진술했다. 그는 사랑하는 러시아인 아내와 함께 하얼빈에서 세탁업을 하면서 새로운 삶을 시작하려는 참이었다. 자신은 통역을 하기 위해 잠시 동행한 사이임을 강조했다. 여러 정황으로 보아, 형벌이 두려워 허위 진술을 했을 가능성을 감안하더라도 그가 우덕순 동지처럼 안중근 의사의 거사에 참여한 것으로 보이지는 않는다. 조도선은 안중근과 함께 차이자거우로 동행한 이유를 법정에서 이렇게 밝혔다.

> 내가 "무슨 일이냐"고 물었더니, 안응칠이 "가족을 마중하러 왔다"고 했다. 그래서 나는 "그렇다니 기쁘겠다"고 했다. 그러자 안응칠이 나에게 "우리는 러시아 말을 몰라서 곤란하니, 콴청쯔까지 마중 가는데 무슨 급한 용무가 없으면 같이 가달라"고 했다. 나는 "처를 오라고 해놓았고 이제 네댓새만 지나면 올 것이다. 또 오면 세탁업을 시작하려고 생각하고 있으니, 오래 걸리는 용무라면 가지 못한다"고 대답했다. 그랬더니 안응칠 쪽에서 "사나흘이면 끝난다"고 하기에 동행할 것을 승낙했다.

이러한 정황 속에서 안중근, 우덕순, 조도선 세 사람은 안중근이 마련한 여비로 차이자거우 역으로 떠났다. 하얼빈발 콴청쯔행 열차는 세 시간이 걸려 차이자거우에 도착했다. 차이자거우 역은 작은 역이었다. 주변에 여관도 없었다. 역사의 위층이 대합실과 사무실이고, 반지하인 아래층에는 러시아인 세미고프의 구멍가게가 있었다. 이 구멍가게 안쪽에 있는 방에서 주인이 기거를 하고 있었는데, 간혹 역사에 오는 손님들에게 숙식을 제공했다.

안중근 의사 일행은 차이자거우 역의 반지하에 있는 구멍가게에서 일단 숙박을 하기로 했다. 역사에서 기거를 하면 다음 날 거사를 하기에도 유리했다. 하지만 너무나 작은 역사여서 오히려 더 불리한 조건이 될 수도 있었다. 안중근은 심각한 고민에 빠졌다.

안중근은 조도선의 통역을 통하여 역 사무원에게서 몇 가지 정보를 얻을 수 있었다. 우선 밤중에 하얼빈에서 특별열차가 출발하여 콴청쯔로 가는데, 일본의 이토를 영접하는 기차라는 것, 이 열차는 26일 아침 6시에 차이자거우에 도착한다는 것이다.

그리고 차이자거우에는 하루에 세 번 기차가 오고 간다는 것을 알았다. 거사 시점을 확실하게 잡을 수 있는 살아 있는 정보였다. 안중근은 그 소식을 듣고 두 손에 힘을 주었다. 이제 서서히 뜻을 이룰 수 있는 시간이 다가오고 있었다. 안중근의 표현대로 조국 독립을 위해 객지에서 3년 풍찬노숙을 했다. 고독하고 외로운 길이었다. 안중근은 자신의 고독한 길 끝에 서 있었다.

안중근은 하얼빈에 있는 유동하에게 "차이자거우에 도착. 언제 오는가? 유사시 통지 요망"이라는 전보를 보냈다. 유동하에게서는 "내일 아침에 도착한다"는 답장이 전보로 도착했다. 유동하는 하얼빈 사람들이 수군대는 소리를 듣고 그렇게 잘못된 정보를 제공한 것이다. 안중근 의사는 유동하에게 이토는 일본의 고관대작이므로 사람들에게 일일이 물어보지 말라는 말을 했다. 혹시 유동하

1909년 10월 24일

의 행동을 보고 일본군들이 의심을 할 수도 있기에 안중근이 어린 유동하에게 특별히 당부를 한 것이었다. 그래서 유동하는 그저 소문만 듣고 안중근에게 하루 일찍 온다는 잘못된 정보를 보낸 것이다. 안중근은 차이자거우에서 수집한 정보와 유동하의 답신이 서로 맞지 않는 것을 알고는 유동하의 정보가 잘못되었음을 직감했다. 한 치의 오차라도 있으면 하늘이 내려 준 기회가 산산조각난다. 안중근은 초조했다.

안중근은 일단 차이자거우에서 숙박을 했다. 만주 벌판의 바람처럼 휘몰아치는 마음이 혼란스러웠다. 두 사람이 비밀스럽게 거행하는 거사는 십만 대군을 한 사람의 손으로 막아 내야 하는 것 같은 적막감이 감돌았다. 안중근은 거대한 벽이 앞에 있는 느낌이었다. 천 길 절벽 위에 아슬아슬하게 발끝을 걸치고 서 있는 자신의 모습이 보였다. 안중근은 신의 이름을 부르면서 기도했다.

다윗이 골리앗을 마주 보고 있을 때 심경이 이러했을까? 신문과 소문, 역무원의 정보. 이토에 대한 정보를 두 눈으로 확인할 수 있는 마지막 기회였다. 이미 차이자거우 역에는 러시아 헌병과 군인들이 배치되기 시작했다. 이토가 죽음의 여행을 하러 오는 것은 이제 분명했다. 그렇다면 언제인가? 유동하의 정보가 계속 마음에 걸렸다. 안중근은 두 눈을 부릅뜨고 역사를 응시했다. 군인들의 어슬렁거리는 발소리가 작은 역사에 어지러웠다.

그날 밤, 이토를 영접하러 가는 특별열차가 콴청쯔 역을 향해 지나가고 있었다.

'저 열차가 바로 이토가 타고 올 열차구나.'

안중근과 우덕순은 특별열차를 바라보면서 의미 깊은 눈빛을 주고받았다. 이제 정보는 확인되었다. 이토는 26일 새벽 6시에 이곳을 지나간다. 안중근은 어둠 속에서 조용히 두 눈을 감았다. 품 안에 있는 권총을 살며시 손으로 쥐어 보았다.

새벽 6시면 개와 늑대가 구별되지 않는 시간이다. 작은 사진으로만 본 이토를 내가 알아볼 수 있을 것인가? 이토를 수행하는 자와 어떻게 구별할 것인가? 만약에 이토가 이 역에서 내리지 않는다면 어떻게 할 것인가? 경비병들을 뚫고 들어가 저격을 할 수 있을 것인가? 실패할 가능성이 너무 크다. 적은 일개 병사가 아니다. 조선을 손바닥에 놓고 유린한 일본 정계의 거물이다.

안중근은 잠을 청하다가 다시 몸을 일으켰다. 갈증이 났다. 가슴이 답답했다. 차이자거우 역의 황량하고 쓸쓸한 풍경이 창문에 액자처럼 걸려 있었다. 잠시 조국에 두고 온 가족들의 얼굴이 사진처럼 창문에 스민다. 안중근은 두 손을 뻗어 창문을 어루만졌다. 그리고 그 너머의 들판을 바라보았다. 마음이 혼란스러웠다.

저 너머에 내가 꿈꾸는 동양 평화의 세상이 있을까? 잠든 동지들은 지금 어떤 꿈을 꾸고 있을까. 물끄러미 바라보았다. 바람에 흔들리는 창문이 덜커덕거리는 소리가 먼 이방인의 마음을 달래주는 노랫소리처럼 들렸다. 내일 아침을 위해 안중근은 마음을 추스르고 동지들 곁에서 잠을 청했다. 이제 이런 저녁과 밤은 오지 않으리라는 예감을 하면서.

1909년 10월 25일

12시 북행 열차를 타고 다시 하얼빈으로

아침 일찍 눈을 뜬 동지들과 안중근은 좁은 방 안에 둘러앉았다. 거의 뜬눈으로 밤을 새운 안중근의 얼굴을 바라보던 우덕순 동지가 무슨 일이냐고 물었다. 우덕순 역시 간밤에 이런저런 생각으로 잠을 이룰 수 없었다. 곁에서 뒤척이는 안중근의 기척을 느끼면서 이심전심의 마음을 읽을 수 있었다. 창밖을 보니 역사를 경비하는 병력들이 집결하고 있었다. 잠시 그 광경을 바라보던 안중근은 말했다.

"간밤에 생각을 해보았는데, 우리가 이곳에 모여 있는 것이 상책은 아닌 것 같습니다. 하얼빈에서 온 유동하의 전보 내용이 의심스러우니 진위 여부를 내가 직접 확인해야 될 것 같습니다. 유동하가 아직 어려 이 중대한 국면에서 상황을 잘 간파하지 못하는 것 같습니다. 누구 하나라도 실수를 한다면 공든 탑이 무너집니다. 그리고 우리가 여기에 같이 있는 것은 폭격이 가해지는 자리에 군대를 집결시키고 있는 형국이라는 생각이 들어서 말이지요. 그리고 만약 내일 새벽에 이토가 이곳에 내리지 않고 열차 안에서 쉰다면 더 난감한 일이 될 겁니다. 설령 내린다 하더라도 어스름한 새벽 시간에 이토를 정확하게 바라보기도 쉽지 않을 겁니다. 기회는 내일 하루뿐입니다. 천금을 주고도 못 바꿀 시간이지요. 그래서 말이지요."

안중근은 천천히 무거운 짐을 들듯, 이야기를 계속했다.

"거사 장소를 두 군데로 나누어야겠습니다. 우 동지는 이곳에 머물렀다가 거사를 감행하시지요. 저는 하얼빈에 가서 기회를 보겠습니다. 우 동지가 성공한다면 내가 하얼빈에서 '대한 독립 만세'를 크게 외칠 것이고, 만약 실패한다면 하얼빈에서 내가 기필코 처단할 것입니다. 이것이 지금 생각할 수 있는 방책입니다."

안중근 의사의 이야기를 듣고 있던 우덕순 의사는 안중근 의사의 손을 힘주어 잡았다.

"저 역시 어젯밤 비슷한 생각을 했습니다. 일차, 이차로 나누어 놈을 처단합시다. 누구의 손에 처단되든 우리 손으로 처단해야만 합니다. 안중근 동지는 아무 걱정 마시고 어서 하얼빈으로 떠나십시오. 이곳의 경계도 점점 삼엄해지고 있습니다. 만에 하나 여기서 발각된다면 낭패가 아닐 수 없습니다. 이제 시간이 얼마 남지 않았습니다."

"그렇소. 내일 아침 이 시간은 우리의 운명을 조국에 바치는 날입니다."

"내일 아침입니다, 동지."

두 사람은 두 손을 굳게 잡고 힘을 주었다.

안중근은 낮 12시에 차이자거우에서 하얼빈행 열차를 탔다. 하얼빈에 되돌아온 안중근은 혹시 이 뜻을 이루지 못한다면, 하는 불길한 생각이 들었다. 의병을 이끌고 패전하여 굶주림과 추위 속을 헤매던 때가 떠올랐다. 그때의 심경을 안중근은 이렇게 적었다.

이 지경을 당하니 창자가 끊어지고 간담이 찢어지는 것 같았다. 그러나 사태가 어쩔 수 없어 여러 사람의 마음을 달래어 준 다음에 마을에 내려가 보리밥을 얻어먹고 굶주림과 추위를 겨우 면했다.

그렇게 되니 병졸들은 복종을 하지도 않고, 기율도 지키지 않아 형편없는 무리가 되고 말았다. 이럴 때 손자나 오자나 제갈공명이 다시 나타난다 해도 별 도리가 없을 것 같았다.

그래서 흩어진 병사들을 찾아보려 나섰으나 때마침 적의 복병을 만나 저격을 받자 남아 있던 사람들은 흩어져 다시는 모으기가 어려워졌다.

나는 홀로 남게 되었다. 산위에 앉아 쓸쓸히 웃으며 스스로에게 말했다.

"어리석은 자여! 저런 무리들을 데리고 무슨 일을 꾸밀 수 있다는 말이냐? 누구를 탓하고 누구를 원망하랴?"

깊은 탄식을 하다가 다시 용기를 내고 분발하여 앞으로 나아가 사방을 돌며 살피다 보니 두세 사람을 만날 수 있었다.

그들과 어떻게 하면 좋을 것인가를 의논하였으나 네 사람의 의견이 모두 달랐다. 한 사람은 목숨이 있을 때까지는 살아야 한다고 하고, 또 한 사람은 자살해 버리고 싶다고 하고, 다른 한 사람은 차라리 일본군에게 잡혀 포로가 되겠다고 하였다.

나는 이 생각 저 생각을 하다가 시 한 수를 적어 동지들에게 읊어 주었다.

사나이 뜻을 품고 나라 밖에 나왔다가
큰일을 못 이루니 몸 두기 어려워라
바라건대 동포들아 죽기를 맹세하고
세상에 의리 없는 귀신은 되지 말자

시를 다 읊고 나서 다시 말을 이었다.

"그대들은 모두 각자의 뜻대로 하시오. 나는 산 아래로 내려가 일본군과 한판 싸움을 벌인 다음에 2000만 사람 중의 한 사람으로 장

1909년 10월 25일

쾌히 의무를 다하고 여한이 없이 죽을 것이오."

그러고는 총을 들고 적진을 바라보며 성큼성큼 가노라니 그중 한 사람이 뛰쳐나오며 붙들고 통곡을 하였다.

"그대의 생각은 크게 잘못된 것이오. 그대는 어찌 한 개인으로서의 의무만 생각하고 수많은 생명과 훗날의 큰 사업은 생각하지 않는다는 말이오. 지금의 상황을 보아서는 죽는다는 것이 아무 소용이 없는 일이오. 그대는 만금과 같이 귀한 몸인데 어찌 초개같이 버리려 하시오. 지금 당장 다시 강동으로 건너가 기회를 기다렸다가 다시 큰일을 도모하는 것이 사리에 맞는 일일 것이오. 다시 깊이 생각해 보시오."

그 말을 듣고 나는 생각을 돌이켰다.

"그대의 말이 옳소. 옛날 초패왕 항우가 오강에서 자결한 데 두 가지 이유가 있었소. 하나는 무슨 면목으로 다시 강동의 어른들을 대할 수 있느냐는 것이었고, 다른 하나는 강동이 비록 작을지언정 그곳의 왕이라면 해볼 만하지 않느냐는 말을 듣고 스스로 천하의 영웅이라고 생각하던 그가 비분을 느껴 자결했던 것이오. 그때 항우가 죽자 천하에는 다시 항우가 없으니 어찌 안타까운 일이 아니겠소. 오늘 이 안응칠이 죽고 나면 세상에는 다시 안응칠이 없을 것이 분명하오. 무릇 영웅이란 때로는 굽히기도 하고, 때로는 버티기도 해야 하는 것이오. 그러니 목적을 달성하기 위해 그대의 말에 따라야 할 것이오."

'그래, 이런 시절에 내 몸이 편안하기를 바란다면 저 친일파들과 뭐가 다를 것인가? 조국 산천이 유린당하고, 국민이 병들어 있는데 내가 어찌 편안함을 생각할 것인가.'

안중근은 독립운동을 하면서 상황이 좋았던 적은 한 번도 없었다. 그건 당연한 일이었다. 안중근은 그때의 심경을 다시 떠올리면서 정신을 바짝 차렸다.

하얼빈에 되돌아온 안중근은 유동하를 찾아 정보를 재차 확인하면서 물었다.

"'내일 아침에 온다'는 전보가 대체 무엇이냐? 네 전보대로라면 오늘 아침에 왔어야 되는데, 어찌된 일이냐?"

유동하는 횡설수설 당황한 표정이 역력했다. 사람들이 수군거리는 소리만 듣고 그리 보낸 것이라는 이야기를 하자, 안중근은 더 이상 책망하지 않았다. 다만 26일 아침에 이토가 하얼빈에 온다는 신문의 기사를 보고 사실 확인을 했으니, 유동하가 상황 판단을 하지 못하고 떠도는 소문만을 듣고 엉겁결에 보낸 전보문에 연연할 필요가 없었다.

안중근이 하얼빈으로 떠나고 나서 우덕순과 조도선은 차이자거우 역사의 대합실 상점 방 안에서 오후 시간을 보냈다. 시간이 지날수록 정거장 대합실에 군홧발 소리가 분주하게 들려오고 있었다. 내일 새벽 이토가 지나갈 때를 대비해 병력이 배치되는 정황이었다.

이토는 이날 밤 11시에 콴청쯔를 출발하여 하얼빈으로 향했다. 차이자거우 역에서 잠시 정차를 한 이토는 죽음의 검은 손이 자신의 손을 이끌고 있는 것을 알 수 없었다. 이토는 10월 21일 러일전쟁의 격전지인 뤼순의 203고지를 참배하고, 10월 24일 만철이 경영하는 푸순탄광을 참관했다. 그리고 10월 25일 아침 콴청쯔로 돌아와 하얼빈행 특별열차에 몸을 실은 것이다. 노인의 몸으로 무리한 일정이었다. 약간의 피로감을 느꼈지만, 긴박하게 돌아가는 동아시아 정세를 생각하면 늙은 몸에 다시 기운이 올랐다.

'그래, 이번 하얼빈 방문을 무사히 마치고 나서 다음 생각을 하자.'

하얼빈으로 가는 특별열차 안에서 이토는 만주에 오기 전에 자신이 하얼빈에서 일을 마친 후 중국을 방문할 것인지, 아니면 유럽으로 갈 것인지를 확정하지 않았다는 데 생각이 미쳤다. 중국과 러시아, 일본의 관계는 매우 아슬아슬하게 움직이고 있었다. 어쨌든 하얼빈 방문을 어서 마치고 잠시 휴식을 하면서 다음 행보를 결정할 생각이었다. 이토가 탄 열차는 미니 열차로서 초록 빛깔에 기관차와 객차가 세 량 달려 있었다. 이토 일행 이외에 일반인은 탑승

할 수 없는 특별 귀빈열차였다.

곁에 있는 비서관 모리에게 물었다.

"하얼빈에는 언제쯤 도착하나?"

모리가 대답했다.

"예, 아침 9시경이 될 것 같습니다. 눈 좀 붙이시지요."

"그럴까? 그런데 이상하게 몸은 피곤한데 잠이 오질 않아. 밤이 왜 이리 길게 느껴지지."

모리는 준비한 차를 권하면서 말했다.

"만주 벌판이 넓어서 그런 건 아닌지요."

이토는 모리의 말을 듣고 창밖으로 펼쳐진 만주 벌판을 바라보았다.

"그래, 여긴 대륙이야. 우리 나라는 섬나라지. 이런 풍경이 없어."

모리는 만주 벌판을 보면서 감탄하는 이토의 모습을 보았다. 이토는 짧은 한시를 지었다.

만리 평원 남만주

풍광은 광활원대하고 천하에 가을이 걸려 있네

전쟁의 흔적은 여전히 분노를 갖고

여행자에게 어두운 걱정으로 깃드네

1909년 10월 25일

이 한시가 이토의 마지막 작품이 되었다. 그는 평생 많은 한시를 지었다. 그때그때 자신의 심경을 시로 남긴 이토가 마지막 여행에서 쓴 시의 마지막 구절이 "여행자에게 어두운 걱정"이라는 구절이다. "어두운 걱정"은 일본 국정에 관한 것이겠지만, 안중근이 기다리고 있는 하얼빈으로 가고 있는 상황을 감안하면, 이번 여행이 파란만장했던 자신의 생에서 마지막 여행이 되리라는 예감을 한 것처럼 읽힌다.

이토는 새벽 1시쯤 잠이 들었다가 다시 잠에서 깨어나 옆 차량에 있는 무로타 요시후미를 깨워 이 시에 대한 감상을 물었다고 한다. 이토는 하얼빈으로 가는 기차 안에서 쉽게 잠을 이룰 수가 없었던 것이다.

1909년 10월 26일

심판의 날, 만주 벌판에서 이토의 화려한 죽음

새벽 5시. 우덕순은 조용히 눈을 떴다. 어둑한 방에는 점포 주인인 러시아인 부부와 두 딸이 깊이 잠들어 있었다. 이 사람들도 자신들의 조국을 떠나 이 만주에까지 와서 사는구나 싶었다. 그나마 좁은 잠자리도 손님들에게 한 켠을 내어 주고 잠들어 있는 러시아 사람들. 그들을 보니 자신의 신세가 더욱 처량하게 느껴졌다. 언제부터인가 조선에는 편안한 잠자리가 사라졌다.

제국주의 열강의 탐욕스러운 전쟁놀이에 만신창이가 된 조국의 산하, 그 품에서 사는 사람들. 이 시대에 편안한 잠자리를 갖고 사는 사람들은 얼마나 될까. 안중근과 자신이 일본군과 맞서 싸우던 시간들이 차가운 바람이 되어 머리맡을 스쳤다. 곁에 있는 사람들이 잠을 깰까 조심스럽게 몸을 일으켰다. 이토를 태운 열차가 잠시 머물 시간이 다가온다. 우덕순은 자신의 손으로 이토를 처단하고

자 했다.

여기서 자신이 성공한다면 안중근은 더 큰 일을 할 사람이라고 믿었다. 곁에서 지켜보는 동안 자신이 거사에 성공하고, 안중근은 이 나라의 독립을 위해 기둥과 같은 존재로 살아가기를 간절히 원하게 되었다.

'이 운명을 나에게 주시오. 하늘이시여, 이 운명을 안중근에게는 비껴가게 하시오.'

새벽빛이 창문에 스며들었다. 어제 찻집에서 안중근이 자신에게 준 총알을 넣어 둔 주머니의 촉감이 따뜻했다. 이토의 특별열차가 다가오는 소리가 저 멀리에서 들려오고 있었다. 지나갈 시간이 점점 가까워지고 있었다. 우덕순은 울컥 눈물이 솟았다. 웬일인지 가슴속에서부터 뜨거운 것이 솟구쳐 올라왔다.

그때 곤히 자고 있다고 생각한 러시아인 주인이 일어나 방 안에 불을 켰다. 러시아인 주인 역시 일본의 대정치인이 온다는 소리를 듣고 잠에서 깨어나 그를 보고 싶어하고 있었다. 조도선은 러시아인이 오늘 아침 6시에 이토가 잠시 이곳에 머문다는 정보를 전해 주었다고 했다. 우덕순은 잘된 일이라고 생각했다. 러시아인 주인과 조도선, 그리고 우덕순이 함께 움직인다. 이들과 같이 역사로 나가려 한다. 러시아 재무장관을 만나러 가는 이토가 역사에 있는 러시아인에게 손이라도 잡아 준다면 그때를 이용해 총을 쏘면 될 일이었다.

러시아인 주인과 함께 문을 열려고 하는 순간, 밖에서 경비를 서고 있는 러시아 병사가 문을 통제하고 나섰다.

"나갈 수 없습니다. 이토 공이 지나갈 때까지 군인들이 이 역을 통제합니다."

우덕순은 잠시 틈을 보았다. 병사들의 움직임이 바빠지고 기차가 역사에 진입하는 소리가 들렸다. 기차가 멈추는 소리가 들리자 우덕순은 마음이 급해졌다. 당장이라도 러시아 병사를 물리치고 이토의 가슴을 향해 총을 겨누어야 하리라.

"어떻게 나갈 수 없겠습니까?"

우덕순은 다급한 목소리로 조도선에게 물었다.

"러시아 병사와 친하게 지내는 주인도 나가지 못하는데 우리를 내보내 주지는 않을 겁니다. 워낙 작은 공간이라서 따로 나갈 방도가 없어요. 금방 눈에 띌 겁니다. 나가지 못합니다."

우덕순은 투덜거리면서 방 안으로 들어가 다시 자리에 눕는 러시아인 주인의 모습을 보았다. 어두운 창문으로 부산스러운 발소리가 들렸다. 이토가 내린 것인가? 아니면 그냥 기차에 머물러 있는 것인가? 우덕순이 창가에서 밖을 내다보고 있자, 경비병 하나가 손짓을 하면서 어서 들어가라고 했다. 우덕순은 거사가 제 몫이 아님을 직감했다. 멀리서 어른거리는 이토의 모습이 보이는 듯

했다. 잠시 기차에서 내려 만주 벌판을 바라보고 있는 작은 노인이 있었다. 바로 문을 부수고 뛰쳐나가고 싶었지만, 나서는 순간 러시아 병사들에게 체포되거나 총을 맞을 것이다. 그럼 모든 일정이 취소될 것이다. 하얼빈에서 기다리고 있을 안중근의 얼굴이 떠올랐다.

'그래, 그가 옳다. 그가 옳았다. 이건 내 일이 아니로구나. 이건 안중근 당신의 일이로구나. 그래, 그런 거로구나.'

우덕순은 호주머니에서 손을 뺐다. 권총을 쥐고 있는 손에 땀이 흘렀다. 손이 미끄러웠다. 우덕순은 천천히 방으로 들어가 다시 잠자리에 누웠다. 그 자리에 더 서 있다가는 자신도 모르게 뛰쳐나갈 것 같았다. 그래, 차라리 두 눈을 꾹 감고 있자. 경거망동하지 말자. 이토는 안중근이 처단한다. 이것이 상책이다. 그렇게 두 눈을 억지로 감았다. 우덕순의 머릿속에서는 하얼빈에서 지금 이 시간 안중근이 무엇을 하고 있을지 훤하게 보였다. 안중근은 이미 이러한 일을 미리 짐작하고 있었다는 생각이 들었다. 그는 동지들의 손에 피를 묻히려 하지 않았다. 독실한 신자인 그가 종교적인 서원을 물리치고 총을 들었다. 그는 희생자였다.

이토가 차이자거우 역에서 하얼빈으로 향하고 있는 그 시간 안중근은 자리에서 일어났다. 하얼빈에 와서 하루도 거르지 않고 한 새벽기도다. 오늘이 자유인의 몸으로는 마지막으로 하는 기도라는 걸 안중근은 직감했다.

예수를 찬미합니다.

저는 지금 총을 들고 기도를 올리고 있습니다. 사랑과 용서의 예수님, 저를 용서하시길 바랍니다. 이 길이 잘못된 길이라면, 저를 용서하지 않으실 겁니다. 자비로운 주님, 저는 지금 베드로가 예수님을 향한 로마군의 칼을 뺏는 심경으로 이 기도를 올립니다.

칼로 흥한 자 칼로 망한다는 예수님의 말씀처럼 총으로 흥한 저 일제의 가슴을 향해 총을 겨누고 있습니다. 저들에게 당신의 이 말씀을 전하러 가는 저에게 용기를 주십시오. 저는 살인을 하는 것이 아닙니다. 주님, 저의 마음을 누구보다도 잘 아시는 주님, 저는 살인을 하는 것이 아닙니다. 이제 유대인들처럼 나라를 잃고 온 천지를 헤매게 될지도 모르는 우리들의 불쌍한 마음에 총성을 울리렵니다. 제국주의 망령을 향해, 사탄의 심장에 십자가를 꽂아 넣으러 가는 길입니다.

이토가 쓰러지면, 그 자리에 더 무서운 일이 폭풍처럼 몰아쳐 올 것입니다. 그때 용서와 사랑으로 이 나라를 구원하여 주시옵소서. 용서와 사랑은 힘이 있어야 베풀 수 있었습니다. 이제 주님이 뜻을 펼칠 나라마저도 백척간두에서 위태로울 때 저는 총을 들었습니다. 이 길을 허락하여 주심을 믿습니다. 저의 거사가 위태로운 이 민족의 막힌 가슴을 뚫어 주기를 간절히 원하고 있습니다. 주님의 뜻이 아니라면 허락하지 않을 것을 믿습니다. 주님 간절히 바라오니, 저의 이 뜻을 저버리지 말아 주시옵소서. 주님의 나라를 믿어 저는 두렵지 않습니다. 허무하게 쓰러지는 인간의 목숨입니다. 저의 목숨을 거두어 주옵시고, 저로 인해 다른 사람들이 곤경에 처하지 않도록 보살펴 주시옵서소. 간곡한 마음으로 기도합니다. 오늘 저의 손으로 2000만 조선 동포의 원수를 처단하도록 도와주시옵소서.

안중근은 기도를 마치고, 무명 손수건을 꺼내 거사에 쓸 권총을 정성을 다해 닦고 또 닦았다. 하얼빈에 도착해서 지낸 며칠이 고국을 떠나 떠돌았던 몇 년보다도 길게 느껴졌다. 그동안 하얼빈에서 입고 있던 옷을 모조리 벗어 버렸다. 안중근은 검은색이 나는 신사복과 반코트를 입고 거울을 보았다. 단정하고 깨끗한 모습이었다. 거울을 보면서 모자를 눌러썼다.

차이자거우에서 우덕순 동지의 거사는 어찌되었을까? 아마 거사에 성공하지 못했을 것이라는 생각이 들었다. 차이자거우를 떠나올 때 자신을 바라보던 우덕순 동지의 얼굴이 떠올랐다. 우덕순 동지는 그의 뜻을 누구보다 잘 알고 있었다. 우덕순 동지가 거사에 성공했다면 하얼빈에서 그 소식을 들을 수 있을 것이다.

안중근은 다시 한 번 브라우닝식 권총을 점검했다. 오른쪽 속주머니에 권총을 깊숙이 넣고 깊게 심호흡을 했다. 아직 새벽잠을 자

1909년 10월 26일

고 있을 김성백에게는 안부를 전할 수 없었다. 하얼빈에서 자신에게 거처를 마련해 준 김성백에게도 잠시 고마운 마음을 전했다.

안중근은 조심스럽게 대문을 열었다. 문밖에 서서 잠시 걸음을 멈췄다. 뒤를 돌아볼까 싶었다. 하지만 앞으로 발걸음을 내디뎠다. 유동하가 먼저 나와 포장마차를 잡았다. 안중근은 하얼빈으로 가는 포장마차에 올랐다. 천천히 움직이는 수레바퀴 아래로 드문드문 길거리에 사람들의 발걸음이 분주해지기 시작했다.

아침 7시경 안중근은 유동하와 함께 포장마차를 타고 하얼빈 역에 도착했다. 러시아 장교들과 사병들이 분주하게 뛰어다니고 있었다. 아침부터 모여들기 시작한 일본인들은 상기된 얼굴로 일본의 대정치인을 맞이할 준비를 하고 있었다.

"그동안 수고했다."

안중근은 삼엄한 경비를 확인하고 나서 아직 어린 유동하를 돌려보냈다. 유동하는 잠시 멈칫하더니 자신도 함께 있고 싶다고 했다. 안중근은 유동하의 어깨를 두들기면서 말했다.

"네가 할 일은 이제 여기까지다. 잘 돌아가서 부모님께 효도하고, 가정을 잘 다스리고, 나라를 위해 어떤 일을 할 것인지 걱정해라. 이곳의 일은 아무에게도 말하지 마라. 설령 불미스러운 일이 일어나더라도 나는 너를 보호해 줄 것이다. 너는 아무것도 모른다고만 하면 된다. 같이 있으면 공범으로 취급되어 너에게도 큰 화가 미친다. 이제 여기까지 왔으니 너의 일은 끝났다. 이제 내가 할 일이 남았다. 동하야, 어떤 일이 있어도 너는 조선인임을 잊지 마라. 어디에 살더라도 너는 대한국민이다. 일제의 침략에 대항해 목숨을 아끼지 마라. 그것이 우리가 살길이다."

"선생님은 이제 죽으러 가는 길이 아닙니까? 어찌 살길이라고 하십니까?"

유동하는 안중근에게 이렇게 물었다.

"그래 나는 이제 죽을 것이다. 하지만 이 죽음은 사사로운 것이 아니다. 나의 죽음은 이제부터 벌어질 대일 항전의 신호탄이 될 것이다. 일제의 만행을 온 천하에 알려 살아남은 자들의 정신에 스며들 것이다. 내가 할 일은 여기까지다. 나는 잘 알고 있다. 맹자의 말대로 하늘을 우러러 한 점 부끄럼이 없다."

유동하는 눈물을 그렁거리면서 안중근을 바라보았다. 안중근은 손수건으로 동하의 눈물을 닦아 주었다. 유동하가 말했다.

"죽음이 두렵지 않습니까?"

"나도 두렵다. 하지만 대장부라면 그 두려움의 가운데로 들어가야 한다. 그곳은 고요할 것이다. 너는 살아라. 그리고 조국의 독립을 내 대신 두 눈으로 보아라. 그것이 나의 두려움에 대한 너의 두려움이다. 그 두려운 마음을 조국이 독립할 때까지 버리지 마라. 그 두려움이 너에게 큰 힘을 줄 것이다. 안일해지지 말고, 나태해

지지 마라."

안중근은 더 이상 머뭇거릴 수 없었다. 멈칫거리는 유동하의 등을 돌려세우고 앞으로 떠밀었다. 그리고 자신의 길을 향해 걸었다. 역내로 진입했다. 기모노 차림의 일본 여인들은 한 손에 일장기를 흔들면서 이토를 환영한다고 큰 소리로 외쳤다. 역으로 진입하는 일은 의외로 수월했다. 일본인은 자유롭게 입장할 수 있어, 안중근은 쉽게 일본인들의 틈에 끼어서 대합실로 들어갈 수 있었다.

안중근은 천운을 타고난 사람이라고 할 수 있다. 안중근은 하얼빈이 아니라면 다시는 이토를 저격할 수 없다고 생각했다. 백주 대낮에 조선인이 이토를 대면할 기회는 흔치 않다. 안중근은 일단 환영 인파가 몰려드는 하얼빈 역 대합실의 어수선한 분위기를 보고 차이자거우에서 거사가 이루어지지 않았다는 걸 직감할 수 있었다. 이토, 무사히 차이자거우를 지나쳐 왔구나, 싶은 마음이 들었다. 이토가 탄 열차가 도착하려면 아직 시간이 남아 있었다. 안중근은 대합실 가운데 있는 찻집으로 발걸음을 옮겼다.

더운 차가 식기를 몇 번 반복한 뒤, 아침 9시 정각 이토가 타고 있는 초록빛 특별 귀빈열차가 하얼빈 역으로 진입하고 있었다. 숨이 막히는 순간이었다. 안중근은 천천히 일어나 환영 대오를 처연하게 바라보았다. 러시아 경비병, 청나라 군대, 하얼빈에 주재하고 있는 각국의 영사단, 일본인 환영 인파, 이 대단한 행사를 구경하기 위해 나온 사람, 사람들. 이토의 위세가 어느 정도인지를 잘 보여 주는 풍경이었다.

하얼빈 역 철로를 배경으로 한 한 폭의 잔인한 풍경화는 안중근의 눈에 이슬처럼 맺혔다. 슬픈 일이었다. 기차가 도착하자 이미 일찌감치 도착하여 기다리고 있던 러시아 재무장관 코콥체프가 이토가 탑승한 열차에 올라가고 있었다. 코콥체프는 이토와 특별열차 안에서 간단하게 방담을 나누었다.

"하얼빈의 날씨가 춥습니다. 먼 길 오셨습니다."

"일본과는 다른 날씨라 정신이 번쩍 드는군요. 공은 추운 나라에 사니 별일이 아니지요."

"추운 나라에 사니 따뜻한 남쪽이 더 그리운 법이지요. 우리가 남쪽으로 내려가려 하는 마음을 이 추위 속에서 이해하시길 바랍니다."

"그렇군요. 서로 이야기를 나눠 봅시다."

서로 인사말을 나눈 뒤, 이토는 특유의 눈빛으로 코콥체프를 보면서 말했다.

"저는 일본 정부의 뜻에 따라 귀하를 만나기 위해 만주까지 왔습니다."

두 사람은 약 30분간 만주 분할 정책에 대한 대략적인 이야기를 나누었다. 이토는 흡족한 표정으로 코콥체프와 악수를 나누었다. 코콥체프는 그의 유연한 모습에 러시아가 긴장을 해야 될 것이라고 생각했다. 보통 인물이 아니라고 판단했다. 앞으로 만주를 비롯한 동아시아에서 일본의 영향력이 더 막강해질 거라고 판단했다. 이토는 회담을 마치고 역을 떠나려고 했지만, 코콥체프가 이토에게 말했다.

"지금 공을 환영하는 인파가 추운 날씨에도 한참을 기다리고 있습니다. 저들을 격려해 주시지요."

"허허, 예복도 갖추지 못했는데."

이토는 잠시 주저했다. 이 찰나의 순간에 역사는 이루어졌다. 만약 이토가 신변에 위험을 느껴 거절했다든지 감기라도 걸려 열차에서 내릴 수 없는 상황이었다면 하얼빈 의거는 일어날 수 없었다. 역사란 참으로 사소한 일로 위대한 장면을 만들어 낸다. 코콥체프는 이토에게 다시 한 번 의장 사열을 해달라고 정중하게 부탁했다.

"그럼 잠시 내려가 봅시다."

이토가 러시아 재무장관과 방담을 마치고 특별열차에서 내려 군중들 앞으로 걸어 나오고 있었다. 안중근은 이때의 심경을 다음과 같이 적었다.

9시쯤 되어 드디어 이토가 탄 기차가 도착했다. 사람들은 인산인해를 이루었다. 나는 찻집에 앉아 상황을 살펴보며 언제 저격하는 것이 좋을지를 곰곰이 생각해 보았으나 결정을 내릴 수가 없었다.

이때 이토가 기차에서 내렸다. 군대가 경례를 붙이고 군악대 연주가 하늘을 울리며 귀를 때렸다. 그 순간 분한 기운이 터지고, 삼천 길 업화가 머릿속에서 치솟아 올랐다.

'어째서 세상 일이 이같이 공정하지 못한가, 슬프도다. 이웃 나라를 강제로 빼앗고 사람의 목숨을 참혹하게 해치는 자는 이같이 날뛰고 조금도 꺼림이 없는 약한 인종은 어찌하여 이처럼 곤경에 빠져야 하는가.'

이토가 환영을 받는 자리는 안중근의 불같은 성격에 기름을 부었다. 안중근은 먹이를 향해 걸어가는 호랑이 걸음으로 이토를 향해 걸었다. 환영을 나온 군중들은 모두 이토에게 열광하고 있었다. 아무도 안중근의 걸음걸이에 주목하지 않았다. 안중근은 안주머니에 손을 넣어 권총을 잡았다. 방아쇠에 손가락을 걸고 이토를 찾았다. 러시아 사병이 도열한 뒤쪽에 서니 군인과 군인 사이로 지나가는 이토가 보였다.

'저 사람이란 말인가? 저렇게 작은 노인이란 말인가?'

이토라고 생각되는 자는 의외로 작은 노인이었다. 안중근은 권총을 조심스럽게 꺼내 한 손으로 잡았다. 이토는 환영객들에게 손을 흔들면서 러시아 병사가 도열한 앞을 지나고 있었다. 정면에서 겨눌 것인가? 아니다. 발각될 가능성이 높다. 순간적으로 자신의 앞을 지나가는 이토를 향해 총을 조용히 아래로 늘어뜨렸다. 동시에 러시아 병사들이 이토를 향해 받들어총을 하면서 주의가 집중되었다. 때가 왔다. 안중근은 한 발 더 나아가 수평보다 조금 낮게 총을 겨누었다. 도열한 병사들 사이로 이토가 보였다. 안중근은 주저없이 방아쇠를 당겼다. 탕 탕 탕!

모두 세 번의 총성이 울리고 한 노인이 쓰러졌다. 귓전을 스치고 간 총성에 놀란 러시아 사병들이 흩어진 자리에 우뚝 솟아 있는 산과 같은 존재가 있었다. 안중근이었다. 안중근은 총신을 내리지 않았다. 만약에 그가 아니라면? 안중근은 순간적으로 이토와 비슷해 보이는 일본인들을 향해 방아쇠를 당겼다. 탕 탕 탕 탕!

이토에게 세 발이 명중했다. 이토가 쓰러졌다. 그리고 하얼빈 주재 일본 총영사관 가와카미 도시히코가 오른팔 골절 관통상으로 쓰러졌다. 일본 궁내대신이자 수행비서관인 모리 야스지로의 왼쪽 허리를 관통해서 복부에 총알이 박혔다. 남만주철도주식회사 이사인 다나카 세이지로의 왼쪽 다리 관절을 관통했다. 역시 남만주철도주식회사 총재 나카무라 제코의 외투를 뚫고 오른편 다리에 총알이 조용히 머물렀다.

안중근의 움직임은 전광석화 같았다. 눈앞에 보이는 일본의 중요 인물들은 모두 낙엽처럼 쓰러졌다. 그 가운데 있던 이토가 움직이지 않았다. 안중근의 사격술은 정확했다. 안중근이 만약 이토의 모습을 정확하게 알았더라면 나머지 사람들의 부상은 줄일 수 있었을 것이다. 그의 목적은 살인이 아니었다. 곁에 있던 코콥체프를 비롯한 러시아 관계자들은 한 명도 다치지 않았다. 자신의 뜻을 이룬 것을 직감한 안중근은 그 자리에서 대한국 만세라는 뜻의 러시아 '코레아 우레'를 크게 세 번 외쳤다.

순간적으로 주위의 모든 소음이 사라졌다. 안중근은 찰나의 순간에 절대 고요의 세계에 들었다. 안중근에게는 어떠한 소리도 들리지 않았다. 러시아 병사들이 와서 자신을 체포할 때에도 별 느낌이 없었다. 쓰러진 이토의 모습을 다시 한 번 확인했다. 총성에 놀란 사람들이 웅성대며 안중근의 주위로 몰려들었다.

지난 2008년 겨울, 나는 안중근 의사가 거사에 성공한 하얼빈 역 대합실의 바로 그 자리에 서 있었다. 안중근 의사가 거사를 한 자리에는 바닥에 세모꼴의 황금색 표지가 있었다. 이토가 쓰러진 자리에는 네모꼴의 황금색 표지가 있었다. 같이 간 일행에게 잠시 이토의 자리에 서줄 것을 부탁했다. 나는 안중근 의사가 서 있던 바로 그 자리에서 손으로 총 모양을 만들어 이토의 자리를 보았다.

군대에 있을 때 쏘아 본 권총의 질감을 상상하면서, 약 100년 전 이 자리에 서 있었을 다양한 국적의 사람들의 영혼을 느껴 보았다.

갑작스러운 총격에 쓰러진, 근대 일본을 위해 온갖 고난을 헤쳐 온 한 노회한 정치인의 가련한 모습도 보였다. 나는 계속해서 총을 겨누는 자세로 그 자리에 서 있었다. 탕 탕 탕 총소리를 내자, 이토의 자리에 있던 일행이 가슴을 움켜쥐고 쓰러지는 시늉을 했다.

백 년 전 이 자리에서 우리나라의 운명을 온 어깨에 짊어진 고뇌에 찬 청년 안중근의 모습이 떠올랐다. 가만히 눈을 감았다. 따끔따끔한 감각의 고통이 느껴졌다.

100년의 세월이 지났고, 한일 관계 역시 국가 대 국가로 제자리를 찾았다. 하지만 우리나라 사람들의 가슴에 일제강점기의 고통은 쉽게 지나치지 못할 치욕이고 능멸이었다. 이제 이러한 감정을 가진 세대가 완전히 사라질 날도 그리 멀지 않았다. 안중근이라는 인물이 기울어 가는 조국의 운명을 향해 날린 총성을 잊지 말아야 한다. 그 총알은 이토를 쓰러트렸지만, 을사오적을 비롯한 한일합방의 원흉들의 가슴을 향해서도 날아갔다. 주린 늑대처럼 달려드는 제국주의 열강들에 의해 조국이 만신창이가 되도록 내버려 둔 이들의 심장을 향한 것이었다.

이토가 운명한 자리에 일본은 이토의 흉상을 제작하여 세워 놓

있었다. 이 흉상은 1945년 일제가 패망하자 중국 정부에 의해 철거되었다. 지금은 그 흉상이 있던 자리에 네모꼴의 표지만이 남아 있다. 하얼빈 역에 가더라도 안내원이 없다면 찾기 힘든 자리다. 이 자리에서 이토가 쓰러졌다.

쓰러진 이토를 코콥체프 재무장관과 나카무라 총재가 부축하여 열차 안으로 옮겼다. 이토는 작았다. 이토의 몸에는 정확하게 세 발의 총알이 박혔다. 첫 발은 이토의 오른팔을 관통하고 오른쪽 폐를 다시 수평으로 관통해서 왼쪽 폐에 박혔다. 두 번째 탄환은 오른쪽 옆구리로 들어가 가슴을 관통하여 왼쪽 옆구리에 박혔다. 세 번째 탄환은 오른팔을 스친 다음 몸에 들어가 배 속에 머물렀다.

당시 이토를 수행하던 의사 고야마젠과 환영식에 나왔던 2명의 일본인 의사, 그리고 러시아 병원에서 달려온 의사들은 꺼진 불을 살리는 심경으로 응급처치를 했지만, 하늘의 뜻은 준엄했다. 그간의 조선에 대한 이토의 업보는 안중근의 총으로 대단원의 막을 내린다. 내장 부위의 출혈로 약 30분 만에 이토는 하얼빈에서 죽었다.

생과 사란 무엇인가? 불과 30분 전에 하얼빈은 이토를 맞이하기 위한 축제의 장이었다. 30분 후, 이토는 싸늘한 시체가 되어 그의 영혼은 찬바람 부는 만주 벌판을 떠돌게 되었다. 모든 큰 인물들은 그럴듯한 유언을 남긴다. 이토에 대해서도 여러 가지 말들이 떠돌았다.

대표적인 것이 조선인 청년이 저격을 했다는 말을 듣고, "어리석은 놈"이라고 했다는 것이다. 어리석은 놈이라는 것은 자신이 있어 조선이 그나마 보호를 받았다는 오만에서 나온 반응으로 해석된다. 하지만 '냉정한' 일본 검찰의 기록을 보면 전혀 다르다. 순식간에 아비규환이 된 하얼빈 역의 정황으로 보아 검찰의 판단이 옳다고 본다. 일본 재판부는 이렇게 말했다.

안중근이 사용한 총기는 정교한 브라우닝 7연발 권총(원래는 8연발 권총이다)으로, 총알 한 발이 남아 장전되어 있었다. 세 발이 이토 공에게 명중했는데, 피고가 필살을 기한 가공할 십자 모양이 새겨진 총알은 인체의 견부와 접촉하면서 납과 니켈 껍질의 분리를 촉성하는 효과를 가져와 상처를 크게 했으며, 폐를 관통한 두 발의 총알은 흉강 내에서 대출혈을 일으켜 십수 분 만에 절명케 했다. 어느 증인의 말에 따르면, 이토 공은 자기를 쏜 흉한이 한국인이라는 말을 듣고, "어리석은 놈"이라고 했다지만 사실은 그렇지 않다. 이토 공은 흉한의 국적 취조 결과를 기다리지 못하고 서거하신 것이다.

검찰의 말대로 안중근은 전혀 신원이 밝혀지지 않은 상태에서 바로 하얼빈 역에 있는 러시아 경찰서로 끌려 들어갔다. 이토는 이후 30분 이내에 절명했으니, 자신을 죽인 자가 누구인지 모른 채로 허무하게 세상을 떠난 것이다. 소문은 한 시대를 풍미했던 거인의 절명에서 나온 아쉬운 마음의 표현일 따름이다.

이토의 주검은 자신이 콴청쯔에서부터 타고 온 특별열차 편으로 11시 40분에 하얼빈 역을 떠나 다롄으로 향했다. 유명 인사인 이토가 하얼빈에서 저격당했다는 소식은 전 세계에 충격을 주었다. 일본은 이토의 죽음에 대해 정치적인 이해관계에 따라 다양하게 반응했다. 근대 일본의 정치사는 암살로 점철되었다. 유신 3걸이 모두 천명을 다하지 못하고 죽었다.

이토는 그런 면에서 행복한 인물인지도 모른다. 개인적으로 가장 충격을 받은 정치인은 이노우에 가오루였다. 그는 이토와 어린 시절부터 호형호제하던 인물로 함께 영국 유학을 떠났었다. 이토는 정무로 바쁜 와중에도 병상에 있는 이노우에를 간병할 정도로 그를 극진하게 생각했다. 이노우에는 이토보다 자신이 더 먼저 죽었어야 했다면서 통곡했다고 한다. 그는 이토의 차가운 시신 앞에서 이런 조사를 남겼다.

공은 방두를 능가하고
충은 제갈공명 못지않다
도대체 자네의 조사를 만드는 일을 어떻게 견디란 말인가

1909년 10월 26일

러일전쟁 때 제3군사령관으로 뤼순 공격에 성공한 육군대장 노기 마레스케는 "이토 공작은 죽기에 가장 좋은 장소를 얻었다"고 말했다. 적의 손에 암살당한 모습을 은근히 부러워하는 사무라이다운 발상이다. 그는 뤼순전투에서 휘하 병력 13만 명 중에서 6만여 명을 희생시켰고 두 아들도 잃었다. 이토는 조선 통감을 지냈고, 그는 대만 총통을 지냈다. 하지만 이토가 죽고 나서 3년 후, 메이지 천황이 죽자 부인과 함께 자결했다.

야마가타 아리토모는 이토와 함께 추밀원 의장을 번갈아 지낸 거물이다. 그는 이토와는 달리 군부의 중심 인물이었다. 일본에 서양의 군사제도를 들여왔고, 징병제도를 도입했다. 1882년에는 제2차 세계대전 때까지 일본군의 정신적 지침이 된 군인칙유를 선포했다. 청일전쟁 당시에는 조선에 주둔하는 제1군사령관으로 활동한 육군 대장이었다.

군 장성이 절반을 차지한 야마가타 내각은 아시아 팽창주의의 원동력이었다. 야마가타는 이토와는 정치적으로 서로 다른 길을 걸었던 일본 군부의 핵심 인물이었다. 그는 이토의 죽음을 전해 듣고 측근에게 "이토는 정말 운이 좋은 사내다. 나는 일개 무사로서 그의 마지막이 얼마나 부러운지 모른다"고 말했다. 야마가타 역시 이토의 죽음을 기리는 시를 지었다.

함께 충의를 다한 사람은 먼저 가네
앞으로의 세상을 어떻게 할 것인가

그는 이토가 사라진 정계에서 관료를 수하에 두고 독재적인 권력을 휘둘렀다. 그 역시 1921년 히로히토 왕세자의 결혼에 간섭한 일로 정적들에게 비난을 받고 다음 해 죽었다.

근대 일본의 중요 인물인 오쿠마 시게노부는 야마가타와는 정반대의 인물이었다. 그는 와세다 대학을 설립하였고, 입헌개진당을 조직하여 민권운동을 추진한 지식인이었다. 내각 총리대신도 두 차례나 역임한 정치인이자 교육자다. 『사전 이토 히로부미』에 따르면 그는 이토의 죽음에 대해 이렇게 말했다고 한다.

이토는 나보다 두 살 어리다. 나이로 따져도 아직 죽을 때가 아니다. 또 일본은 아직 이토를 필요로 한다. 이런 일이 발생해 유감이다. 그러나 어차피 쓰러지는 것이라면, 집 안이 아니라 만주의 들판에서 자객의 손에 쓰러졌다는 점에서 오히려 영광스러운 죽음이라고 생각한다. 비스마르크의 만년은 어떠했는가. 참으로 비참하지 않았는가. 나는 비스마르크의 말년에 비해 이토는 실로 화려한 죽음을 맞이했다는 점을 위로로 삼고자 한다.

1909년 11월 4일 일본은 국장으로 저승길로 떠나는 이토를 배웅했다. 이토의 장례 행렬을 찍은 오래된 사진 한 장을 본다. 비천한 집안 출신으로, 막부와 천황이 대립하던 피비린내 나는 유신 시절을 거쳐, 일본의 헌법을 제정하고 조선 통감을 역임한 입신출세의 삶이었다. 오쿠마의 말대로 그의 죽음은 '영광스러운 죽음', '화려한 죽음'이었다.

러시아 국경지방재판소 시심 판사 스트로조프가 작성한 신문조서에 의하면 거사 현장에서 안중근을 체포한 사람은 러시아 동청철도 경찰서장 직무대리 니키오로프였다. 그는 이토 공이 수행원과 함께 군대의 오른쪽 끝을 향해 걸어가고 있을 때, 군대의 후방에서 이토와 나란히 걸어가고 있었다. 이토를 비롯한 일본 중요 인사가 쓰러지자, 그의 눈에는 일본인처럼 보였던 안중근 의사가 권총을 발사하는 것을 보고 체포했다고 진술했다. 안중근은 체포 당시 전혀 저항하지 않았다. 이미 안중근은 목숨을 걸고 거사를 성공시켰다. 총성이 울리고 나서부터 그는 생사에 연연하지 않았다.

러시아 병사들이 안중근의 권총을 증거물로 압수하고, 하얼빈역에 있는 철도경찰서 사무실로 끌고 갔다. 역내의 경찰서 사무실에서 안중근은 첫 심문을 받았다. 체포 당시 안중근의 주머니에는 1루블의 돈과 해군용 칼이 있었다. 지갑을 비롯한 소지품은 김성백의 집에 두고 나왔다.

러시아 검사 밀레르가 안중근을 심문했다. 당시의 상황에 대해 안중근은 통역도 잘 되지 않고 해서 혼란스러웠다고 일본 검찰의 취조 과정에서 대답했다. 하얼빈 역에서 천지개벽을 할 일이 일어났다. 러시아는 자신들의 초청으로 하얼빈에 온 이토의 죽음에 조심스러웠다. 검사는 안중근의 신원 확인부터 했다. 안중근, 한인, 서른 살, 가톨릭 신자. 체포 시간인 9시 30분부터 두 시간 동안 계속된 신문에는 밀레르 검사관의 지휘하에 하얼빈 제8지방 국제 판사 스트로조프와 2명의 검사가 동원되었다. 그리고 하얼빈 주재 일본 총영사관 서기 스기노가 배석했다. 만약의 경우에 대비해 일본과 재판관할권 문제를 협의해야 했다.

안중근은 자신의 거사가 성공했는지 여부가 궁금했다. 과연 내가 이토를 쓰러뜨렸는가.

안중근은 러시아 검사에게 이 거사는 혼자서 한 일임을 계속 주장했다. 수사 현장에는 하얼빈 동청철도 당국 책임자, 경비 책임자, 이토를 영접한 코콥체프 재무장관, 그리고 차이자거우 역에서 안중근을 불심검문을 했던 헌병 하사 세민 등이 있었다. 세민은 안중근을 기억했다. 그는 차이자거우 역에서 증명서를 조사할 때, '한인'이라고 쓴 임시 거주증명서를 보았다.

러시아 재무장관 코콥체프는 만일의 상황에 대비해서 어떻게 이토를 맞이할지 고민했다. 그러나 다음 인용문을 보면 이토의 경호에 대해서 일본은 의외의 답변을 보냈음을 알 수 있다.

> 재무차관 웨벨 앞.
> 다음 내용을 외무부에 전달 요망.
> 러시아 소속 중국 동부철로 당국은 만일의 불상사를 예방하기 위하여 이틀 전인 24일 일본 총영사 가와카미 도시히코에게 일본인 환영객은 어떤 사람들이며 무슨 비표가 있는 통행증을 발급할 것인가를 물었다. 이에 대하여 가와카미는 일본인은 무조건 통행시키라고 요청했다. 범인의 외모와 복장은 일본인과 같았다. 유럽인과 중국인의 입장은 통제했다.
>
> 10월 26일 하얼빈에서 코콥체프 재무장관

이 자료는 러시아 대외정책문서보관소 '일본자료실'에 소장된 '이토 후작 피해 사건'이라는 파일 중 일부다. 일본 영사가 환영 인파에 대한 검문검색에 소홀했음을 알 수 있다. 러시아 측에서 볼 때는 이것이 이상한 일이었다. 비표도 없고 통행증도 없고 일본인임을 일일이 확인하지도 않는다는 건, 이토가 위험에 그대로 노출될 수 있는 상황이다. 특히 조선인은 러시아 사람들이 볼 때는 일본인과 거의 구별이 안 된다.

당시 조선의 외교권을 박탈한 을사늑약으로 반식민지 상태에 놓여 있는 조선의 강력한 저항을 잘 알고 있었던 상황에서 일본은 경호에 소홀했다. 안중근 의사는 자신의 거사를 전쟁이라고 표현했다. 일본은 자신의 식민지로 생각하고 있던 조선을 과소평가한 것이다.

하지만 이러한 경비 소홀 때문에 안중근은 무사히 이토의 면전에서 총을 겨눌 수 있었다. 반면에 러시아 병사들이 관할한 차이자거우 역은 하얼빈과 비교하면 매우 작은 역사임에도 불구하고 사람의 출입을 완전히 차단시켰다. 새벽에 환영 인파가 몰릴 일도 적고, 워낙 외진 곳임에도 불구하고 차이자거우 역에 거주하는 러시아인까지도 소변을 안에서 보라고 할 정도로 철통같았던 러시아의 경비와 하얼빈에서의 이토 경호에는 큰 차이가 있었다.

코콥체프가 보낸 문서에서 알 수 있듯 그는 이토의 경호에 만반의 준비를 다했다. 러시아가 이토의 경호를 위해 노력한 부분은 일본도 인정했다. 코콥체프가 안중근 의사의 거사 직후 급하게 쓴 보고문에는 이러한 내용도 있다.

재무차관 웨벨 앞

본관은 국경지방재판소 검찰관과 합의한 사항을 전한다. 수사는 오늘 종결될 것이다. 살인자는 한국 국적을 소유한 자다. 외교권이 없는 한국에서는 일본 법이 적용되므로 모든 사건은 일본 총영사관에 넘겨질 것이다. (중략) 이 사건에 대해 일본은 분명히 러시아 당국이 부당한 행위를 했거나 혹은 경솔했다는 비난은 없다. 본관은 고인이 된 이토 공의 수행원으로부터 사고 후의 배려와 예우에 대해 고맙다는 전보를 벌써 두 번이나 받았다.

10월 26일 하얼빈에서 코콥체프 재무장관

한편 거사 현장에서 이토의 바로 곁에 있었던 코콥체프는 훗날 회고록에서 안중근의 모습을 젊고 미남형이며 체격이 날씬하고 훤칠한 키에 얼굴빛도 희어 일본인과는 많이 달랐다고 적었다. 만약 일본 영사관이 역내 출입 일본인을 조사했더라면, 그를 바로 구별해 낼 수 있었을 것이라고 기억했다. 그에게도 이 일은 매우 충격적인 일이었다. 특별열차에서 환담을 나누었던 이토가 한 시간도 안 되어 죽어 버리다니, 그의 일생에 이토록 가까이에서 큰 총성이 나서 큰 인물이 쓰러진 일은 흔치 않았을 것이다. 러일전쟁의 패배로 국운이 희미해지고 있는 가운데 일본 정계의 친러파 인물의 급작스러운 죽음으로 러시아 역시 당황한 모습이 역력하다.

안중근의 거사가 성공하자, 러시아는 발 빠르게 주위에 있는 한인들을 체포했다. 안중근 의사의 거사와 관련이 있을 것이라고 짐작되는 인물들은 모조리 잡아들였다. 러시아 경찰은 차이자거우에 있던 우덕순과 조도선을 체포하여 신변을 확보했다. 러시아 헌병은 이미 이들의 거동을 수상하게 여기고 있던 터였다.

저녁 9시경 러시아는 안중근의 손에 수갑을 채우고 허리와 다리는 쇠사슬로 묶었다. 일본 군대의 감시하에 마차에 올라탄 안중근이 향한 곳은 하얼빈 주재 일본 총영사관의 지하실이었다. 일본 영사관 안에는 지하실에 감옥이 있었다. 안중근은 이 지하실에 임시 수감되었다. 어둡고 차가운 지하 감옥이었다. 안중근은 주위를 한 번 둘러보았다. 마차로 이곳에 호송되면서 보았던 밤하늘의 별빛을 기억했다. 별은 아무리 어두운 곳에 가둬 놓아도 스스로 빛난다. 안중근은 일본 영사관에서 첫 밤을 맞았다. 이제부터는 정해진 길이다. 안중근이라는 한 조선인의 세상을 향한 외로운 투쟁은 시작되었다.

1909년 10월 27일

안중근 가족 하얼빈 도착

안중근은 쇠줄에 묶인 채 영사관 앞에서 사진을 찍었다. 사진을 응시하는 안중근의 눈동자는 불안하게 빛나고 있다. 거사를 성사시킨 안중근의 얼굴에는 약간의 안도감과 함께 자신도 모르게 엄습하는 불안감이 배어 있다. 이제 일은 끝났다. 안중근은 자신이 이토 암살에 성공했음을 알고 제일 먼저 신에게 감사했다.

김구 선생은 안중근 의사의 거사와 관련하여 『백범일지』에 이렇게 적었다.

경찰서에서 하룻밤을 자고 난 다음 날, 하얼빈 전보로 "이토 히로부미가 한인 은치안에게 피살되었다"는 신문 보도를 보았다. 은치안이 누구인지 몰라 매우 궁금하였는데, 다음 날 아침 안응칠 곧 안중근으로 신문에 기재되었다.

그때서야 나는 어렴풋하게나마 내가 경찰서에 구류당한 원인을 깨달았다. 그날 저녁 환등회에서 일본 놈을 꾸짖고 욕하였지만 이미 여러 곳에서 그랬는데 하필 쏭화 경찰만이 나에게 손을 댄 것을 이상하게 여겼었다. 또한 구류를 당한다 해도 며칠 후면 훈방될 것으로 알았는데, 하얼빈 사건에 관련된 혐의라면 좀 길게 고생하리라 생각되었다. (중략)

해주에 도착한 즉시 나는 투옥되었다. 하룻밤을 지내고, 검사가 안중근과의 관계를 질문하였다. 검사는 내가 수년간 각 지방을 돌아다니며 일본 관헌과 반목한 것에 대한 경찰의 보고를 모은 '김구'라는 100여 쪽의 책자를 내놓고 신문하였다. 그러나 내가 이전에 안중근 집안과 각별한 관계에 있었지만, 이번 하얼빈 사건과는 아무런 관련이 없다는 것을 알고, 결국 불기소로 풀어 주었다.

안중근 저격 사건을 빌미로 일본은 시뻘건 눈동자로 실낱같은 혐의만 있으면 독립운동 인사들을 모조리 검거했다. 하얼빈 의거를 핑계 삼아 독립운동의 씨를 말리려는 수작이었다. 당시 민중들의 이해를 돕기 위해 환등기를 돌리면서 시국 강연을 하던 김구 선생 역시 황해도 해주에서 투옥되어 조사를 받았다.
거사 다음 날, 일본 영사관은 러시아에서 작성한 하얼빈 의거와 안중근과 관련된 조서와 증거품 등을 넘겨받았다. 러시아 제8구 예심재판소 판사 스트로조프의 안중근 휴대품 및 현장 상황에 대한 검사서, 러시아 재무장관의 관방장 리요프의 공술조서, 하얼빈역 주재 러시아 헌병 군조 마르키츠의 공술조서, 차이자거우 역 소매점 주인 세미고프의 공술조서 등이 있었다. 러시아는 다음 날에도 러시아가 관할하는 구역 내에서 의심스러운 한국인을 긴급체포했다.

이날 하얼빈 시내에서 거사 방조 혐의자로 체포된 사람은 유동하를 비롯하여, 안중근의 가족을 데리고 하얼빈에 도착한 정대호와 정서우, 김성옥, 김형재, 탁공규 등 13명이다. 이들은 모두 일본 영사관으로 붙잡혀 들어갔다.

당시 하얼빈의 유지로서 러시아인들과 친하게 지냈던 김성백은 러시아 헌병도 함부로 다루지는 못했다. 김성백에 대해서는 간단하게 조사만 하고 체포하지는 않았다.

"이제 조금 있으면 아버지를 보게 된다."

김아려는 두 아들의 손을 꼭 잡았다. 진남포에서부터 정대호의 가족들과 함께 먼 길을 달려왔다. 정대호가 안중근 의사의 소식을 전하고 가족들을 찾는다는 말에 김아려는 이제 가족들이 함께 모여 살게 되었다는 희망을 안고 하얼빈 역에 내렸다.

장남 분도와 차남 준생은 아버지의 얼굴이 아련했다. 분도는 아버지의 모습을 떠올리면서 어머니에게 물었다.

"어머니, 이제 우리 여기에서 사는 건가요?"

"그래야겠지. 그런데 아버지가 무슨 생각을 하고 있는지 모르겠구나. 하지만 당분간은 여기에서 머물 것이다."

"외국 사람들도 많고, 역도 상당히 큽니다."

"그래, 그래."

오후 4시경, 정대호가 안중근의 가족을 데리고 김성백의 집을 찾았다. 정대호는 고향인 진남포에 가서 자신들의 가족, 어머니와 아내, 두 아들, 종형제인 정세우를 데리고 하얼빈에 막 도착했다. 급한 마음에 마차에서 내리자마자, 대문을 열고 안중근과 김성백을 찾았다. 그때 러시아 헌병 4명이 불쑥 나타났다.

"무슨 일이오?"

정대호는 불길한 예감이 들었다.

"어제 하얼빈 역에서 큰일이 있었다."

러시아 헌병의 말에 정대호는 되물었다.

"도대체 무슨 일이오?"

"어제 조선에서 온 안응칠이라는 자가 일본의 이토 공작을 권총으로 암살하고, 그 자리에서 체포되었다. 너도 연행해야 한다. 같이 있는 자들은 누구인가?"

정대호는 순간적으로 숨이 멎는 듯했다. 안중근이 드디어 해냈구나, 싶었다. 정대호는 안중근 의사의 가족을 보호하기 위해 임기

응변을 취했다. 김아려는 자신의 여동생이라고, 아이들은 조카라고 둘러댔다. 러시아 헌병은 정대호와 정세우를 체포하고, 가족들은 김성백의 집에 머물렀다. 김아려는 한바탕 소동이 일어난 뒤 김성백의 집에 남았다. 뒤늦게 도착한 김성백은 안중근 의사의 가족을 맞았다.

안중근의 두 아들은 무슨 영문인지도 모르고 김성백의 집을 두리번거리면서 구경했다. 김성백의 설명을 듣고 김아려 여사는 그동안 남편이 어떤 세월을 보냈는지 짐작이 되어 가슴이 미어지기 시작했다. 오래전부터 예감했던 일이었다. 안중근은 시대를 잘못 만나 우리의 인연이 어떻게 될지 모르겠다는 말을 남겼었다.

"당신은 우리 가족을 이제 영영 떠나시는군요."

1894년 당시 열여섯 살이었던 안중근은 김아려 여사와 결혼했다. 김아려 여사는 결혼식을 올리자마자, 안중근이 총을 메고 나가는 것을 지켜보아야만 했다. 동학 농민운동으로 나라가 어지러울 때, 신혼이었지만 남편 안중근은 총을 들었다. 총은 무엇을 의미하는가. 아직 어린 나이에 남편을 기다리는 그 밤 총성이 들려오는 순간 동학당과 싸우던 안중근의 모습을 떠올렸다. 중과부적의 상태에서 안중근은 무사히 동학군들을 물리쳤다. 하지만 동학군과의 전투가 끝나고 나서 안중근은 자리에 눕고 말았다. 열병처럼 이마가 철철 끓었다.

안중근은 몇 달 동안 깊은 병을 앓았다. 그때의 일을 안중근은 생생하게 기억하고 있었다. 안중근은 자서전에 다음과 같이 썼다.

나는 그 싸움이 끝난 후에 중병에 걸려 몇 달을 고통스럽게 보내다가 겨우 죽음을 면하고 소생이 되었다. 그리고 그때부터 지금까지 15년간 작은 병도 안 걸려 전혀 앓은 적이 없었다.

안중근은 담담하게 옥중에서 그때의 일을 회상했지만, 갓 결혼하여 남편의 손길을 느낀 지 얼마 안 되는 새색시 김아려에게는 가슴의 화인으로 남아 있었다. 안중근이 겨우 살아나자 김아려는 홀로 울었다.

안중근은 그러한 아내의 마음을 짐작했다. 병세가 회복되고 나서 안중근은 이런 이야기를 들려주었다.

"어느 봄날이었소. 아주 아름다운 봄날이었지. 한 2년쯤 전이었소. 내 나이 열네 살 때였어요. 나는 공부하는 아이들과 함께 산에 올랐소. 꽃들이 좋아 정신을 잃을 지경으로 쫓아다니다 보니 깎아지른 절벽 위에 서 있는 것이 아니겠소. 그런데 말이오. 아름다운 것들은 왜 그렇게 위험한 것인지 모르겠소. 내 눈에 꽃 하나가 보였소. 손을 뻗으면 잡힐 듯한 자리였소. 나는 그 꽃을 꺾으려고 몸을 숙였소. 살짝 꽃잎이 닿는가 싶더니 순간 아찔한 기분이 들었소. 누군가 내 등을 미는 듯한 기분이었소. 아이들은 저만치 떨어져 있었으니, 그건 순전히 내 기분일 뿐이었소. 나는 다시 조심스럽게 그 꽃을 꺾으려 손을 뻗다가 그만 발을 헛딛고 말았소."

"서방님, 무섭습니다."

"그래요. 나도 무서웠소. 발아래는 아득한 낭떠러지였으니까. 작은 아이였던 나는 데굴데굴 그 아래로 굴러떨어졌소. 그때 이렇게 죽을 수는 없다는 생각이 들었소. 사내로 태어나 이렇게 죽을 수는 없다는 생각으로 굴러떨어지면서도 손을 뻗었소. 뭔가 손에 잡히더군. 나는 죽을 힘을 다해 그것을 붙잡았소. 살았구나 싶어 주위를 둘러보니, 만일 조금만 더 굴렀다가는 바로 벼랑 아래로 떨어져 온몸이 부서졌을 것이오."

"……그 다음엔 어떻게 했습니까."

"달려온 아이들이 내가 대롱대롱 매달려 있는 걸 보고 밧줄을 내려서 끌어올렸소. 올라와서 몸을 움직여 보니 아무렇지 않았지. 누군가 나를 도와주었다는 것을 느꼈소. 걱정하지 마시오. 이번 도적들을 물리칠 때도 그랬소. 나는 그냥 죽을 사람이 아니오. 당신은 아무 걱정 마시오."

"서방님, 궁금한 것이 있습니다."

"무엇이오?"

"서방님은 왜 책보다 총을 좋아하십니까?"

"나는 대장부요. 초한시대에 초패왕 항우는 글은 이름이나 적을 줄 알면 된다면서 장부로서 장렬하게 살았소. 항우도 대장부고, 나도 대장부요. 지금과 같은 시국에 글보다는 총이 더 필요하오."

"항우는 결국 뜻을 이루지 못하고 자결을 합니다. 차라리 진시황과 같은 뜻을 품으세요."

"그렇지. 하지만 나는 자결은 절대 하지 않을 것이오. 적장을 죽이지 않고는 죽지 않을 것이오. 나와 결혼을 하였으니, 부부로서 당신에게 부족한 점이 있을 것이오. 하지만 나는 인생을 이슬과 같이 보고 있소. 이 허무한 세상에 믿을 것이 무엇이란 말이오. 나는 어릴 적 내가 보았던 그 꽃을 아직도 선명하게 기억하고 있소. 그 꽃을 이제 당신으로 생각하고 살겠소."

김아려는 그때의 일을 기억했다. 안중근의 꽃은 자신이 아니라는 것을, 남편의 꽃은 손에 닿을 수 없는 것이라는 것을 그때 어렴풋이 짐작했다. 그 꽃을 꺾는다면 이번에는 학생들이 밧줄을 내려주지 못하리라는 것을. 김아려는 안중근이 이토를 쏘았다는 소식을 듣고선 남편의 이야기를 떠올렸다. 자신의 곁에 있을 때도 두 번이나 생사의 갈림길에 서서 움직였다. 조선의 부드러운 날씨에 비해 하얼빈의 초겨울은 사납고 매서웠다.

잠시 과거의 일에 빠져 있던 김아려는 문득, 이 추운 날 감옥에서 고생을 하고 있을 남편 생각에 자꾸만 흐르는 눈물을 멈출 수가 없었다. 이날, 일본 외무부는 하얼빈 주재 총영사관 가와카미에게 안중근에 대한 재판을 관동도독부의 지방법원으로 이송할 것을 명령했다.

1909년 10월 28일

미조부치 다카오 검사, 안중근의 신병을 인도받다

뤼순 일본 관동도독부 고등법원 검사 미조부치가 하얼빈 역에 내렸다. 미조부치 다카오는 이토 히로부미 저격 사건의 담당 검사다. 역사에 마중 나온 헌병대의 안내로 그는 이토의 저격 장소를 천천히 둘러보았다. 이틀 전 이곳에서 일본의 거물이 쓰러졌다. 미조부치는 안중근이 저격한 장소에 서서 이토가 쓰러진 자리를 확인했다. 눈짐작으로 살펴보니 5미터가량 되는 매우 가까운 거리였다.

미조부치는 '이토 공 같은 거물이 쉽게 자객에게 노출되다니'라고 중얼거리면서 관자놀이를 두 손가락으로 꾹 눌렀다. 골치 아픈 사건이 생길 때마다 나오는 버릇이었다. 손가락으로 관자놀이를 비비면 때론 엉킨 실타래 같은 생각들이 가지런히 정리되곤 했다. 조선인의 소행이라고 보고를 받았는데, 과연 그럴까? 국내에 어떤 음모가 있는 것은 아닌가? 이토 공은 거물이고, 국내에도 군부를 비롯한 정적들이 많이 있었다. 일본의 사주를 받은 친일파의 소행일 수도 있었다. 자객의 신병을 확인하면 밝혀질 일이었다. 암살은 일본 근대 정치인들에게는 새삼스러운 일이 아니다.

'결국 이토 공도 이렇게 하얼빈에서 쓰러지는구나. 1878년 도쿄의 기오이자카에서 오쿠보 도시미치 공을 살해한 시마다 이치로 일당들, 아다가키 공을 살해한 아이바라, 모리 공을 살해한 니사노 후미타로, 오쿠마 백작을 저격한 구루지마, 바칸 사건의 고야마 오노스게, 오즈 사건의 츠다 산조, 최근에는 정우회의 수석인 오시를 살해한 이나와 소타로. 그리고 이 자리에서 이토 공을 살해한 안중근. 안중근, 안중근이라…… 이자는 지금 자신이 한 일이 어떤 일인지 알고나 있는 것인가?'

미조부치는 일본 정치인들 중에서 이토가 조선에 대해 비교적 문화적인 노선을 가지고 있다고 판단했다. 일본의 정치인들 중에서 이토가 가장 유연한 정책을 펴고 있었다. 그것 때문에 정적들로부터, 특히 군부로부터 견제를 받고 있었다. 이제 일본은 군부 중심의 내각이 될 것이다. 그렇다면 조선에 대한 정책은 더 거칠고 노골적이 될 것이다.

'군부에서는 이자에게 상이라도 주고 싶겠군…….'

미조부치는 그가 혹시 일본 정치인의 사주를 받지 않았을까, 다시 한 번 의심했다. 그럴 가능성도 있다. 개화파이고, 일본과 가까운 관계를 유지했던 김옥균도 결국 중국에서 암살당하지 않았던가. 언제까지 이러한 암살의 수레바퀴가 계속될 것인가 싶었다.

이토가 쓰러진 자리와 안중근이 선 자리를 오가면서 미조부치는 하얼빈 역의 전경을 둘러보았다. 길게 이어진 철로를 따라 끝없이 이어진 대륙의 북쪽이었다.

미조부치는 안중근이라는 자가 어떤 자인가, 뤼순에서 올라오는 동안 곰곰이 생각해 보았다. 하얼빈 역에서 일본 총영사관으로 가는 마차 안에서도 그 생각은 멈추지 않았다. 이토 공작을 죽인 자라면 그냥 잡범과는 다른 인물일 것이다. 저격을 하고 나서 그가 보인 행동은 보고받은 대로라면 전형적인 확신범, 자객의 모습이었다. 조선에 그런 자객이 있었단 말인가. 미조부치는 보고를 받고는 불쾌했다. 저격자는 마치 자신이 대단한 인물이라도 되는 것처럼 떠들어대고 있었다.

'놈은 살인범일 뿐이다.'

미조부치는 일본 총영사관으로 향하는 마차 안에서 하얼빈의 정경을 바라보았다. 하얼빈은 러시아인들을 비롯해 많은 인종들이 섞여 있는 국제도시로 부상하고 있었다. 영사관에 도착하니 총영사 가와카미가 기다리고 있었다. 그는 송치서와 함께 안중근을 포함한 16명의 신병을 인도하고 한마디를 남겼다.

"여독에 피곤하시겠습니다. 쉬지도 못하고 바로 오셨군요. 제가 보기에 안응칠이라는 자, 그리 만만한 녀석이 아닙니다. 우선은 지하 감옥에 감금시켜 놓았습니다."

"그렇습니까? 잘 알겠습니다."

미조부치는 간단하게 대답을 하고 속으로 '그래, 한번 얼굴이나 보자' 하는 심경으로 두툼한 송치서 첫 장을 펼쳤다.

송치서

안응칠 외 15명. 이 사람들은 이토 공작 살해 피고인 및 혐의자로, 이달 26일 재하얼빈 러시아 시심 재판소 판사로부터 이 사건에 관한 서류 일체와 아래의 증거물이 본 영사관으로 송치됐으며, 메이지 42년 법률 제52호 제3조에 의거하여 이 피고 사건은 외무대신의 명령에 의해 다시 귀청의 관할로 넘겨지므로 피고인의 신병(身柄)과 함께 서류 및 증거물 전부를 송치한다. 메이지 42년 10월 28일.

하얼빈 대일본제국 총영사관
총영사 가와카미 도시히코.

관동도독부 지방법원
검찰관 미조부치 다카오 귀하.

목록

서류 : 러시아 관아의 취조 서류 일체

증거물 :

　안응칠 : 범행에 사용한 브라우닝식 연발 권총 한 정

　조도선 : 소지품 일체

　우연준 : 소지품 일체

　김형재 : 서류

　김려수 : 수첩 및 서류

　유강로 : 지갑 및 서류

　정대호 : 수첩 및 서류

　김성옥 : 서류 및 소지품

'이 총인가?'

미조부치는 안중근의 권총을 들어 보았다. 탄환에는 십자가가 새겨져 있었다. 미조부치는 안경을 고쳐 쓰고 탄환의 십자가를 응시했다. 칼로 새겨 놓은 것처럼 가로 세로로 골이 나 있었다. 미조부치는 묘한 생각이 들었다. 서양의 기독교에서는 십자가가 사랑과 희생의 상징이다. 그런데 이것이 총알에 새겨진 순간, 그 파괴력이 더 강해져 폭력과 죽음의 칼자국이 된다. 총알에 새겨진 십자가. 그것은 바로 미조부치가 이제 감당해야 할 안중근의 모습이었다. 미조부치는 잠시 혼란스러웠다. 총을 손에 쥐자 묵직하면서 뜨거운 기운이 느껴졌다. 조금 전까지 누군가가 꽉 쥐고 있다가 내려놓은 것 같았다. 그것은 알 수 없는 기운이었다.

'그래, 이것은 조선인들의 원한이구나. 우리에게는 폭력이지만, 어쩌면 이 조선인에게는 사랑과 희생의 십자가일 수도 있다. 이자의 총기에는 아직도 온기가 남아 있구나. 이건 가슴으로 한 일이구나.'

직감적으로 미조부치는 안중근이 조선 범 같다는 생각을 했다. 범인을 취조한 오랜 경험에 의하면 죄도 그것을 감당할 만한 자가 저지른다. 특히 정치적인 확신범일 경우에는, 입장에 따라 국민적인 영웅이 되기도 한다. 이토를 제거한 안중근은 이제 조선의 영웅으로 조선 역사에 기록될 것이다. 미조부치 역시 이토를 존경하는 정치인으로 생각하고 있었다. 근대 일본의 풍랑을 헤쳐 온 이토 공을 아무나 죽일 수는 없는 일이었다. 미조부치는 이토 공 역시 젊은 시절에는 암살범이었다는 사실을 떠올리고는 이것 역시 업보가 아닌가 싶었다. 출신이 천한 이토가 각고의 노력으로 그 자리에 올랐다는 것은 일본의 젊은이들에게 꿈과 희망을 주는 것이다. 입지전적인 인물이 갔다. 송치서를 두 번 들쳐 본 미조부치는 여러 가지 감정이 교차했다.

"안응칠을 만나 보시겠습니까?"

잠시 눈을 감고 있는 미조부치에게 영사관 직원이 조심스럽게 의향을 물었다.

"잠시 혼자 있고 싶다. 내 곁을 비워라. 생각 좀 해야겠다."

"예."

미조부치는 방 안의 불을 끄고 하얼빈의 밤거리를 내려다보았다.

'안중근이 지금 이 건물의 지하실에 있단 말이지.'

미조부치는 길게 한숨을 내쉬고 담배를 입에 물었다. 거리를 지나다니는 포장마차들의 수레바퀴가 인간 윤회의 수레바퀴처럼 데굴데굴 구르고 있었다. 어떤 인생이 저 수레바퀴의 궤적을 벗어날 수 있단 말인가. 하지만 분명한 것은 이 사건은 일본 정부의 뜻대로 굴러갈 것이란 사실이다. 자신이 정부의 입장을 대변하는 하수인에 불과하다는 사실을 그는 잘 알고 있었다.

나중에 밝혀지지만, 러시아에서 급하게 조사해 올린 송치서에는 몇 가지 오류가 있었다. 우연준이라고 기재되어 있는 이름은 우덕순이다. 러시아 정부에서 발행한 외국인 통행증에 우연준이라는 가명을 쓴 까닭이다. 유강로는 유동하다. 유동하는 러시아 경찰이 유동하라고 부르자, 사건에 관련된 것이 두려운 마음에 자신은 유강로라고 이름을 바꾸어 말했다.

미조부치는 서류를 책상 위에 툭 던져 놓고는 길게 다리를 뻗고 깊은 생각에 잠겼다. 사건의 정황을 정확하게 밝혀야 한다. 안중근이 반일 단체의 지원을 받았다면 발본색원하라는 외무부의 지시를 받았다. 이번 사건을 단초로 조선에서 꿈틀거리고 있는 독립운동의 씨를 말려 버리려는 작전이었다.

조선 정부에서도 이 사실을 알고 비밀리에 국가적인 차원에서 안중근을 구출할 작전을 세우고 있는지도 몰랐다. 조선 황제 고종은 유약한 듯하지만 강철과 같은 의지를 지닌 군주였다. 이토 역시 고종을 상대하기가 만만치 않았다. '이건 시작이다'라는 생각이 들었다. 일본 정부에는 이제 군부 세력이 득세하게 될 것이다. 그렇다면 조선은 더 빨리 일본의 식민지가 될 것이다. 안중근의 거사는 앞으로 한반도에서 불어올 저항의 예고편이었다.

미조부치는 안응칠이라는 이름을 뚫어지게 보았다. 본격적인 취조를 하기 전에 영사관 관리들이 지하실에서 안중근을 심문하고 있었다. 미조부치는 모든 정황을 그려 보고 안중근을 취조할 자료를 정리하고 있었다. 하루 이틀이면 자료가 정리될 것이다.

*

김성백의 집에서 나온 김아려 여사는 안중근이 거사를 한 장소를 찾았다. 하얼빈 역은 이제 아무 일도 없었다는 듯, 일상적으로 움직이고 있었다. 많은 사람들이 역을 이용했다. 오는 사람, 가는 사람…… 어떤 이는 보따리를, 또 어떤 이는 가방을 들고 어디론가 가고 있었다. 하지만 김아려 여사가 바라보는 하얼빈 역은 영원히 남편을 다른 곳으로 데리고 가는 돌아오지 않는 기차가 떠나 버린 역이었다. 생각해 보니 남편이 총기를 잘못 다루어 혼이 난 일이 있었다. 안중근이 천주교에 입교할 즈음이었다. 그는 그때의 정황을 다음과 같이 썼다.

하루는 동지 육칠 명과 함께 산에 가서 노루 사냥을 하는데 공교롭게도 탄환이 총신에 걸려 빼낼 수도 없고, 들이밀 수도 없었다. 그래서 나는 총구멍을 뚫으려고 쇠꼬챙이로 주저없이 마구 쑤셔댔다.
갑자기 꽝하고 터지는 소리에 혼비백산하여 머리가 붙어 있는지, 목숨이 살아있는지 죽었는지조차 깨닫지 못하였다. 잠시 후에 정신을 차려 자세히 살펴보니 막혀 있던 총알이 폭발하여 쇠꼬챙이와 탄환이 내 오른손을 뚫고 날아가 버렸던 것이다. 나는 곧 병원으로 가서 치료를 받았다. 그때부터 지금까지 10년 동안, 꿈속에서도 그때 놀랐던 일을 생각하면 모골이 송연해진다.

김아려 여사는 안중근의 총이 언젠가는 남편을 데리고 갈 것이라는 생각을 하곤 했다. 그런데 전혀 생각지도 않았던 이토 저격 사건이 일어났다. 바로 이 자리에서 안중근이 이토를 쏘았다. 김아려 여사는 남편이 병원에서 치료를 받고 돌아올 때부터, 아니 그전부터 가슴을 졸이면서 살았다. 언제, 무슨 일이 일어날지, 의협심이 강한 남편이 일제의 만행에 어떤 저항을 할 것인지 불안하기만 했다. 불의를 보면 참지 못하고 직언을 하는 안중근의 별명은 번개입이었다. 정의가 아니라는 생각이 들면 천둥번개와 같이 쏟아대고 꾸짖었다.

그 불안감을 조금이나마 씻어 준 것이 바로 신앙이었다. 안중근의 불같은 마음에 신앙의 세례가 쏟아졌다. 안중근의 불을 신앙의 물로 다스릴 수도 있을 것이라는 희망을 걸었다. 천주님은 사랑의 화신이다. 시아버지 안태훈 진사가 천주교와 인연을 맺게 된 데는 시대의 탓도 있었다. 동학군을 진압하자, 그들에게 재산을 빼앗겼다는 탐관오리들이 터무니없는 요구를 했다. 1895년 여름 두 명의 사내가 탁지부 대신 어윤중과 선혜청 당상 민영준의 재산이라면서 어서 반환하라고 재촉을 했다. 안 진사는 불청객을 점잖게 타일러서 되돌려 보냈다. 동학당의 진중에서 전리품으로 거두어들인 곡식을 되돌려 준다는 것은 이치에 맞지 않았고, 확인할 길도 없었다. 그러자 경성에서 전 판결사 김종한으로부터 다급한 편지가 도착했다.

지금 탁지부 대신 어윤중과 민영준이 잃어버린 곡식 포대를 찾으

려는 욕심으로 황제 폐하께 무고로 아뢰기를 "안모가 막중한 국고금
과 무역을 해 들인 쌀 천여 포대를 까닭없이 도둑질해 먹었기 때문에
사람을 시켜 알아본즉, 그 쌀로 병정 수천 명을 기르며 음모를 꾸미
려고 하고 있습니다. 군대를 보내어 진압하지 않으면 앞으로 국가에
큰 환난이 있을" 거라며, 터무니없이 안 진사를 모함하고 있으니, 공
을 세우고도 큰 화를 당하기 전에 빨리 경성에 올라와서 앞뒤 방책을
세우도록 하시오.

안 진사는 급히 서울로 올라가 자초지종을 설명하고, 여러 차례
재판도 했지만, 부패한 관리들에게는 통하지 않았다. 당시의 사회
상을 잘 보여 주는 사건이라고 할 수 있다. 한쪽에서는 세계적으로
유례가 없을 만큼 강력한 농민 봉기인 동학농민운동이 일어나고,
또 한쪽에서는 부패한 관료들이 사리사욕을 채우기에 손과 발이
바빴다. 그 시기에 일본은 서구의 군대와 문물을 받아들이면서 치
열하게 근대화 준비를 하고 있었다. 결국 어윤중은 끝내 안 진사의
뜻을 들어주지 않았다. 탐관오리인 그는 민란을 만나 민중들에게
돌을 맞아 객사를 했다. 어윤중이 비참하게 죽었지만, 민영준은 조
선의 세력가였다. 그는 안 진사를 궁지로 몰아넣었다. 막다른 골목
길에서 사나운 개가 달려드는 형국이었다. 그 어려운 시기에 안 진
사가 몸을 피한 곳이 바로 천주교당이었다. 이 인연으로 안 진사는

천주교의 세계에 눈을 뜨게 되었다.

천주교당에서 안 진사는 프랑스 사람들의 보호를 받으면서 지냈다. 다행히 민영준의 일은 시국이 어지러워서인지 흐지부지되었고 안 진사는 무사히 목숨을 보전할 수 있었다. 일이 마무리되자 허탈감이 몰려왔다. 국가에 대한 충성심으로 열악한 환경에서 정부군을 대신해서 동학군을 빙자한 폭도들을 진압한 결과는 참담했다. 안 진사는 시대에 절망했다. 고요한 천주교당에서 명상을 하면서 자신의 삶을 되돌아보고 성찰했다. 안 진사가 시대에 대해 절망한 바로 그 자리에서 솟아나온 빛이 바로 천주교였고, 예수의 따뜻한 손이었다.

숨어 사는 동안 분통이 터지는 심경을 달래기 위해 접한 성경과 천주교 신부들의 강론은 상처 난 가슴을 어루만져 주었다. 안 진사는 교회에서 만난 이보록과 함께 귀향하여 온 가족을 전도했다. 집안의 가장인 안 진사의 뜻대로 안중근의 집안은 모두 천주교 신자가 되었다.

안중근은 뤼순감옥에서 순국하는 날까지 매일 아침 기도를 한 독실한 신자다. 그는 자신의 신앙에 대해 자서전에 이렇게 적었다.

성경을 받고 교리 토론 등을 하면서 여러 달이 지나자, 신덕이 차츰 굳어지고 독실히 믿어 의심치 않게 되었다. 천주 예수 그리스도를 숭배하며 지내는 사이에 날이 가고 달이 가서 몇 년이 지나갔다. 교회의 사무를 확장하기 위하여 나는 빌렘 신부와 함께 여러 곳을 돌아다니면서 사람들에게 권면하고 전도도 하였다.

안중근은 그의 자서전에 천주교에 대해서는 상대적으로 길게 서술을 해놓았다. 특히 안중근이 군중들에게 한 연설은 장문의 연설로서 자서전을 통틀어 제일 길게 적었다. 그는 천주교를 통하여 민중들의 마음을 돌리고 싶어했다. 암울한 시대에 종교는 한 대장부의 가슴에 빛을 던져 주었다.
안중근이 천주교를 전도하기 위해 한 연설 중에서 몇 대목을 살펴본다.

무릇 하늘과 땅 사이의 만물 가운데 사람이 가장 귀하다고 하는 까닭은 사람만이 영혼이 있기 때문입니다. 혼에는 세 가지가 있습니다. 첫째는 생혼인데 이것은 초목으로 생장하는 혼입니다. 둘째는 각혼인데 이것은 짐승의 혼으로 지각하는 혼입니다. 셋째는 영혼인데 이것은 사람의 혼으로 생장하고, 지각하고, 옳고 그름을 분별하고, 도리를 토론하고, 만물을 맡아 다스릴 수 있는 혼입니다. 그렇기 때문에 사람이 가장 귀하다고 하는 것입니다.

그렇다면 천주는 누구입니까? 한 집안에는 그 집 주인이 있고, 한 나라에는 임금이 있듯이, 이 천지 위에는 천주가 계시니, 시작도 없고 끝도 없는 삼위일체(성부 성자 성신으로 그 뜻이 깊고 커서 아직 깨닫지 못하였다)로서 전능 전지 전선하고, 지공 지의하여 천지만물 일월성신을 만들어 이루시고, 착하고 악한 것을 상 주고 벌을 주시고, 오직 하나요 둘이 없는 큰 주재자인 바로 그분입니다.

어떤 사람들은 천주님께서는 왜 지금 사람들이 살고 있는 현세에서 착하고 악한 것을 상 주고 벌주지 않느냐고 묻지만, 그것은 그렇지 않습니다. 이 세상에서 주는 상벌은 한계가 있지만 선악에는 한이 없기 때문입니다.

만일 어떤 사람이 다른 사람을 죽였다고 하여 시비를 가리려고 할 때에 그에게 죄가 없으면 그만이고, 죄가 있어도 그 한 사람만을 다스리면 됩니다. 그러나 어떤 사람이 수천만 명을 죽였다면 어찌 그 한 몸으로 죄를 다 갚을 수 있겠습니까? 그리고 만일 어떤 사람이 수천만 명을 살렸다고 한다면 어찌 잠깐 스쳐 지나가는 세상의 영화로 그 상을 다 주었다고 하겠습니까?

더구나 사람의 마음이란 때에 따라 변하는 것이어서 지금은 착하여도 다음에는 악한 짓을 하기도 하고, 혹은 오늘은 악하여도 내일은 착해질 수도 있는 것입니다. 만일 그때마다 선악의 상벌을 준다면 이

1909년 10월 28일

세상에서 인류가 보전되기 어려울 것이 분명합니다.

또한, 이 세상의 벌은 다만 몸을 다스릴 뿐이요, 마음을 다스리지는 못하지만 천주님의 상벌은 그렇지 않습니다. 천주님은 전능 전지 전선 하시고, 지공 지의 하시기에 사람의 목숨을 너그러이 기다려 주셨다가, 세상을 마치는 날 선악의 경중을 심판한 후에 죽지도 않고 사라지지도 않는 영혼으로 하여금 영원무궁한 상벌을 받게 하는 것입니다.

안중근은 천주, 즉 신에 대한 믿음이 각별했다. 하지만 프랑스 역시 안중근의 눈에는 외세일 따름이었다. 종교는 믿지만 외국인들은 믿지 않는다는 말을 남기기도 했는데, 그것은 자신에게 세례를 준 홍 신부와의 불화 때문이었다. 나중에 서로 화해를 하긴 하지만 빨리 근대화가 되어야 할 조국의 미래를 걱정하는 안중근에게는 큰 사건이었다. 교인들을 무시하고 억압하는 홍 신부와의 마찰도 있었다. 조선인으로서 정당한 요구를 하는 안중근에게 폭력을 가하면서 홍 신부는 자신의 권위를 지키려고 하였다. 안중근은 그것이 조선인을 깔보는 처사라고 생각했다.

시대가 변함에 따라 교육 사업이 중요하다는 사실을 깨닫고, 안중근은 주교에게 외국인 선생을 초청하여 대학을 만들자는 의견도 제시했다. 안중근은 홍 신부와 함께 서울에 있는 뮈텔 주교에게 의견을 제시했지만, 뮈텔 주교는 학문을 배우게 되면 신앙심이 약해질 우려가 있다면서 거절했다. 그때 안중근은 분한 마음이 들어 '교의 진리를 믿을지언정, 외국인의 마음은 믿지 않겠다'고 맹세를 하고 프랑스어 공부도 중단했다.

프랑스 신부는 우리나라와 자신에게 신의 섭리를 전파해 준 고마운 신부였지만, 그에게서 비참한 조국의 현실을 외면하는 이방인의 모습을 보았다. 안중근은 이렇게 자신의 마음을 쓴다.

일본 말을 배우는 자는 일본의 종놈이 되고, 영어를 배우는 자는 영국의 종놈이 된다. 내가 만일 계속해서 불어를 배우다가는 프랑스의 종놈 신세를 면하지 못할 것이다. 그래서 그만둔 것이다. 만일 우리 한국이 세계에 위력을 떨친다면 세계 사람들이 우리 한국말을 통용하게 될 것이니 걱정하지 마시오.

온 천지 주위 사방이 절벽처럼 깜깜할 때 안중근은 천주, 신의 손을 통하여 한 줄기 빛을 보았다. 하지만 종교적인 영성으로만 나라가 구해지는 것은 아니었다. 안중근의 신부에 대한 절망은 교육, 정치, 군대와 같은 시스템은 영성으로 구축되는 것이 아니라는 엄정한 사실을 알려 준다. 근대 일본은 헌법에서부터 군대, 교육에 이르기까지 그 모든 것이 외국에서 배워 온 선각자들의 노력으로 만들어졌다. 이토 역시 외국에서 유학을 했고 견학도 많이 했다.

하지만 안중근은 여기에 좌절하지 않았다. 자신이 할 수 있는 일은 모조리 다 도전했다.

김아려 여사는 안중근이 마지막으로 집을 나가던 모습을 떠올렸다. 안중근과 함께 천주교에 입교한 그녀 역시 독실한 신자였다. 하루에도 몇 번씩 올렸던 간절한 기도의 내용은 모두 안중근의 무사 안위였다. 그녀에게 안중근은 남편이자 자신만의 나라이기도 했다. 그 나라가 이제 무너졌다. 을사늑약으로 조국의 운명이 백척간두에 서 있다. 그 백척간두에서 안중근은 총성을 울리면서 뛰어내렸다. 그 울림의 잔향이 아직도 하얼빈 역을 감돌고 있었다.

안중근은 1906년 청계동에서 진남포로 이사를 하여 교육 사업에 몰두했다. 1907년에는 평양에서 석탄상을 운영했다. 이때 일본인의 방해로 가세가 기울었다. 그 어려운 형편에도 국채보상운동에 참여했다. 그리고 의병으로 참가하여 군인의 길을 떠나게 된다. 안중근이 무장투쟁의 필요성을 절감하게 된 것도 바로 이토 히로부미 때문이었다.

이토는 조선 통감으로 부임하자, 자신을 번거롭게 하는 고종을 폐위시키고 군대를 해산시켰다. 이는 안중근의 생에 가장 극적인 전환점이었다. 신의 자비와 사랑을 구하였고, 교육을 통하여 민중을 인도하고 싶었고, 사업을 해서 재력을 키우고 싶었지만 풍전등화의 조국의 현실은 일촉즉발의 위기 상황이었다. 그때 자신이 할 일을 안중근은 무장투쟁에서 찾았다. 이때의 심경을 안중근은 이렇게 적었다.

> 1907년 정미년이었다. 이토 히로부미가 한국에 와서 강제로 7조약을 맺고, 광무 황제를 폐하고, 군대를 해산시켰다. 이에 2000만 백성이 일제히 분발하여 곳곳에서 의병들이 벌 떼처럼 일어나니 삼천리 강산에 대포소리가 크게 진동하였다.
> 나는 급히 행장을 차려 가지고 가족들과 이별하고 북간도로 향하였다. 그러나 그곳에 가보니 그곳에도 일본군이 방금 도착하여 주둔을 하고 있어 어디고 발붙일 곳이 없었다.
> 다시 그곳을 떠나 몇 달 동안 각 지방을 돌아보다가 러시아 영토에 들어가 엔치야란 곳을 지나 블라디보스토크에 이르렀다. 그 항구에는 한국인 사오천 명이 살고 있었고 학교도 몇 개 있었으며 청년회도 있었다. 나도 청년회에 가입하여 임시 사찰이라는 자리를 맡았다.

김아려는 잠시 눈을 감았다. 행장을 꾸려 집을 나서는 안중근, 남편의 뒷모습이 각인되어 있었다. 아이들이 잠든 새벽 시간에 안중근은 길을 나섰다. 안중근은 새벽빛을 밟으면서 대문을 열었다.

그리고 뒤도 돌아보지 않았다. 잠시 후, 새벽 놀이 남편이 간 길을 붉게 물들였다. 해가 솟아 주위가 밝아 올 때까지 김아려는 꼼짝하지 않았다.

하얼빈의 역사에 노을이 내렸다. 그날 안중근이 밟았던 새벽 놀은 이제 하얼빈의 저녁놀이 되어 김아려의 마음을 적시고 있었다. 수감되어 있는 남편의 얼굴을 빨리 보고 싶었다. 이제 마지막이 될지도 모를 일이었다. 아직 어린 아이들과 함께 이 난감한 세월을 어찌 헤치고 나아가야 할지 답답하기만 했다. 남편과 함께 다른 부부들처럼 살고 싶은 마음이 간절했다. 안중근이 걱정하는 조국의 운명은 차라리 이 북만주의 벌판에 던져 버리고, 다른 먼 나라로 가서 아이들과 남편과 함께 그저 한세상 조용히 살고 싶었다.

'여보, 이 추운 만주 벌판에서 당신은 얼마나 외로웠소……. 이제 당신이 보고 싶어 어떻게 살라고, 당신이 보고 싶은데 어떻게 살라고…….'

김아려는 안중근을 향해 크게 소리치고 싶었다. 안중근이 있는 총영사관의 지하실은 감옥이나 고문실이라고 했다. 잔혹한 일제가 안중근에게 어떤 모진 일을 가할지 근심스러운 마음에 찬바람만 불었다. 추웠다. 남편의 건장한 품이 그리웠다.

그 시간 안중근은 일본 총영사관의 지하실에서 영사관 관리들의 말을 듣고 있었다. '이제 모든 것이 밝혀졌다. 이토는 죽었다. 거사는 성공했다. 그럼 이제 된 것이다. 내가 할 일은 다했다. 나는 군인으로서 나의 본분을 다했다. 이 지하실에 감금되어 있는 내가 바로 이토가 죽었다는 증거다.'

문득, 지금쯤 하얼빈에 도착했을지도 모를 가족들 생각이 났다. 2년 전 집을 나설 때 보았던 부인의 모습이 간절하게 보고 싶었다. 두 아들과 딸은 얼마나 자랐을까?

영사관 관리가 형식적인 질문을 하고 자리를 비웠다. 어둡고 추운 지하실의 공간은 오히려 아늑한 둥지처럼 느껴졌다. 이제 폭풍처럼 몰아칠 조사가 있을 것이다. 태풍의 눈처럼 고요한 시간이 되자 안중근은 그제야 자신의 주변을 돌아보기 시작했다. 하얼빈에 도착해서 지금까지 노심초사한 모든 시간들을. 동지들은 어찌 되었을까?

1909년 10월 28일

1909년 10월 29일

고독한 장군 안중근

안중근 의사가 감금되었던 일본 총영사관의 지하실을 찍은 사진이 한 장 있다. 가운데로 작은 난방기구가 보이고 소파, 침대가 있다. 워낙 오래된 사진이라 지하실의 분위기만 느낄 수 있다. 고딕 양식으로 지어진 총영사관 건물 위에는 일장기가 휘날리고 있었다. 하얼빈에는 이토의 죽음의 잔향이 남아 있었다. 당황한 일본 정부와 세계 각국의 언론이 조선인의 이토 암살을 보도했다.

 '세상이 어두운데, 지하실이 뭐 그리 어두운 것이냐.'

 안중근은 오랜만에 고요한 시간을 가질 수 있었다. 마치 일본인들이 자신에게 휴가를 주는 것 같았다. 간혹 영사관의 관리가 들러 먹을 것을 주고 이것저것 이야기를 주절거리긴 했지만, 별로 신경 쓸 만한 일이 아니었다. 웬 놈은 갑자기 들어와서는 따귀를 때리기도 했다. 제 놈들의 두목이 급사를 했으니 흥분을 한 모양이었다.

 그러다가 다른 놈이 와서는 사과를 했다. 놈들이 그를 어떻게 대해야 할지 헛갈리는 모양이었다. 그도 그럴 것이다. 아직 그에 대한 취조가 이루어지지 않았다. 어떤 검사가 올지는 모르겠지만 그를 일개 자객으로 취급한다면 그건 큰 오산이다.

 '지금이 밤인가, 낮인가?'

 작은 백열전등이 밝히는 지하실은 시간이 멈추어 있었다. 고요한 시간은 추억을 불러왔다. 화승총을 메고 사냥을 다니던 청계동의 산속이다. 중근아, 중근아. 누군가 자신을 부르는 것 같았다. 안중근은 자색 명주 수건으로 머리를 동여매고 사냥감을 찾고 있는 자신을 보았다. 중근아, 중근아. 안중근은 지하실의 어둠 속에서 호롱불처럼 밝혀져 있는 자신의 추억을 보았다.

 사냥감을 향해 겨누고 있는 안중근의 총과 문득 멈추어 선 고라니 사이에 정적이 감돌았다. 중근은 숨을 멈추고 방아쇠에 손가락을 가볍게 얹었다. 총알이 날아가는 거리와 사냥감이 움직일 거리를 생각했다. 고개를 숙이고 풀을 뜯어 먹고 있는 고라니의 목을 향한 총구에서 불이 뿜어져 나오자, 풀썩 고라니가 쓰러졌다.

 '그래, 그때부터 내가 총을 가까이 한 이유를 알겠구나. 나의 총은 나의 운명이었다. 이 시대를 관통하는 총알은 나의 시간이었다. 나는 이제 내 총알을 타고 날아간다. 이제부터는 나의 두려움

을 쏘아야 한다. 짐승보다 더 사납게 달려드는 나의 두려움을 저격하리라.'

안중근은 다시 호롱불을 밝히는 지하실의 어둠을 바라보았다. 그는 자신이 살아온 삶을 되새김질하고 있었다. 그는 1879년 기묘년 황해도 해주부 수양산 아래에서 태어났다.

*

1879년 기묘년 7월 16일 한여름날에 황해도 해주부 수양산 아래에서 한 사내아이가 태어났다. 진해 현감을 지낸 할아버지 안인수는 자신의 셋째 아들이자 제일 똑똑하고 의기가 살아 있는 태훈의 아들, 즉 자신의 손자를 받아 들었다.

안중근은 할아버지의 품에 있는 자신의 모습을 보았다. 세상에서 제일 작은 별이 빛나고 있었다. 아이의 울음소리는 수양산 정기를 받아서인지 우렁차고 밝았다. 그것은 울음소리가 아니라 큰 외침처럼 들렸다. 아이를 안은 할아버지와 아버지, 할머니와 친척들의 얼굴은 넉넉한 가세에 기품 있는 양반의 얼굴이었다.

아버지 안태훈 진사가 안중근이 유년시절을 보낸 신천군 청계동으로 대가족을 이끌고 이사를 하게 된 이유는 시대와의 불화 때문이었다. 국운은 점점 기울어 가고 나라를 위해 한 몸 바치고자 하는 의기가 산산조각나는 시절이었다. 자서전에 의하면 안 진사가 청계동으로 내려오게 된 직접적인 요인은 박영효와 관련이 있다.

박영효는 개화파로서 일본과 손을 잡고 정변을 일으킨 주역이었다. 그는 열두 살 때 철종의 딸 영혜옹주와 결혼하여 금릉위가 되었다. 그는 유대치를 중심으로 한 김옥균·홍영식·서광범 등 개화당 요인들과 함께 근대국가로 도약하기 위해서는 정치적 혁신이 필요하다고 주장했다. 그는 제국주의 열강 세력들 중에서 일본 세력을 이용하여 청나라의 간섭과 러시아의 침투를 억제하고자 했다.

1882년(고종 19년) 박영효는 조선 수신사에 임명되어 민영익·김옥균 등과 일본을 시찰하고 돌아와 개혁을 시도했으나 민태호·김병시·김병국 중심의 수구파의 집권으로 실패했다. 갑신정변은 이러한 배경에서 일어났다. 박영효는 한성부판윤으로서 개화당 요인들과 1884년 10월 17일 우정국 청사의 낙성연 때 갑신정변을 일으켜 수구파를 제거하고 정권을 장악했다. 신내각이 조직될 때 군사와 경찰의 실권을 장악했으나 젊은 개혁파가 꿈꾸었던 나라는 3일 만에 좌절되고 만다. 정치적 기반도 없었고, 민중들의 지지도 없었던 사상누각이었다. 이른바 진정성과 내면화가 결핍된 사상누각이었고, 삼일천하였다.

개화파가 모래 위에 만들어 놓았던 나라는 삼일천하가 지나자 무너졌고 개화파들은 제압되었다. 박영효는 역적으로 몰려 일본으로 망명했다. 안 진사가 박영효를 만난 것은 이즈음이었다. 그 전에 박영효는 1882년 일본으로 가는 선상에서 태극기를 제정해 1883년 고종이 이를 국기로 지정했다. 안중근은 박영효에 대해 다음과 같이 기록했다.

1884년 갑신년에 아버님은 경성에 가서 머물면서 박영효 씨와 나라의 형세가 위험하고 어지러운 것을 깊이 걱정하면서, 정부를 혁신하고 국민을 개명시키고자 우수한 청년 70명을 선정하여 외국에 유학시킬 계획을 세웠는데 여기에는 아버님도 포함되어 있었다.

그러나 안타깝게도 정부의 간신배들이 박영효가 반역을 꾀한다고 모함하여 병사를 보내 그를 잡으려 하니 그는 일본으로 도망가고, 동지들과 학생들은 살육을 당하기도 하고, 혹은 붙잡혀 멀리 귀양을 가기도 했다.

일이 이렇게 되자 아버님께서는 몸을 피하여 고향집으로 돌아와 숨어 살다가 하루는 할아버님에게 이런 말씀을 하셨다.

"나랏일이 날로 잘못되어 가니 부귀공명은 바랄 것이 못 됩니다."

그 후 박영효는 1885년 잠시 미국을 방문하고, 다시 일본으로 돌아와 야마자키(山崎)로 개명하고 메이지학원에 입학해 영어를 배웠다. 박영효는 유학생들의 기숙사인 '친린의숙'을 경영하다가 1894년 갑오개혁으로 죄가 용서되어 귀국하여 제2차 김홍집 내각에서 김홍집·박영효 연립정부를 수립했다. 그는 내무대신으로 있으면서 자주적 개혁을 꾀하였으나 1895년 반역 음모 사건으로 재차 일본에 망명했다. 그는 일제강점기에 일본 귀족원 의원, 중추원 의장, 동아일보사 초대 사장, 조선식산은행 이사 등을 역임하고 1939년에 사망했다.

하지만 부패한 조정에 실망하고, 자신의 뜻을 접은 안 진사는 갑신년 정국의 소용돌이에서 은거의 길을 택했다. 그 은거지가 바로 신천군 두라면 천봉산 아래의 청계동이었다.

*

청계동은 안중근에게는 제2의 고향이었다. 유년기를 해주에서 보내고 아버지를 따라 청계동으로 이사를 하고 나서 안중근은 소년으로 성장한다. 청계동은 김구 선생에게도 매우 인상적인 곳이었다. 김구 선생은 『백범일지』에 천봉산을 넘어 청계동에 들어가는 장면을 매우 사실적으로 묘사해 놓았다.

나는 곧 천봉산을 넘어 청계동에 다다랐다. 청계동은 사면이 험준하고 수려한 봉란으로 에워 있고 동네에는 띄엄띄엄 사오십 호의 인가가 있으며, 동구 앞으로 한줄기 개울이 흐르고 그곳 바위 위에는 '청계동천'이라는 안 진사의 자필 각자가 있었다. 동구를 막는 듯이 작은 봉우리 하나가 있는데 그 위에는 포대가 있고 길 어귀에 파수병이 있어서 우리를 보고 누구냐고 물었다. 명함을 드리고 얼마 있노라니 한 군사가 우리를 안내하여 의려소(義旅所)인 안 진사 댁으로 갔다. 문전에는 연당이 있고 그 가운데는 작은 정자가 있는데 이것은 안 진사 육형제가 평일에 술을 마시고 시를 읊는 곳이라고 한다. 대청 벽상에는 의려소 석 자를 횡액으로 써서 붙였다.

마치 눈앞에 청계동을 펼쳐 놓고 김구 선생이 자상하게 설명을 하는 느낌이다. 마을 분위기는 천연 요새처럼 잘 숨어 있는 형국이다. 동학군들이 이 마을의 입구에서 대패하고 물러난 것도 청계동이 지형적으로 수세를 하기에 좋은 위치이기 때문이다.

할아버지의 사랑을 받았던 안중근은 험난한 세상이었지만 어린 시절을 유복하게 보냈다. 안중근은 이미 어린 시절에 글공부보다는 무예에 관심을 보였다. 글공부에 엄한 아버지 안 진사도 중근의 그러한 모습을 보고 중근에게는 따로 공부를 하지 않는다고 나무라지 않았다고 한다. 이것 역시 『백범일지』에 나와 있다.

백범과 안중근의 만남은 매우 인상적인 장면이다. 당시에 두 사람은 각별한 관계는 아니었던 것 같다. 두 영웅은 그렇게 스쳐 지나가듯 인연을 맺는다. 안중근은 옥중 수기에서 백범의 이름을 거론하지 않았다. 백범은 임시정부 시절에 두 아들에게 유서를 쓰는 심경으로 『백범일지』를 쓰면서 안중근의 모습을 추모했다. 백범 선생은 안중근 의사의 거사를 매우 높게 평가했다.

대한민국임시정부 주석 김구 선생은 조국에 돌아와서 효창원에 순국 선열들의 영혼을 모셨다. 조국 광복을 위해 기꺼이 목숨을 바친 이봉창·윤봉길·백정기 의사의 유해를 고국 땅으로 모시어, 1946년 7월 효창원의 중심지인 옛 문효세자 묘터에 국민장으로 안장했다.

그리고 그곳에 아직까지도 유해를 찾지 못한 안중근 의사의 허묘를 나란히 모셨다. 효창원에는 1948년 9월 중국 땅에서 순국하신 임시정부 의정원 의장 및 주석 이동녕 선생과 국무원 비서장 차리석 선생과 군무부장을 역임하고 환국 후 서거하신 조성환 선생을 동남쪽 언덕에 안장했다. 1949년 6월에는 김구 선생이 민족 통일의 뜻을 이루지 못하고 서거하자, 국민장으로 서북쪽 언덕에 모시어 효창원 일대가 선열 묘역이 되었다.

안중근 의사의 영혼은 과연 이곳에 와서 머물고 계실까. 효창원에 나란히 있는 의사들의 묘 앞에서 나는 잠시 안중근 의사의 빈

묏자리 앞을 서성거렸다.

*

청계동 시절을 회상하는 안중근의 두 눈에 눈물이 가득 고였다. 문득 돌아가신 할아버지와 아버지의 모습이 겹쳐서 떠올랐다. 그리고 홀로 되신 어머니의 모습도 그림처럼 고요했다. 무엇이 나를 이런 곳으로 내몰았단 말인가?
　한시절 안중근은 호방하게 대장부의 삶을 즐겼다. 청계동 시절에는 이렇게 일상생활의 즐거움을 이야기했다.

　　첫째, 친구와 의를 맺는 것이고
　　둘째, 술 마시고 노래하고 춤추는 것이고
　　셋째, 총으로 사냥하는 것이고
　　넷째, 날랜 말을 타고 달리는 것이다.

　이러한 일상의 즐거움은 아버지 안태훈 진사의 죽음으로 그 막을 내리게 되었다. 안중근에게는 하늘이 무너지는 일이었다. 안태훈 진사는 시대를 잘못 타고 태어나 비운의 삶을 살았다. 안중근이 중국 일대를 여행하고 돌아오는 길에 안 진사는 운명했다. 맏아들인 중근과 함께 조국을 위해 독립운동을 하기로 한 구상을 가슴에 안고 진남포로 가는 도중에 재령에 있는 처갓집 김능권 댁에서 44세를 일기로 삶을 마감했다.

청계동에서 항구도시인 진남포로 이사를 계획한 것은 망명의 삶을 통해 새로운 진로를 모색하기 위해서였다. 하지만 안 진사는 을사늑약의 충격에 동학군 군량미 사건으로 여러 차례 관가에 끌려가 힘겨운 송사를 치른 탓에 심신이 피폐해질 대로 피폐해져 있었다. 엎친 데 덮친 격으로 와병 중에 찾아간 청나라 의사에게서 별반 이유도 없이 폭행까지 당한다. 청나라 의사의 일은 무시하라는 부친의 만류에도 불구하고 안중근은 그 의사를 찾아가 기어이 사과를 받아냈다. 안 진사의 일신에 가해지는 일들은 마치 한국 근대의 모습과도 비슷하다. 여기저기 치이고 모욕당하고 폭행당하는 모습, 그것을 확대시켜 놓으면 바로 과거 우리의 초상화를 그릴 수 있다.

조국이 위험에 빠지자 누구보다 열심히 살길을 찾았던 안중근에게 아버지는 바로 삶의 이정표이자 등불이었다. 이정표가 사라지고 등불이 꺼지자, 그는 그 캄캄한 세월을 견디기 위해 조국이 독립될 때까지는 절대 술을 마시지 않겠다고 부친의 영정 앞에서 맹세했다. 그리고 뤼순에서 순국할 때까지 한 번도 그 맹세를 어긴 적이 없었다. 젊은 날 친구들과 술 마시고 의를 맺는 것을 즐거움으로 삼았던 안중근에게 이 맹세는 그의 정신의 끈을 조국의 운명에 묶어 놓은 결연한 의지였다. 안중근은 그때의 일을 생각하면 가슴에 피눈물이 고였다.

'아버님.'

안중근은 나지막이 아버지를 불렀다. 공허하게 되돌아오는 혼잣말이었다. 아버지는 지금 없다. 하지만 그 자리는 안중근의 마음속에 크게 들어서 있었다. 아버지와 마주 앉아 앞날을 의논하던 그날의 모습이 생생하게 떠올랐다. 자신의 목소리가 총영사관의 지하실에 우렁차게 울려 퍼졌다.

이것은 모두 이토의 정략 때문입니다. 먼저 강제로 조약을 맺고, 다음에는 뜻있는 사람들의 모임을 없앤 다음, 강토를 삼키려는 것이 나라를 망치는 지금의 법입니다. 그러므로 만일 속히 계획을 세우지 않으면 큰 화를 면할 길이 없습니다. 그런데 어찌 속수무책으로 앉아서 죽을 때만을 기다린단 말입니까? 그러나 지금 의거를 일으켜 이토의 정책에 반대한다 한들 일본과 우리의 힘에 차이가 있으니 부질없이 죽음만 당할 뿐 아무런 이득이 없을 것입니다. 요즈음 들리는 말에 의하면 청나라 산둥과 상하이 등지에 한국인이 많이 살고 있다 하니 우리 집안도 모두 그곳으로 옮겨 가 적당한 곳에 자리를 잡은 후, 앞뒤 방책을 꾀해 보는 것이 어떻겠습니까? 제가 먼저 그곳으로 가서 살펴본 뒤에 돌아올 테니 아버님께서는 그동안 은밀히 짐을 꾸려 식구들을 데리고 진남포로 가서 기다리시다가 제가 돌아온 다음에 다시 의논해서 결행하는 것이 어떻겠습니까?

이 계획은 안 진사의 죽음으로 산산조각나 버렸다. 안중근의 거사는 여기에서 결정되었는지도 모른다. 만약에, 안 진사와 함께 상하이나 러시아 지역으로 옮겨 갔다면 두 사람은 부자간의 의와 정으로 조국을 위해 큰일을 했을 것이다. 안중근의 운명은 아버지의 죽음으로 고독한 길로 들어선다.

안중근은 아버지와 이러한 계획을 세우고 중국으로 일종의 답사 여행을 떠난다. 그곳의 사정을 알아보고 장기적으로 독립운동을 전개할 터전을 찾기 위해서다. 안중근은 중국의 산둥 지역을 거쳐서 상하이로 갔다. 상하이에서 안중근은 두 개의 큰 벽을 만나게 된다. 안중근의 눈에 비친 중국에 사는 동포들은 조국의 운명을 생각할 겨를도 없이 일단 먹고살기에 급급한 가난한 사람들이었다. 그들에게 조국은 '먼 나라'일 뿐이었다.

안중근은 조국의 현실을 극복할 대안으로서 국권 회복 운동을 설파했다. 사람들을 만나고 다닐수록 실망스러운 일들이 반복되었다. 안중근의 마음을 알고 따뜻한 말 한마디 건네는 사람을 찾기가 힘들었다. 그것이 을사늑약 직후에 중국에 있는 동포들의 처지였다.

안중근은 상하이에서 대한제국의 전권대사로서 미국에 다녀온 민영익을 찾았다. 그는 러일전쟁 직후 상하이로 건너가 부정한 권력의 힘으로 치부한 재산으로 고대광실 대저택에서 살고 있었다. 하지만 문지기는 안중근을 문전박대했다. 민영익은 한국인은 만나지 않는다는 것이었다. 문은 걸어 잠그면 벽이 된다. 그것은 민영익이 조국에 친 벽이었다. 안중근의 임무는 이 벽을 문으로 만드는 것이었다. 결국 민영익을 만나지 못한 안중근은 자서전에 이렇게 적었다.

그대는 한국인이 되어 가지고 한국 사람을 만나지 않는다면 어느 나라 사람을 만난단 말인가? 더구나 한국에서 여러 대에 걸쳐 국가의 녹을 먹은 신하로서 이같이 어려운 때를 만나 전혀 동포를 사랑하는 마음 없이 혼자만 베개를 높이 하고 편히 누워 조국의 흥망을 잊어버리고 있으니 세상에 이런 일이 있을 수 있단 말인가? 오늘날 우리나라가 위급해진 것이 모두 그대와 같은 대관들 때문이지 민족의 허물 때문이 아니라는 것을 알기에 부끄러워 만나지 않는다는 것인가?

민영익은 을사늑약이 체결되어 친일 정권이 수립되자 상하이로 망명을 하여 그곳에서 일생을 마쳤다. 민영익 역시 자신의 허물을 알고 있었을 것이다. 김옥균이 갑신정변을 일으켰을 때 민영익은 몸에 심한 자상을 입기도 했다.

그는 개화파들에게는 제거되어야 할 보수파였다. 구사일생으로 살아난 민영익은 갑신정변의 실패로 일본에 망명 중인 김옥균에게 자객을 보냈다. 일본의 방해로 비록 실패했지만, 그는 친일 정권과는 담을 쌓은 민씨 정권의 핵심이기도 했다.

그는 여러 차례 중국으로 망명했다. 1886년 정부의 정책을 반대하다가 정치적 위협을 당하여 중국으로 망명했고, 1894년에는 선혜청 당상으로 재직하다가 고종의 폐위 음모 사건에 연루되어 또다시 상하이로 망명했다. 을사늑약으로 민영익이 세 번째로 상하이에 망명했을 때 안중근이 그를 찾은 것이다. 고관대작인 민영익은 안중근의 존재를 전혀 몰랐을 것이다. 정치적으로 항상 위협에 시달리고 있었으니 사람을 기피하는 것, 특히 한국인을 기피하는 것은 일종의 피해망상증이라고 할 수도 있다. 안중근은 민영익과 같은 고관대작이 결코 문이 될 수 없음을 절감하고 길을 떠났다.

이렇게 조국의 현실을 외면하는 사람은 관리뿐만이 아니었다. 상인 서상근은 인천의 부자로서 대한제국 정부에 상당한 반감을 가지고 있었다. 권력의 힘에 밀려 당시 몇 십만 원이 넘는 돈을 고관에게 빼앗긴 터였다. 그는 국가의 정치 따위는 백성에게 아무 소용이 없다고 말했다. 안중근은 국민이 국민 된 의무를 다하지 않으면 민권과 자유를 얻을 수 없다고 설득하고, 조국의 위급한 상황을 구할 방도를 의논하려 했다. 하지만 부상 서상근 역시 "나는 장사꾼으로 입에 풀칠이나 하면 족하니 나에게는 다시 정치 이야기를 하지 말라"는 답변만을 되풀이할 뿐이었다. 그 역시 문이 아니라 벽이었다. 안중근은 앞이 캄캄했다.

나는 하늘을 우러러보고 우리 한국 사람들의 생각이 모두 이러니 나라의 앞날은 말하지 않아도 알 것 같다고 길게 탄식했다. 여관으로 돌아와 침상 위에 누워 이런 생각 저런 생각을 하니 착잡한 마음을 달랠 길이 없었다.

안중근은 혼란스러웠다. 매일 아침 기도를 하는 안중근은 그 혼란스러운 마음을 달래기 위해 상하이의 한 천주교당에서 오랜 시간 명상하고 기도를 올렸다. 기도를 마치고 나오는 길에 우연히 홍콩을 거쳐 한국으로 들어가는 르 각 신부를 만나게 되었다. 그간 상하이에서 안중근이 겪었던 일들을 자세히 들은 르 각 신부는 안중근에게 망명을 서두르기보다는 한국에서 일제에 저항하는 내성을 길러야 하는 이유를 말했다. 교육을 통하여 사회와 민심을 단합시키고, 실력을 향상하는 길이 바로 살길이라고 설파했다. 만약에 2000만 민심이 일치단결한다면 을사늑약은 한낱 종잇조각이고, 일본군의 총과 대포는 그러한 마음에 대해 무력한 것이라는 논지였다.

상하이에서 한국의 유력 인사들에게 실망한 안중근은 이때 교육의 중요성을 절감했다. 르 각 신부는 과연 신의 부름으로 내려온 사람처럼 어둠 속에서 갈팡질팡하는 안중근의 촛불이었다. 그의 조언으로 안중근은 심기일전하여 다시 진남포로 돌아갔다. 그때 부친의 사망 소식을 들은 것이다.

이런저런 회상에 잠겨 있는데 지하실 계단에 군화소리가 처벅처벅 들렸다. 안중근은 표정을 다스리고 영사관 직원을 바라보았다. 그는 천천히 안중근 앞에 서서 말했다.

"내일부터 취조가 시작된다. 마음의 준비는 되었는가?"

"그런가, 마음의 준비는 따로 없다. 이미 다 갖추어졌다."

"그래, 오늘 밤은 푹 자두기 바란다."

"고맙다."

다시 정적이 감돌았다. 영사관 직원의 말처럼 오늘 밤은 잠을 좀 자야겠다고 생각하면서 눈을 감았지만, 마음에 휘몰아치는 풍경들이 환등기의 영상처럼 지하실 벽에 맺혔다 사라졌다.

한편, 지하실 밖은 이토의 피살을 연일 대서특필하고 있었다. 이토의 피살에 대하여 일본 여론은 "이 사건은 전 세계에 큰 파문을 일으킨바 서유럽 여러 나라들은 이토의 서거에 동정을 표시하나아시아의 여러 나라들은 안중근의 의거를 찬양한다"고 보았다.『오사카마이니치신문』은 "이토 공작 암살"이라는 호외를,『도쿄니니지신문』은 "이토 공작 조난"이란 호외를 거리에 뿌렸다.『요미우리신문』호외에서는 관련 보도기사를 내면서 "독일, 이탈리아, 미국 등 각국의 대사들은 외무성에 모여 의외의 놀라움을 여러 가지로 논의했다"는 보도를 한다.

우리나라의『신한민보』는 "이등박문 만주에서 피살"이라는 보도를,『경성신문』은 "서울에 있는 외교단은 이번 사건에 많은 우려를 하면서 통감 관저와 통감부를 방문하고 있다"는 보도를 했다.

중국 상하이의『민우일보』등 많은 신문에서는 연일 사설을 통하여 안중근 의사의 애국적인 행동을 높이 평가했다. 러시아의『노와야지즈 신문』은 논설에서 "오늘 전 세계는 일본의 원훈 정치가가 꿈같이 서거한 비보를 받으면서 놀람과 슬픔의 소리에 가득 차 있다"고 했다. 프랑스에서는 이틀 동안이나 각종 언론의 머리기사를 장식했다. 세계 각국은 하얼빈의 의거를 비중 있게 다루었다.

1909년 10월 30일

하얼빈 주재 일본 총영사관 지하실,
안중근 1차 취조

안응칠 제1회 신문조서, 피고인 안응칠. 이 사람에 대한 살인 피고사건에 대해 메이지 42년 10월 30일 하얼빈 일본 제국 총영사관에서 검찰관 미조부치 다카오, 서기 기시다 아이분 참석하에 통역촉탁 소노키 스에키 통역으로 검찰관은 위 피고인에 대해 아래와 같이 신문함.

영사관. 미조부치는 창문을 조금 열어 놓았다. 열린 창문으로 햇살이 나비처럼 날아 들어왔다. 빛 조각들은 방 안의 책상에 놓인 신문 서류에 부딪혀 떨어졌다. 미조부치는 준비해 온 조서를 내려다보곤 다시 창문을 닫았다. 지하실 감옥에서 안중근이 올라오고 있었다. 안중근은 매우 피곤해 보이는 얼굴이었다.
미조부치는 피고 안중근에게 검사로서 이 사건을 담당하게 된 경위를 설명해 주었다.

"본 건은 먼저 청국 영토에서 발생하였고, 한국인 범인인 당신 안응칠은 사건 발생 현장에서 러시아 측에 체포되었다. 하얼빈은 청국 영토이지만, 사건 발생지는 동청철도의 부속지이자 공개지이므로 청국에서 치외법권을 가진 각 나라는 자국 국민에 한해서만 법권을 가진다.

그러나 1899년 체결된 한청통상조약에 따르면 청국 영토 내에 있는 한국인에게는 한국 법을 적용하며, 한국의 영사재판권을 인정한다고 명시되어 있다. 따라서 이번 사건에 대해서 러시아나 청국은 모두 재판권이 없다. 하얼빈 일본 총영사관은 재류 일본인을 관리하는 곳이지 외국인인 한국인을 관리하지 못했다. 그러나 1905년 11월 17일에 체결한 제2차 한일보호조약에 따라 일본은 한국의 외교권을 위양받았다. 이에 근거해서 피고 안중근은 한국인으로서 한국 외 지역에서 일본이 보호를 담당하게 되었다."

안중근은 묵묵히 듣고만 있었다. 미조부치는 이 사건을 관동도독부 지방법원으로 옮겼다고 설명하고, 재판은 뤼순 지방법원에서 시행할 것이라고 알려 주었다. 역시 안중근은 묵묵히 듣고만 있었다. 을사늑약의 변으로 안중근은 외교권을 박탈당한 나라의 군인이었다. 일본은 그 조약에 근거해 안중근을 재판한다고 밝혔다. 안중근은 을사늑약의 주범인 이토의 얼굴을 떠올렸다. 이제 지상에서 사라진 그가 쓰러지는 모습이 뇌리에 스쳤다. 그래 이제 됐다.

하는 심경이었다.

'나라의 국왕까지도 폐위시키는 자들이 아닌가. 하물며 적군인 나를 이 정도라도 대하는 것이 기특할 따름이다.'

안중근은 법정에서 자신의 뜻을 펼칠 작정이었다. 이토가 왜 죽어야만 했는지를 안다면, 이들도 자신들의 죄를 저절로 알게 될 것이라고 생각했다.

일본 정부는 안중근의 재판을 뤼순 지방법원에서 시행할 것을 결정하기까지 여러 가지 경우의 수를 놓고 논의를 거듭했다. 일본에서 할 경우, 한국에서 할 경우, 만주에서 할 경우를 상정하고 장단점을 꼼꼼하게 분석했다. 뤼순 지방법원으로 결정한 이유는 청일전쟁의 전리품으로 점령한 뤼순이 국제 여론으로부터 비교적 자유롭고, 단독판사 제도를 시행한 탓에 일본 정부의 의지대로 조종할 수 있기 때문이다. 행정부가 사법부의 독립성을 침해할 수는 없었다. 이토와 관련해 행정부와 사법부 사이에 한 가지 '사건'이 있었다.

1891년 5월 러시아의 니콜라이 황태자가 시베리아 철도 기공식에 참석하러 가던 중 일본 현역 경찰관 쓰다에 의해 오오쓰에서 피격당한 이른바 '오오쓰 사건'이 일어났다. 이 사건에 일본 정부는 당황했고, 당시 귀족원 의장이자 궁중 고문관이었던 이토가 사법

대신에게 쓰다를 사형에 처할 것을 지시했다. 일본 정부도 지방재판소의 판사들에게 압력을 가했다. 하지만 대법원은 쓰다가 파렴치범이 아니라 '정치적 확신범'이라는 이유로 무기형을 선고했다. 사법부의 입장에서 일방적으로 행정부의 요구를 받아들이면 사법부의 독립성이 훼손되어 명예에 금이 가기 때문이다. 법 앞에서는 만인이 평등하다는 사법부의 주장 앞에선 이토 역시 어쩔 수 없었다. 뤼순은 일본과 멀리 떨어진 곳이고 단독판사가 재판을 진행하기 때문에 안중근 사건을 일본 정부의 뜻대로 끌고 갈 수 있었다.

미조부치는 약 100여 가지로 정리된 질문지를 만들었다. 신문조서의 첫 질문은 성명, 나이, 직업, 신분, 주소, 본적지 순으로 이어진다. 모든 사건은 이런 것들에서 출발하는지도 모른다. 그런 점에서 인간은 태어나는 순간에 어떤 사건에 연루될 가능성이 있다. 검사는 인간의 탄생을 법적으로 본다. 검사의 취조가 시작되고 첫 질문에 대해 안중근은 이름 안응칠, 나이 서른한 살, 직업 포수라고 대답했다.

포수라? 미조부치는 안응칠이 포수라는 말에는 동의할 수 없었다. 그것은 이토 공을 모멸하는 행위였다. 그가 포수면 이토가 사냥감이란 말인가? 승냥이나 고라니와 같은 들짐승이거나 까마귀나 독수리와 같은 날짐승이란 말인가? 그는 지금 자신을 숨기고 있다.

범인은 나중에 밝혀질 아주 간단한 사실까지도 거짓말을 한다. 그는 부모처자도 없다고 했다. 재산도 소유하고 있지 않았고, 심지어 학문도 배운 적이 없다고 했다. 모두 다 거짓이다. 친한 사람도 없고, 존경하는 사람도 없고, 단 평소에 적대시하는 사람이 단 한 사람 있는데 그가 이토 공이라고 대답했다.

이토 살해의 정당성을 꾸미기 위한 진술이었다. '이 세상에 아무것도 가진 것이 없는 자가 적대시하는 인물이 이토다?' 미조부치는 안중근을 보는 순간 이자는 매우 강인한 의지를 가진 조선의 인재 중의 인재라는 것을 직감할 수 있었다. 그건 검사로서의 직감이다. 하지만 서두를 필요는 없다. 이곳 총영사관에서는 대략적인 조사만 하고 뤼순으로 옮겨 갈 것이다. 하지만 범행 동기에 대해 질문했을 때 안중근은 과연 사냥감을 노려보는 포수의 눈으로 또박또박 대답했다.

그 이유는 많다. 첫째 이토는 10여 년 전 그의 지휘하에 조선의 왕비를 살해했다. 둘째, 지금으로부터 5년 전 이토가 군대를 동원하여 체결한 5개조의 조약은 한국에 대단히 불리한 조약이었다. 셋째, 3년 전 이토가 체결한 12개 조약은 모두 한국에 있어서 매우 불리한 내용이었다. 넷째, 이토는 기어이 조선의 황제를 폐위시켰다.

다섯째, 한국의 군대는 이토에 의해 해산됐다. 여섯째, 이런 조약 체결에 대해 분노한 우리 국민들이 의병을 일으켰는데, 이토는 이에 대해 우리의 죄 없는 양민을 많이 학살했다. 일곱째, 한국의 정치 및 그 밖의 권리들을 빼앗았다. 여덟째, 한국에서 그동안 사용하던 좋은 교과서들을 이토의 지휘하에 모두 불태웠다. 아홉째, 한국 국민의 신문 구독을 금지했다.

열째, 이토는 충당시킬 돈이 전혀 없는데도 불구하고, 한국 국민 몰래 못된 한국 관리들에게 돈을 주어 결국 제일은행권을 발행하고 있다.

열한째, 한국 국민의 부담으로 돌아갈 국채 2300만 원을 모집하여 이를 한국민에게 알리지도 않고 관리들 사이에서 분배하거나 토지 약탈을 위해 사용했다는데, 이 또한 한국에 대단히 불리한 사건이다. 열두째, 이토는 동양의 평화를 교란했다. 왜냐하면 러일전쟁 당시부터 동양 평화 유지라는 명목하에, 한국 황제 폐위 등 당초의 선언과는 모두 반대되는 결과를 초래하여 한국의 2000만 국민 모두가 분개하고 있기 때문이다. 열셋째, 한국이 원하지도 않았는데, 이토는 한국 보호라는 명목으로 한국 정부의 일부 인사와 내통하여 한국에 불리한 정치를 하고 있다. 열넷째, 지금으로부터 42년 전 이토는 현 일본 황제의 부군을 살해했는데, 이는 한국 국민 모두가 알고 있는 사실이다. 열다섯째, 이토는 한국 국민이 분개하고 있음에도 불구하고, 일본 황제와 세계 각국에 한국은 별일 없다고 속이고 있다. 이상의 죄목에 의해 나는 이토를 살해했다.

조선의 왕비 살해는 1895년에 일어난 명성황후 시해 사건을 말한다. 우리 근대 역사에서 치욕적인 일본의 만행이었다. 시해 사건의 주범들은 일본의 형식적인 재판만 받고 풀려나 자유롭게 살다가 죽었다. 5년 전의 5개조 조약은 1905년 11월 17일 이토 전권대사에 의해 조인된 제2차 한일협약, 즉 을사늑약이다. 한국의 외교권을 박탈하고, 서울에 조선통감부를 두고 보호정치를 했다. 3년 전 체결한 12개조의 조약은 1907년 7월 24일 이토 초대 조선 통감에 의해 조인된 제3차 한일협약이다. 이 조약으로 한국의 내정은 일본에게 완전히 장악당하고, 군대가 해산되었다.

황제 폐위는 1906년 6월 헤이그 밀사 사건이 발각되어 고종이 이토 통감에 의해 퇴위된 일이다. 이후 제3차 한일협약이 체결되었다. 안중근이 열거한 이토의 죄목 중에서 일본 황제의 아버지 시해 사건은 안중근이 잘못 알고 있는 사실이었다. 이것은 1866년 12월 고메이 천황이 시해되었다는 소문에 근거한 것인데, 당시 이토는 궁중에 출입할 신분도 아니었고, 고향에서 병을 앓고 있는 중이었다.

미조부치는 안중근의 범행 동기를 들으면서, '이자는 한국의 충신 애국지사다. 과연 한국에 이러한 자가 얼마나 있단 말인가'라는 생각을 하면서 안중근을 쳐다보았다. 검사 미조부치는 안중근에게서 일단 확신범이라는 단서를 얻었다. 안중근은 이토 살해 동기 외에는 동지들을 보호하기 위해 모두 거짓으로 답했다. 일단 거사가 성공했으니, 자신이 홀로 십자가를 지고 갈 생각이었다.

안중근은 심지어 천주교 신자로서 세례를 받은 곳까지 영변이라고 거짓 진술을 했다. 부모님도 모두 자신이 두 살 때 돌아가셨다고 거짓으로 진술하고, 거사 계획과 행동도 우덕순 동지를 보호하기 위해 혼자 생각하고 행동한 것으로 거짓 진술했으며, 우덕순이라는 존재조차 모른다고 했다.

하얼빈에 도착해서도 김성백의 집에 머문 것이 아니라, 정거장에서 떡을 사먹고 밤을 새웠다고 거짓 진술을 했다. 하얼빈에서의 신문 조사는 거사와 관련된 모든 사실을 숨기고 가리려는 안중근의 안간힘이었다. 검찰관 미조부치는 일단 질문을 하고 대답을 듣고 안중근의 자서를 받았다. 한두 번에 걸친 조사로 모든 것을 밝힐 생각은 없었다. 차후 뤼순으로 옮겨지면 천천히 하나하나 밝혀질 것이다.

단, 거사시 자신이 이토를 저격한 사실에 대해서는 아주 상세하게 답변해 주었다. 자신에게는 불리한 정황을 그대로 이야기하면서 동지들에게는 깃털만큼의 피해도 주지 않으려는 안중근의 마음이 읽힌다. 미조부치는 물었다.

"피고는 이토 공의 생명을 잃게 했는데, 그러면 피고의 생명은 어떻게 할 생각인가?"

안중근은 대답했다.

"나는 원래 내 몸에 대해서는 생각해 본 적이 없다. 이토를 살해한 후 나는 법정에 나가서 이토의 죄악을 일일이 진술하고, 이후 나 자신은 일본 측에 맡길 생각이었다."

자서를 할 때 왼손 무명지가 잘려 나간 것을 미조부치는 유심히 보았다. 저 손가락 역시 이번 거사와 밀접한 관련이 있을 것이다. 자서를 하고 나서 미조부치는 안중근에게 담배를 한 대 권했다. 담배를 받아든 안중근이 미조부치를 유심히 바라보았다. 미조부치가 말했다.

"법적인 신문은 여기까지다. 지금 당신이 한 진술은 믿을 수 없다. 특히 신상에 관한 부분이나 연루자들에 대한 부분이 그렇다. 하지만 나에겐 시간이 많다. 천천히 밝힐 것이다. 내가 묻고 싶다. 이토 공이 사라진다고 조선에 대한 일본의 입장이 바뀐다고 정말 생각하는가? 이건 나중에 대답해도 된다."

안중근은 희미하게 웃었다.

"이토가 한 거짓말에 비하면 나의 거짓은 아무것도 아니다. 이토는 내가 아니었더라도 누군가의, 즉 우리 조선인의 손에 피살되었을 것이다. 그렇다. 당신 생각대로 이토 하나가 죽는다고 세상이 완전히 바뀌지는 않을 것이다. 하지만 사람은 태어나면서 자신이 할 일이 있다. 많은 사람들이 그저 그렇게 살아간다. 우리 조선의 사람들 중에도 그런 사람들이 있고, 당신 일본인들 중에도 그런 사람들이 있다. 다만 나는 동양 평화를 위해 이토를 사살한 것이다. 나는 지금 이 시간에 해야 할 일을 했을 뿐이다. 누군가 했어야 할 일을 내가 했을 뿐이다. 나는 개인적인 원한은 없는 사람이다. 이토는 죽을죄를 지었고, 하늘을 대신해서 내가 집행한 것이다. 나의 거사를 앞으로 일본이 평화를 위해 노력하라는 전언으로 받아 주기 바란다. 나는 목숨에 연연하지 않는다."

미조부치는 '이자를 신문하는 것은 아주 긴 여행이 되겠다'는 생각을 했다. 일본 외무성의 전달을 받은 순간 안중근은 이미 사형이 확정된 것이라는 생각이 들었다. 어떤 변론도 통하지 않을 것이다. 이건 정해진 게임이다. 다만 이토 공이 피살된 큰 사건이기에 일개 살인범으로 취급할 수도 없는 일이었다. 러시아와 중국을 비롯해 세계 각국의 이목이 지금 하얼빈에 집중되어 있다.

안중근 사건은 신중하게 처리해야 한다. 또한 일본 정부가 어떤 판단을 내릴지도 아직은 미지수였다. 안중근에게 이용 가치가 있다면 그를 변절시켜 자신의 죄를 속죄케 할 수 있다. 그러면 무지한 조선인을 개선시킨다는 선전 효과도 있을 것이다. 안중근은 이제 이토를 암살하기 이전의 인물이 아니었다. 하지만 미조부치는 안중근에게서 일본의 사무라이와도 같은 기상을 보았다. 그래, 조선에도 인물이 있구나 싶었다. 미조부치는 천천히 의자에서 일어나 뒷짐을 지고 몇 걸음을 옮겼다. 그는 안중근의 등 뒤에서 물었다.

"정말 후회하지 않는가? 개선의 여지가 보이면 감형될 수도 있다."

안중근은 피우던 담배를 재떨이에 천천히 눌러 껐다. 그리고 또박또박 자신의 의지를 전달했다.

"지금은 약육강식 풍진의 시대다. 이러한 시대에 사는 법이 있다. 서로 자신의 나라를 위해 충성을 다하는 것이다. 내 나라는 내가 태어나고 살아온 곳이다. 미조부치 검사, 당신의 나라를 생각해 보라. 미국이나 영국, 아니 러시아가 당신의 나라를 우리나라와 같이 다룬다면 당신은 이렇게 한가하게 여기에 앉아 있겠는가?"

"……"

검사와 피고, 두 사람 사이에는 고요한 정적이 감돌았다. 안중근은 하루 종일 취조를 받았다. 이제는 좀 쉬고 싶었다.

안중근은 옥중의 자서전에서 미조부치와 첫 취조를 끝낸 후의 일을 이렇게 기록했다.

검찰관은 다 듣고 난 다음에 놀라면서 말했다.

"지금 진술하는 것을 들으니 당신은 정말 동양의 의사라고 할 수 있습니다. 이런 의사는 절대 사형을 받지 않을 것이니 걱정하지 마시오."

"내가 죽고 사는 것에 대해서는 말할 필요가 없소. 단지 이 뜻을 일본 천황에게 속히 알려 이토의 못된 정략을 시급히 고쳐 동양의 위급한 대세를 바로잡는 것이 내가 간절히 바라는 바요."

말을 마치자 나는 다시 지하실 감옥에 갇혔다.

내일부터는 동지들의 취조가 시작될 것이다. 동지들의 취조가 끝나면 미조부치는 구속영장을 발부할 것이다. 안중근은 지하 감옥에서 눈을 감고 깜깜한 벽에 작은 창문을 내는 상상을 했다. 그 창문을 통해 조국의 봄바람이 불어오는 상상을 했다. 지하실은 추웠다. 안중근은 몸을 잔뜩 움츠리고 고향의 따뜻한 봄바람을 생각하다가 잠이 들었다.

안중근의 꿈속에서 지하실은 청계동의 산천으로 변했다. 안중근은 자신을 향해 날아오는 나비 떼를 보았다. 나비 떼가 안중근의 주위를 맴돌다가 다시 하늘로 날아올랐다. 안중근은 눈이 부셔 실눈을 뜨고 나비 떼를 올려다보았다. 나비 떼가 사라진 자리에 아버지의 얼굴이 떠올랐다.

"중근아, 중근아, 내 아들아."

"아버지, 아버지."

"그래, 장하다 내 아들아. 끝까지 용기를 잃지 말거라. 인생은

1909년 10월 30일

허무한 것이다. 너는 그 허무를 부수고 찬란하게 만들었구나. 장하다, 내 아들아."

"아버지, 아버지."

잠든 안중근의 동공이 눈꺼풀 안에서 꿈틀거리더니, 이내 한 줄기 눈물이 뺨을 타고 흘러내렸다.

1909년 10월 31일

의거 동지들, 취조를 받다

'저기에 계시단 말인가.'

총영사관 길 건너편에서 김아려 여사는 남편의 모습을 그려 보았다. 간혹 일본 헌병대가 움직이는 모습이 보였다. 아이들은 난생처음 보는 큰 건물을 보고 눈이 휘둥그레졌다.

"야, 저렇게 큰 집도 있구나."

"그래, 한번 들어가 보고 싶다."

철없는 아이들은 저곳이 어떤 곳인지 아랑곳하지 않고 서양식 건물의 모습에 감탄했다. 김아려 여사는 아이들의 손을 잡고 되돌아오고 말았다. 하지만 집을 나가 어디서 무엇을 입고 먹으면서 지내는지 가슴 졸이며 기도만 올리던 시절에 비하면, 그나마 가까이에 있다는 것이 위안이 되었다.

처음 하얼빈에 도착해서는 남편 이야기를 듣고 경황이 없었는데, 하루 이틀이 지나자 그가 어떤 일을 한 것인지를 알고는 앞으로 자신들에게 닥칠 운명의 바람을 예감했다. 잔혹한 일제가 아이들에게 어떤 위해를 가할지도 모를 일이었다. 안중근의 가족이라는 이유만으로 이제 일본이 위세를 더해 가고 있는 세상에서 모진 풍파를 겪게 될지도 몰랐다. 이미 한국에서도 안중근과 관련된 인물들이 검거되고 있는 시절이었다. 정대호 역시 총영사관 건물에 감금되어 취조를 받고 있었다. 이제 아내의 역할보다는 아이들의 엄마, 즉 강한 여성이 되어야 할 운명이었다.

이날, 일본 헌병은 대성학교를 포위하고 도산 안창호를 검거했다. 도산은 평양역에서 경성 용산 헌병대에 구금되었다. 하지만 도산과 안중근의 관계를 밝혀 줄 증거가 없어 무사히 풀려났다.

그리고 하얼빈 총영사관에서는 안중근 의거 연루자들에 대한 취조가 시작되었다. 그리고 현장에 있었던 일본인들의 증인 조사가 이어졌다. 검사와 같이 온 일본 헌병대는 현장 상황도를 보고 경비 태세에 문제가 있었다는 사실을 발견했다. 총영사관에는 안중근과 연루자들을 호송할 일본의 헌병 병력이 머물고 있었다. 안중근은 우덕순, 조도선, 유동하 등 의거 연루자 15명에 대한 취조가 이루어지는 동안 자신이 내일 뤼순감옥으로 이송될 것이라는 소식을 들었다.

1909년 11월 1일

일본과 러시아 헌병대,
안중근을 뤼순감옥으로 이송하다

미조부치 검사는 모두 16명의 혐의자들 중에서 안중근 등 9명의 구류장을 첨부하여 관동도독부 헌병대에 신병을 인도했다. 명단에 오른 사람은 우덕순, 조도선, 유동하, 정대호, 김성옥, 김려수, 김형재, 탁공규다. 이들은 모두 영사관 앞에서 포박당한 채로 기념사진을 찍었다.

오전 11시 25분 하얼빈 역을 출발하는 기차는 일본 헌병 대위 하시카에 겐지 등 12명의 헌병과 러시아 헌병 13명의 호송하에 하얼빈 역을 떠났다. 안중근은 기적소리를 들으면서 만감이 교차했다. 멀리서 안중근의 가족들이 기차를 바라보고 있었다. 옆에서는 일본인들을 욕하는 외국 여자의 울부짖음도 들렸다. 김아려 여사는 남편이 타고 떠나는 기차를 우두커니 바라보았다. 그리고 아이들에게 말했다.

"애들아, 저 기차를 향해 크게 인사를 해라."

아이들은 영문도 모르고 고개를 숙여 인사를 했다.

김아려 여사는 기차가 완전히 눈에서 사라질 때까지 그 자리를 떠나지 않았다. 구경을 나왔던 사람들이 비둘기처럼 흩어졌다. 안중근은 이제 하얼빈을 떠났다. 김아려 여사는 이제 뤼순이라는 곳에서는 어디에서 남편을 볼 수 있을지 긴 한숨을 쉬었다. 진남포에 있는 시어머니의 얼굴이 떠올랐다. 그분을 모시고 어떻게 살아야 하는지, 현실적인 고민이 떠올랐다.

하얼빈은 안중근의 인생에 가장 결정적인 장소다. 그의 일생의 소원을 이룬 곳이기도 하고, 우리나라가 아까운 인재를 처절한 현실 속에서 빼앗겨 버린 안타까운 장소이기도 하다. 평화주의자, 사랑과 신의 존재를 믿는 안중근은 처연한 눈동자로 차창을 바라보았다. 하얼빈 역에서 이토가 자신을 바라보고 있는 것 같았다. 자리에서 벌떡 일어나 차창에 몸을 기대었다.

"어이, 무슨 짓인가?"

헌병 대장이 당황하여 안중근의 포박된 몸을 끌었다.

"잠시만. 미안하다. 내가 헛것을 본 모양이다."

안중근은 다시 헌병대의 인도를 받으며 자리에 앉았다.

'그래, 이제 이토는 죽었다. 나는 악몽에서 벗어났다.'

안중근은 하얼빈의 플랫폼이 점점 멀어지자 온몸에서 힘이 죽

빠졌다.

'아직 전쟁은 끝나지 않았다.'

안중근은 중얼거렸다.

『내 마음의 안중근』에 따르면 당시 호송을 맡았던 헌병대원 중 한 명인 육군 헌병 상등병 치바는 그때의 모습을 이렇게 회상했다.

사건의 주요 혐의자를 호송하는 만큼 모두 신경을 곤두세웠다. 도중에 어떤 방해가 있을지도 모르고, 혹시 혐의자 중에서 누가 자살 소동이라도 벌인다면 상황은 더욱 심각해질 수 있었기 때문이다. 그래서 호송 임무는 예상했던 것보다 훨씬 엄격하고 힘들었다.

이날은 혐의자들을 창춘까지 호송해야 했다. 창춘까지 가는 열차는 동청철도 소속으로 러시아 관할이고, 철로의 폭도 일본의 만철보다 넓었다. 그래서 뤼순까지 가기 위해서는 여기서 갈아타야 한다. 이토도 여기서 러시아 측에서 내준 특별열차로 갈아탔다. 그때의 이토의 모습을 떠올리면서 그날 밤은 창춘 헌병대에서 묵었다.

안중근은 콴청쯔에서 이토가 기차를 갈아탄다는 사실을 알고, 이곳을 거사 장소로도 생각했었다. 하지만 자금이 부족해 차이자거우와 하얼빈 두 곳으로 거사 장소를 바꾸었고, 결국 하얼빈에서 의거에 성공했다. 자신이 기어이 오지 못한 곳을 일본 헌병의 호송을 받으면서 왔다는 생각이 들자 가슴이 답답해졌다.

이제 자유를 잃고 수인의 몸이 되었다는 현실이 비바람이 되어 스며들었다. 포박당하고, 취조당하고, 결국 사형을 당할 것은 자명한 일이었다. 자신의 모습이 바로 조국의 모습이었다. 이토는 각종 조약과 무력과 탄압으로 한국을 포박하고 있었다. 한국의 모습은 이토의 포승줄에 묶여 끌려가는 죄인과 흡사했다.

'이것은 한국에 태어난 나의 죄이기도 하다. 그간 더 열심히 살지 않아 일본에게 이런 능욕을 당한 우리의 죄다. 나의 죄는 이토를 처단한 것이 아니라, 우리나라를 더 좋은 곳으로 이끌지 못하고 배운 자로서의 의무를 다하지 못한 것이다. 그래, 나는 죄인이다.'

안중근은 그 밧줄을 끊어 버리기 위해 의거를 단행했다. 자신의 한 목숨을 담보로 한국이 자유를 얻을 수 있다면, 아니 자유를 얻기 위한 투쟁을 계속한다면 언젠가는 승차권을 사고 여행가방을 들고 자유로운 몸으로 돌아다니는 시절이 올 것이다. 헌병대 대장은 안중근의 모습을 유심히 보다가 왼쪽 무명지가 절단되어 있음을 발견했다. 어떻게 된 일이냐고 물었지만, 안중근은 침묵으로 일관했다.

안중근은 잘려 나간 왼손 무명지의 뭉뚝한 감각을 느꼈다. 그는 자신의 실패를 하나하나 되짚어 보았다. 아버지가 돌아가시고 나서, 낙담한 마음을 겨우 가누고 비탄에 빠진 조국을 구할 방도로 우선은 교육 사업을 생각했다. 르 각 신부와 상하이에서 만난 것이 결정적인 동기였다. 일본에게 뒤처지게 된 가장 큰 이유는 우선 서양의 신식 문물을 받아들이지 못하고 구태에서 벗어나지 못한 교육이었다. 안중근은 지금 생각해도 실소가 나는 백성들의 무지함을 떠올렸다.

경성에서 일을 보고 있던 중 아버님의 병세가 위중하다는 편지를 받고 귀향하는 길이었다. 한겨울의 독립문 밖을 지나다가 마침 말을 타고 고향으로 가던 이웃 친구 이성룡을 만나 동행을 하게 되었다. 그때 말을 끌던 마부가 길가의 전봇대를 가리키면서 욕을 해대고 있었다. 이유는 외국 사람들이 전봇대를 설치해서 전기를 몽땅 거두어들이기 때문에 공중에 전기가 없어 비가 내리지 않아 가뭄이 든다는 것이었다.

안중근은 웃으면서 그의 무식을 탓했다. 그러자 마부가 말채찍을 들고 안중근의 머리를 때리면서 자신을 무식하다고 했다면서 덤비는 것이었다. 안중근은 기가 막히기도 하고, 마부의 행동에 너무나 어이가 없었다. 채찍질을 당하는 바람에 입고 있던 옷이 험하게 망가졌다. 다행히 이성룡이 마부를 만류하는 바람에 큰 사고는 일어나지 않았다. 안중근은 이러한 무지에서 벗어나는 길이 바로 일제의 도발에 대항하는 가장 큰 무기임을 절감했다.

그래서 진남포에서 교육 사업을 시작했다. 진남포는 상하이로 가는 항구가 있는 도시여서, 중국 상선이 수시로 드나드는 번화한 곳이었다. 안중근 가족은 진남포 용정동 36통 5호의 양옥에 새로운 둥지를 틀었다. 정부로부터 어떤 지원도 받지 않고 오로지 선친이 물려준 재산으로 삼흥학교와 돈의학교를 세운 것이다. 돈의학교는 진남포 천주교 복당에서 운영하던 것을 인수한 것이었다. 천주교 신자들을 교육하던 학교의 교과 과정에 안중근은 교련 시간을 넣었다. 그리고 6월에는 영어를 가르치는 중학교 정도 수준의 야학교인 삼흥학교를 설립했다. 삼흥학교는 훗날 오성학교로 교명을 바꾸었다.

이 교육 사업은 일 년 정도만 유지할 수 있었다. 그의 동생 안정근도 형을 따라서 오성학교에서 교육을 함께 했다. 하지만 독립운동에 관심이 집중된 안중근은 교육 사업에만 전념할 수가 없었다.

1904년 국채보상운동이 일어나자 당시 평안도에 머물고 있던 안중근은 아내의 패물까지 모조리 팔아 헌납했고, 자신은 국채보상기성회의 관서지부장으로 민중들의 참여를 호소했다. 평양에서는 선비 1000여 명을 명륜당에 모아 성금을 거두었다.

전 재산을 투자해 교육 사업을 벌이고 국채보상운동에 아내의 패물까지 팔아 버린 결과 안중근의 재산은 가뭄 든 논과 같았다. 나라를 구하기 위해서는 우선 자금이 필요했다. 안중근은 절박한 심정으로 한재호, 송병운 등과 평양에서 미곡상과 무연탄 판매회사인 삼합의를 차렸다.

　지금의 현실과는 달리 당시 교육 사업이라는 것은 돈이 되는 일은 아니었다. 가난한 백성을 대상으로 하는 일이어서, 학교를 통해 돈을 번다는 것은 생각도 하지 않았다. 오로지 무지한 민중을 일깨우기 위한 선한 마음에서 나온 것이었다. 교육 사업은 자금이 부족하면 무산될 수도 있는 일이었다. 이러한 난관을 헤쳐 나가기 위해 미곡상과 삼합의를 운영한 것이다. 하지만 이 사업 역시 일본인의 방해로 당시로는 상당한 거금인 수천 원을 손해 보고 말았다. 안중근의 할아버지 대에 이룩한 재산이 그의 대에 와서 크게 줄어들었다. 게다가 일본의 압제는 더욱더 무겁고 잔인하게 그를 억눌렀다.

　아버지의 죽음, 교육 사업의 부진, 사업 실패 등등의 요인은 안중근을 더욱 막다른 골목으로 내몰았다. 이런 상황에서 안중근은 회사를 정리하고 자금을 마련하여 망명을 준비했다.

　박은식의 『안중근전』에는 망명을 하기 전 안중근이 정근, 공근 두 동생들과 마지막으로 만나는 장면이 나온다. 1907년 8월 1일 안중근은 해외로 떠나는 심경을 이렇게 남겼다.

　지금은 우리들이 제 몸과 가족만 돌보고 있을 때가 아니므로 나는 집과 나라를 멀리 떠나 여러 곳을 돌아다니며 나라 일을 위해 목숨을 바치기로 맹세하였다. 모사는 사람이 하는 것이지만 성사 여부는 하늘에 달렸으니, 내가 어찌 성사 여부를 미리 짐작할 수 있겠는가? 옛적부터 꼭 성공할 수 있다 하여 사업에 착수한 영웅호걸이란 없다. 그들은 오로지 자기의 열성과 굳센 의지로 백 번 좌절당하여도 굽히지 않았으며 목적을 달성하지 않고서는 그칠 줄 몰랐다.

나 역시 그렇게 할 뿐이다. 우리나라 사회에서 가장 부족한 것이 단합인데, 이것은 사람들이 겸손의 미덕이 적고 허위와 교만으로 일을 처리하며, 남의 위에 있기 좋아하고 남의 밑에 있기를 싫어하기 때문이다. 나는 너희들이 허심하게 좋은 것을 배워 익히고 자기를 낮추고 남을 존중하며 사회에 해독을 끼치지 않기를 바란다.

삼흥학교는 힘써 유지하도록 해야 하며 실제 효과를 거두기 바란다. 하느님이 화를 내린 것을 후회할 때면 우리들도 나라를 되찾을 날이 오게 될 것이고, 우리 형제들도 다시 한자리에 모이게 될 것이다. 그렇지 못하다면 나의 뼈를 어디서 찾을지 알 수 없을 것이다.

안중근은 마지막으로 청계동을 찾아 아버지의 묘소에 참배하고, 성당에 들러 빌렘 신부와도 작별 인사를 나누었다. 진남포에 돌아와서는 삼흥학교와 돈의학교에 들러 교사, 학생들과 정을 나누었다.

또한 안중근은 자서전에서 부친과 친하게 지냈다는 도인의 풍모를 지닌 김 진사라는 신비로운 인물이 나타나 충고를 한 일을 적고 있다.

"그대의 기개를 가지고 지금 이같이 나라 정세가 위태롭게 된 때에 어찌 가만히 앉아서 죽기만을 기다리려 하는가?"
사뭇 나무라는 말투였다. 예사 분이 아니라는 직감이 들었다.
"무슨 계책이 있습니까?"
나는 간절한 심정으로 물었다.
"지금 백두산 뒤에 있는 간도와 러시아 영토인 블라디보스토크 등지에 조선인 100만여 명이 살고 있네. 그곳은 물산이 풍부하여 과연 한번 살아 볼 만한 곳이네. 그러니 그대 재주로 그곳에 가면 뒷날 반드시 큰 사업을 이룰 것이네."
선생의 사업이란 말 속에는 나라를 위해 할 일이 함축되어 있었다.
"예, 가르쳐 주신 대로 하겠습니다. 정말 감사합니다."
김 진사는 이야기를 끝내고는 무언가 바쁘다는 듯이 총총히 사라졌다.

의병 활동을 하기 전까지 자신이 살았던 과거를 회상하는 안중근은 회환에 찬 한숨을 길게 내쉬었다. 당시 탈출구로 망명을 결심했을 때의 절박한 심경은 당대를 살았던 선각자들의 공통된 마음이었을 것이다. 김구와 안창호를 비롯한 많은 젊은이들이 국외로 탈출을 시도하던 시기였다. 안중근 역시 마찬가지였다. 그는 해외로 나가 의병활동을 하면서 더 깊은 좌절과 절망감에 시달렸다. 두 발을 뻗고 편히 쉴 곳이 없었다. 점점 더 깊은 수렁 속으로 빠져 들어가는 조국의 현실 앞에서 노심초사할 수밖에 없었다.

콴청쯔의 밤이 깊었다. 안중근의 마음의 밤도 이제 더욱 깊어졌다. 몸의 나이는 이제 장년의 혈기 왕성한 나이이지만, 그의 마음은 죽음을 받아들이고 있었다. 거사를 치르고 나서 안중근은 하얼빈의 놀을 보았다. 그것은 자신이 이제 곧 가게 될 '다른 나라'의 문이었다. 안중근은 콴청쯔에서 그 문을 보았다. 밝고 환한 문이었다.

다음 날 아침, 안중근은 콴청쯔에서 뤼순으로 가는 기차로 갈아탔다. 러시아 헌병들이 내리고 일본 헌병들만이 안중근을 호송했다. 이때 안중근은 이토의 죽음에 분노한 한 일본인 순사에게 봉변을 당한다. 안중근은 그때의 상황을 다음과 같이 썼다.

그날은 창춘 헌병소에서 밤을 지새우고, 이튿날 다시 기차를 타고 가다가 어느 정거장에 머물 때였다. 갑자기 일본 순사 하나가 뛰어 올라오더니 다짜고짜 내 얼굴을 주먹으로 때리기에 나도 화를 내며

욕을 했다. 그러자 옆에 있던 헌병 장교가 그 순사를 끌어 내리고는 나에게 말했다.

"일본인이건 한국인이건 이런 좋지 못한 사람들이 가끔 있으니 너무 화내지 마시오."

이때의 상황은 사이토 다이켄의 『내 마음의 안중근』에 다음과 같이 서술되어 있다.

잠시 후 안중근은 수고해 준 헌병 장교에게 감사하면서 "이런 사소한 일로 화를 낸 것은 부끄러운 일입니다. 두 번 다시 화내지 않기로 했습니다"라고 반성하며 머리를 숙였다. 이것으로 일행은 다시 차분한 분위기 속에서 뤼순으로 향했다. 안중근은 그 후로도 죄수로서의 규율은 물론 어떤 지시에도 예의바르게 행동했고, 결코 상대방을 괴롭히는 일이 없었다. 11월 3일 헌병대는 안중근 외 8명을 뤼순형무소로 무사히 호송했다. 그리고 치바는 이날부터 안중근의 간수로 임명되었다. 간수 임명에 있어서 다음과 같은 '경찰관의 자세'가 시달되었다.

"비(非)는 리(理)로써 다스려야 한다. 또한 다스림을 유지하기 위해서는 훈계가 따라야 한다. 예를 들어 술을 데우는 데는 그 술보다 높은 온도가 필요하듯 남을 훈계하는 자는 먼저 자신부터 바르게 다루고, 또 자신도 깊이 반성한 후에 남을 상대해야 한다."

11월 3일 안중근은 하얼빈을 떠나 뤼순감옥에 도착했다. 하얼빈에서 벌어진 일들은 이제 지나간 10월의 일이었다. 안중근의 10월은 그렇게 흘러갔다. 10월 26일을 기점으로 안중근은 변화하기 시작했다. 우리 민족의 선각자로서, 비통한 조국의 속죄양으로서 매일 기도하는 심경으로 살았던 안중근은 이제 십자가를 지고 가시덩굴이 무성한 언덕길을 맨발로 올라가고 있었다.
철컹, 뤼순감옥의 철문이 닫혔다.

1909년 11월 3일~1910년 3월 25일

뤼순감옥에서

뤼순에 머문 영혼들

안중근 의사가 뤼순감옥에서 순국한 날은 26일이다. 이토가 죽은 날도 26일이고, 두 사람 다 오전 10시경에 사망했다. 일본 재판부가 이날 이 시간에 안중근을 처형함으로서 이토의 원혼을 달래려고 한 것인지, 아니면 우연의 일치인지 모를 일이다. 안중근 의사가 뤼순감옥에서 보낸 날은 모두 144일, 그의 나이 서른두 살, 장년의 나이로 뜻을 이루고 세상을 떠났다.

뤼순감옥은 하얼빈과 더불어 안중근의 영혼이 마지막으로 머물렀던 중요한 이정표다. 이 이정표 아래에서 나는 침묵한다. 뤼순감옥의 옥사에는 어둡고 무서운 고독이 축축하게 스며들어 있었다. 시간은 그대로 멈추어 곰팡이가 피어 있는 듯했다. 거기에 안중근의 영혼도 있다. 그것은 내가 결코 들어 올릴 수 없는 거인의 정신이다.

지금의 뤼순감옥은 일제가 중국에 가한 참혹한 실상을 중국인들에게 보여 주는 교육의 장소이기도 하다. 아침에 도착한 뤼순감옥 입구에서 중국인 관람객들과 함께 줄을 서서 기다렸다. 이곳은 중국 역사에서 비극의 현장이다. 일제의 침략에 한국과 중국은 피해국으로서 동병상련의 고통을 안고 있었다. 뤼순감옥은 안중근 의사와 더불어 민족의 선각자 단재 신채호와 우당 이회영이 옥사한 곳이기도 하다.

1989년 제정러시아는 청나라를 압박해 뤼순과 다롄 지방의 조차권을 획득하고 하얼빈과 뤼순 간의 남부선 철도 부설권도 획득했다. 그리고 1899년 러시아는 식민지 통치 지휘부로서 뤼순에 관동주 총독부를 설치하고 해군장관 알렉세예프를 총독 겸 태평양 담당으로 임명했다. 알렉세예프 총독은 1900년 중국에 의화단 사건이 일어나자 이를 진압하는 한편, 수송로를 확보한다는 핑계를 대고 만주 동삼성을 점령했다.

러시아의 침략에 항거하는 중국의 저항이 거세지자, 이때 체포 구금한 많은 중국인들을 수용하기에는 기존의 감옥이 너무 좁았다. 총독은 당시 러시아 황제 니콜라이 2세에게 건의해 1902년부터 뤼순감옥을 건설하기 시작했다. 그러나 1904년 러일전쟁이 일어나자 감옥 공사는 본관과 85개의 수용 시설을 건설하다가 중단되었다. 러시아는 이 감옥 자리를 전쟁 중에 야전병원 및 기마대의 병영으로 사용했다.

"원래 러시아 기마대의 마굿간이었어요."

안내원은 이렇게 지나가는 말을 했다.

"건물이 붉은색과 흰색으로 나뉘어 있지요. 붉은색 벽돌로 지은 것이 러시아 건물이고, 그 후 일본이 점령을 해서 증축하면서 하얀색 벽돌로 지었지요. 이곳은 러시아와 일본의 침략 현장을 가장 잘 보여 주는 교육장입니다."

뤼순감옥은 붉은색과 흰색 벽돌로 만들어진 건물이다. 안내원의 말대로 붉은색은 러시아가 러일전쟁 전까지 지은 것이고, 나머지는 러일전쟁에 승리한 일본이 지었다. 일본은 마치 전리품을 획득하듯, 뤼순감옥을 확장하기 시작했다.

총 2만 6000평방미터의 대지 위에 275개의 감옥을 설치하였는데, 2000여 명이 넘는 죄수를 수감할 수 있는 규모다. 건물 구조는 보통 옥사 253칸, 지하 감옥 4칸, 병사 18칸, 몸수색실, 취조 및 고문실, 교수형실과 15개의 작업장으로 되어 있다. 건물 외에 수감자들이 강제노역을 하는 벽돌 가마, 임목장, 과수원, 채소밭이 있다. 이 감옥에 수감되는 죄수들도 나라별로 다양했다. 중국인, 한국인, 일본인을 비롯해 러시아인과 그리스인들까지 수감되었다고 한다.

약칭 뤼순감옥이라고 부르는 이곳의 정식 명칭은 관동도독부감옥서에서부터 관동청감옥, 관동청형무소, 관동형무소로 불리다가 1939년 뤼순형무소가 되었다. 1945년 8월 전쟁이 끝나자 당시 소련군이 들어와 이 감옥을 폐쇄했고, 1971년부터 전시관으로 내부 구조를 바꾸어 일반에게 공개했다. 1995년 이곳은 중국의 전국문물박물관 우수애국자 교육기지로 선정되었다. 2006년 현재 연간 50만 명이 방문하는 기념관이기도 하다.

중국 안내원의 설명을 들으면서 뤼순감옥을 돌아보았다. 주로 잔혹한 고문 도구와 이곳을 거쳐 간 일본인들에 대한 설명이었다. 지하실로 내려가자, 아직까지도 어떤 원혼의 울음소리가 벽에 배어 있는 것 같았다. 인간의 영혼이 존재한다고, 세월이 지울 수 없는 흔적이 있다고 나는 믿는다.

죄수들이 수감되었던 옥사를 바라보던 나는 그만 숨이 턱 막히고 말았다. 말 그대로 누우면 어깨가 닿을 좁은 공간에 죄수들의 신발이 나란히 놓여 있었다. 무서웠다. 잠시 내가 저 안에 들어가 있었다면 어떻게 살았을까, 생각했다. 이 심약한 정신으로는 그 고독과 고문을 견디지 못했을 것이다. 안중근과 신채호를 비롯해 일제의 핍박을 받았던 영혼들은 이제 이곳에 머물지 않을 것이다. 그 큰 영혼을 가두기엔 이곳은 좁고 불결하다. 지옥이 있다면 바로 이런 곳이리라는 생각이 들자 숙연한 마음에 절로 고개가 숙여졌다.

옥사 중에는 말로만 들었던 신채호 선생이 수감된 감옥도 있었다. 신채호라는 한문 이름과 더불어 간단하게 선생의 이력이 적혀 있었다. 그 방 앞에서 잠시 묵념을 했다. 신채호 선생의 업적은 안중근 의사와는 또 다른 의미로 우리 근대의 중요한 정신이다. 이곳에서 선생이 옥사했다고 생각하니 여러 가지 생각에 머리가 혼란스러웠다.

하늘을 올려다본다.

안중근 의사가 수감되었던 독방은 다른 옥사에 비해 매우 특별한 장소였다. 일본이 안중근 의사의 거사를 얼마나 엄청난 일로 보았는지는 안중근 의사의 감방을 보면 짐작할 수 있었다. 뤼순 형무소장의 집무실 바로 옆에 있는 별도의 공간이었다. 형무소장의 집무실과 거의 같은 규모였다.

안을 들여다보니 책상과 의자, 침대 등이 있고, 책상 쪽으로는 작은 창문이 나 있었다. 다른 수감자들, 이를테면 신채호 선생이 수감된 감옥과 비교하면 오성급 호텔 수준이라고나 할까. 아무리 시설이 좋아도 사형을 앞두고 있는 수인 입장에서는 그것이 뭐 별반 대수냐고 생각할 수도 있다. 하지만 이 공간이 있어 안중근 의사는 지금 이 책을 쓸 수 있게 하는 귀중한 우리 독립운동의 유산인 『안응칠 역사』를 비롯해 「동양평화론」과 같은 논문을 집필할 수 있었다. 안중근은 책상머리에 앉아서 글을 쓸 수 있는 시간을 여기서 얻었다.

공간이 인간을 만든다. 우리는 공간의 지배를 받는 인간이다. 안중근 의사는 자신의 신체를 가두었던 공간을 대자유의 공간으로 탈바꿈시켜 버렸다. 안중근 의사의 이 감옥은 하얼빈의 거사가 글과 뜻으로 만들어져 우리에게 알려진 둥지와 같은 곳이다.

잔혹한 일제의 압제 수단인 감옥, 지사의 몸을 가두고 고문하고 자유를 박탈하고, 기어이 목숨까지 빼앗아 버린 이 어둠과 죽음의 공간은 안중근이라는 별이 들어가자 창조의 공간으로 변화했다. 나는 이 감옥 앞에서, 아니 안중근 의사의 몸이 잠들고 말하고 글 쓰던 거룩한 성소와 같은 공간 앞에서 쉽사리 발을 뗄 수가 없었다. 옥사 주변을 서성거리면서 자꾸 하늘만 올려다보았다.

다른 수인들의 방은 상상 이상으로 비좁고 열악했다. 안중근 의사가 지금 내 곁에 있다고 생각하면서 그 옥사의 문 앞에 쪼그려 앉았다. 안중근 의사도 내 머리 위에 있는 옥사의 창문으로 저 푸른 하늘을 보았을 것이다. 그 하늘을 100년이 지난 지금 내가 보고 있다.

하늘에 세월은 없다. 세월은 땅의 기록일 뿐이다. 1909년의 하늘과 100년이 지난 2009년의 하늘에 세월의 자취는 없다. 하늘은 변하지 않는다. 다만 인간이 살고 있는 땅이 변할 따름이다. 같은 자리라도 어떤 시절에는 감옥이, 또 어떤 시절에는 성당이 지어질 수 있다. 나는 지금 안중근의 하늘을 보고 있다. 문득, 어두워질 때까지 이곳에 머문다면 그의 목소리가 들릴 것 같았다. 북극성처럼 빛나고 있는 안중근의 눈동자가 보일 것 같았다.

안중근은 감옥에 갇힌 후 일본인들에 대한 마음이 달라졌다. 다음에 인용한 문장은 옥사에 수감된 안중근을 다루었던 일본인 간수들의 모습을 잘 보여 준다. 비록 정치적 의도가 있는 행동이었겠지만, 안중근은 당황했다.

감옥에 갇힌 이후에 나는 조금씩 가까이 지내게 된 간수와 경수계장, 그리고 다른 관리들도 나를 특별히 후대하므로 마음속으로 감동을 느끼지 않을 수 없어 의아심을 품으며 생각했다.
'이것이 꿈인가 생시인가? 같은 일본인인데 이다지 다를 수 있단 말인가? 한국에 와 있는 일본인들은 강악스럽기가 이루 말할 수 없는데 뤼순에 와 있는 일본인은 이렇게 어질고 후할까? 한국과 뤼순에 있는 일본인의 종자가 다른가? 물과 기후 풍토가 달라서 그런가? 한국에 있는 일본인은 권력자인 이토가 극악하기 때문에 그를 닮아 그렇고, 이곳 뤼순에 있는 일본인들은 이곳의 권력을 맡은 도독이 인자하여 그에 감화되어 그런가?'

아무리 생각해 보아도 그 까닭을 알 수가 없었다.

간수 구리하라 씨와 경수계장 나카무라 씨는 항상 나를 보호하고 후대해 주었다. 일주일에 한 번씩 목욕을 하게 하고, 날마다 오전 두 차례씩 감방에서 사무실로 나오게 해 여러 나라의 고급 담배와 서양 과자와 차를 넉넉히 주었다.

또 아침 점심 저녁 세 번 식사 때마다 상등 쌀밥을 주었고, 좋은 내복도 갈아입게 했다. 솜이불도 네 벌을 특별히 넣어 주었으며 밀감, 배, 사과 등 과일도 여러 차례 넣어 주었다. 날마다 우유도 한 병씩 주었는데 이것은 소노키 씨가 특별히 대접해 주는 것이었고, 미조부치 검찰관은 닭과 담배 등을 사 넣어 주었다. 이렇게 특별히 대우를 해준 것에 대해서는 감사의 마음을 이루 다 적을 수 없다.

위의 자서전 기록에서도 보이듯, 뤼순감옥에서 안중근은 인간적인 대우를 받았다. 안중근의 거사는 당시 이토의 위상으로 보아 세계적 사건이었다. 뤼순감옥에서 안중근을 대하는 일본인들의 태도는 세계의 시선을 의식한 것일 수도 있다. 안중근을 잡범 다루듯 하면 이토의 위상 역시 위태롭다. 또한 일본인들의 정신세계를 조금은 엿볼 수 있다. 이토라는 거물 정치인을 저격한 한국인을 시정잡배처럼 대한다면 그들의 우상인 이토에 대한 예의가 아닐 것이다. 정치적 목적에 의해, 변화무쌍한 시대의 흐름에 이토가 희생된 것이라고 그들은 믿는다. 따라서 그를 저격한 사람 역시 그에 상응하는 대우를 해준 것으로 보인다.

이집트 담배와 모욕

미조부치 검사는 안중근과 대화하고 심문했다. 그는 안중근에게 이집트 담배를 권하며 안중근의 말을 경청했다. 안중근은 살인범이 아니라 군인이었다. 안중근은 자신이 잡범이 아니라 망해 가는 조선의 마지막 저항이자 상징이었다고 주장했다.

비록 적국의 검사이지만 미조부치는 근대 일본의 지식인이다. 그는 일본 행정부의 압력을 받고 안중근을 단죄하러 왔지만, 안중근을 취조하면서 그가 몰랐던 한국의 실상과 한국인의 마음을 보았다. 미조부치는 취조 과정에서 안중근과 가장 많이 대화한 일본인이기도 하다. 그의 태도는 정부의 압력 여부에 따라 마치 다른 사람처럼 변했다. 안중근은 자서전에서 그의 태도에 대해 다음과 같이 썼다.

그 후의 어느 날, 검찰관(미조부치)이 또 와서 심문을 하는데 말투와 행동이 전과는 전혀 달랐다. 압제도 하고, 억설도 하고, 모욕도 했다. 나는 혼자 생각했다.

'검찰관의 생각이 이렇게 돌변한 것은 아마 자기의 본심이 아니고, 다른 곳에서 큰 바람이 불어왔기 때문일 것이다. 도심(道心)은 희미하고 인심은 위태롭다는 말이 결코 헛말이 아니로구나.'

나는 분통한 마음으로 이렇게 대답했다.

"일본이 비록 백만 명의 군사를 보유하고, 천만 문의 대포를 갖추었다 해도 안응칠의 목숨 하나 빼앗는 권한 말고 또 무슨 권한이 있소. 사람이 세상에 태어나서 한 번 죽으면 그만인데 무슨 걱정이 있겠소. 나는 더 대답할 것이 없으니 마음대로 하시오."

이때부터 다가올 나의 앞날은 크게 잘못되어, 공판도 틀림없이 그릇된 판결이 날 것 같은 생각이 들었다. 더구나 말할 권리마저 금지되어 내가 목적했던 의견을 진술할 방법도 없었다. 모든 사실을 감추고, 또 속이는 기색이 분명했다.

무슨 까닭일까, 하고 나는 다시 추측해 보았다.

'이것은 분명히 굽은 것은 곧다 하고, 곧은 것은 굽다 하려는 것이다. 무릇 법이란 거울처럼 맑아 터럭 하나 보여서는 안 된다. 더구나 내가 한 일은 잘잘못이 이미 명백한데 무엇을 감추고 무엇을 속일 수 있다는 말인가? 현명한 사람과 어리석은 사람을 불문하고 세상의 인심이란 것은 옳고 아름다운 일은 밖으로 자랑하고 싶고, 악하고 궂은 일은 숨기고 꺼리게 되므로, 그런 이치로 미루어 보아 이들이 하려는 짓을 알 수 있다.'

나는 분함을 참을 수가 없어 머리가 심하게 아팠으나 며칠 지나자 괜찮아졌다.

뤼순감옥에서 안중근에 대한 취조는 미조부치와 조선통감부에서 파견된 사카이 경사 두 사람에 의해 집중적으로 이루어진다. 미조부치는 1909년 10월 30일부터 11월 26일까지 모두 일곱 차례, 사카이 경사는 11월 26일부터 12월 11일까지 모두 열한 차례, 다시 미조부치가 1910년 2월 20일 이후부터 모두 네 차례 취조를 하고 3월 1일 공판 청구를 했다.

조선통감부에서 사카이 경사를 뤼순감옥으로 특파해서 안중근을 취조한다. 일제는 기왕에 벌어진 사건이었으므로 안중근 의거를 계기로 한국 내 의병 활동 및 독립운동을 뿌리 뽑아 버릴 심산이었다. 일제는 안중근 의사의 의거를 계기로 '발본색원'한다는 심경으로 달려들었다. 일제는 거사와 직접적인 관계가 없는 김구, 안창호 역시 검거해 조사했다. 일본 정부는 이토 피살을 앞으로 닥쳐올 항일 저항 운동에 대한 예방주사로 보았다.

두 아우와의 만남

미조부치는 안중근의 두 동생을 소환했다. 1909년 12월 19일 정근과 공근 두 동생은 형을 만날 수 있을 것이라는 희망을 품고, 관동도독부 지방법원에 출두했다. 미조부치는 두 동생에게는 일반적인 질문만을 했다. 가족 사항과 평소 형의 성품, 거사에 관한 일들이었다. 미조부치는 심문을 마치고 형을 만나 보겠냐고 물었다. 당연하다는 대답이 돌아왔다.

감옥에서 안중근은 두 동생을 만날 수 있었다. 이것 역시 특별 대접이었다.

안중근은 두 동생의 손을 잡았다. 두 동생의 눈에서 뜨거운 눈물이 흘러내렸다.

"이게 얼마 만이냐?"

"3년은 지난 것 같습니다."

안중근은 먼저 어머니의 안부를 물었다.

"어머니는 의외로 의연하십니다. 형의 건강을 걱정할 따름이지요."

"어머니 건강은 어떠시냐?"

"건강하십니다."

"다행이로구나. 내 어머니에게는 할 말이 없다. 집안의 장남으로 태어나 어머니를 봉양하지 못한 죄를 어찌 갚을 수 있겠느냐."

안중근은 고향에서 자신을 걱정하고 있을 어머니를 생각하니 가슴이 턱하니 막혔다. 하지만 두 동생의 모습을 보니 한편으로는 이들이 자신을 대신해서 잘 살아갈 것이라고 스스로를 위로했다.

"형, 그런데 검사가 좋은 사람입니다. 앞으로도 자주 면회를 오라고 했소."

"그래, 고마운 일이다. 그리고……."

동생 공근이 먼저 안중근의 마음을 헤아리고 형수와 조카들의 안부를 말했다.

"정대호 씨에게 들었을지는 모르지만, 형이 거사를 한 다음 날 형수가 하얼빈의 김성백 씨 댁으로 도착했소."

"그래, 내 가족들은……."

이미 나라를 위해 한목숨을 던진 후였다. 가족들에 대한 그리움은 그 자리에서 돋아나는 싹과 같았다. 겉으로는 초연한 척했지만, 신문이 끝나고 나면 어린 자식들과 부인 생각이 나서 돌을 씹는 기분으로 밥을 삼킨 적도 있었다. 미조부치는 동생들을 자주 만나게 해주었다. 서너 차례 만나자 그간에 쌓인 회포가 풀렸다.

안중근은 자신의 변호사로 한국인을 선정해 줄 것을 동생들에게 부탁했다. 진남포에서 두 아우가 보낸 전보를 통해 이 소식을 들은 안중근의 모친 조 마리아 여사는 한성법학회를 통해 안병찬 변호사를 소개받았다. 조 마리아 여사는 평양에 있는 안병찬 변호사를 찾아가 안중근의 변호를 부탁했다.

"노인께서 여기까지 오시다니 과연 조선의 대장부를 길러 낸 분답습니다. 일제가 어떤 만행을 저질렀는지 이번 안중근 재판을 기회로 다 밝힐 작정입니다. 아무 걱정 마시고 저에게 맡겨 주십시오."

안병찬은 그 길로 다롄으로 향했다. 1910년 1월 14일 다롄에 도착하여 법원에 선임계를 제출했지만 일방적으로 거부당했다. 과연 일본이 한국인에게 변호를 맡길 것인가 의구심을 품고 걱정을 했는데, 결국 그것은 현실이 되었다.

안병찬은 뤼순에서 안중근을 만났다. 당시 56세였던 안병찬 변호사는 병색이 완연한 얼굴빛이었지만, 눈빛만은 형형했다. 안병찬 변호사는 안중근에게 혹시 도움이 될지 몰라 일본 육법전서 한 권을 안중근에게 건넸다. 이제는 안중근이 스스로 자신을 변호해야 할 것이다.

"안색이 어둡습니다."

안중근은 안병찬이 준 일본 육법전서를 손에 들었다. 이 법정에 공정한 법이 적용되리라고는 생각하지 않았다. 하지만 변호사의 호의가 고마웠다. 안중근을 보고 안병찬은 그의 기개를 칭찬했다.

"나라가 이 지경인데, 이 정도의 건강도 고마운 일입니다. 안 의사, 정말 장하오. 나 역시 조국을 위해 법에서 할 수 있는 일을 하였지만, 역시 중과부적이었소."

안병찬 변호사는 을사늑약 때에는 이완용을 비롯한 오적들의 처단과 국정 개혁을 고종에게 상소하여 구속되었고, 1909년에는 이용구, 손병준 등 일진회의 괴수들을 대역미수 국권 훼손죄로 경성지방재판소에 고소했다.

안병찬 변호사는 일제의 방해로 비록 안중근을 변호하지는 못했지만, 역적 이완용을 칼로 처단하려던 이재명의 변호를 맡았고, 그 역시 데라우치 총독 암살 음모 사건의 혐의로 구속을 당하였다. 그는 당대의 뛰어난 인권 변호사로, 조국을 위해 법조인으로서 독립운동을 한 인물이었다. 안병찬 변호사는 1919년 3·1운동에 참가한 후에 만주로 망명하여 독립운동을 하다가 만주 벌판에서 운명했다. 그는 애국의 길을 가고 있는 안중근의 마음을 잘 알고 있었다. 안중근은 그의 손을 잡고 말했다.

"이미 각오했던 일이라 놀랄 일이 아닙니다. 저를 위해 이렇게 먼 곳까지 오셨으니 그것이 고마울 따름입니다."

"안 의사를 보니 내가 부끄럽소. 나는 나라를 위해 뭐 하나 변변히 한 일이 없소이다. 당신의 변론을 맡아 조금이나마 나의 부끄러움을 가리고 싶었는데, 간악한 일제는 그것마저도 허락하지 않았소."

"고맙습니다."

"내 비록 변호는 하지 못하지만, 재판이 진행되는 동안 안 의사를 뒤에서 후원할 것이오. 힘내시오."

안병찬 변호사는 그의 말대로 차후 안중근의 재판이 진행되는 동안 일제의 일방적인 재판 진행을 분노를 억누르면서 지켜보았다. 안중근은 한국인 변호사를 선임하면 자신의 뜻을 잘 펼칠 수 있을 것이라는 희망을 가지기도 했지만 그의 뜻은 이루어지지 않았다.

다음으로 안중근의 변론을 위해 영국인 변호사와 러시아인 변호사가 그를 면회했다. 이때 안중근은 일본의 처사를 보면서 일본을 세계 일등 국가의 행동을 하는 나라라고 감동을 받았다. 심지어 자신의 거사가 다소 "과격한 망동"이 아니었는지를 후회하는 대목도 있다. 하지만 그것은 일제의 본심이 아니었다.

영국인 변호사는 상하이에서 활동하던 더글러스였고, 러시아인 변호사는 블라디보스토크의 주재 변호사 미하일로프였다. 이 두 국제변호사의 선임은 러시아 지역의 독립운동가들과 『대동공보』와 관련이 있다. 독립운동 동지들은 『대동공보』 발행인이었던 러시아인 미하일로프에게 의뢰하여 상하이에서 활동하는 저명한 변호사인 더글러스를 선임한 것이다. 미하일로프는 러시아의 퇴역 장성이면서 변호사인데 『대동공보』 발행인의 명의를 빌려 준 것으로 기록되어 있다.

또한 소네 조선 통감이 1910년 1월 8일자로 고무라 외무대신에게 보낸 보고서에는 안중근 의사를 구출하기 위해 고용한 상하이의 영국인 변호사 더글러스의 변호 비용을 고종의 측근인 민영익·민영철·현상건이 댔다고 기록했다. 안중근 의사의 거사에 대해 각국의 변호사들이 변호를 자처했다. 심지어 무료 변론을 하겠다는 일본인 변호사까지 있었다.

또한 세계 각지에서 안중근 의사의 구명 운동도 활발하게 일어나, 변호사 선임비와 재판에 대비한 의연금이 모였다. 김삼웅은 『안중근 평전』에서 이 과정을 자세히 기록했다.

블라디보스토크에서는 최봉준이 2000루블, 최재형이 200루블을 선뜻 내놓았고, 미주에서는 정재관, 이강 등이, 노령과 상하이에서는 정순만, 유진율, 윤일병 등이 모금 운동에 앞장섰다. 영국인 더글라스 변호사에게는 상하이에 거주하는 민영철, 민영익, 현상건 등이 모금한 10만 원을 주고 변호사 선임계를 체결했다. 특히 초대 주러시아 공사를 역임한 이범진은 모스크바에서 순국 자결하기 3일 전에 블라디보스토크의 최봉준에게 5000루블을 보내면서, 이 중 500루블을 안중근 부인에게 제공토록 했다.

뤼순감옥에서 안중근은 이미 조선을 넘어선 국제적인 인물로 주목받고 있었다. 안중근에 대한 주위 반응에 예민해진 일제는 재판장인 마나베를 통하여 국제변호사 선임을 거부했다. 일제는 일본 관선 변호사로 미즈노 기치타로와 가미다 세이지 두 사람을 선임하고 형식적인 변론만을 하게 했다.

결국 일제는 안중근이라는 인물에 대하여 정당한 재판 절차를 거부함으로써 사실상 백기를 든 것이다. 정당한 법적 절차를 교묘한 논리로 외면하고, 자신들의 뜻대로 처형한 것은 조선과 안중근에 대한 두려움의 반작용이기도 하다. 삶과 죽음에 초연했던 안중근은 잠시 일제의 호의에 감동받았지만, 조국의 운명이 얼마나 위험한 처지에 처했는지를 실감하게 된다.

*

하지만 조국은 그를 가만히 보고만 있지는 않았다. 고종이 안중근 의사 구출 작전을 펼친 것이다.

1910년 2월 7일 오전 9시 관동도독부 지방법원 형사 법정에서 안중근은 첫 공판을 받았다. 일본은 안중근 의사를 감옥에서 법원으로 호송하는 데 일본에서 만들어 온 마차를 사용했다. 마차 안은 네 칸으로 나뉘었고, 그 후반에 간수 2명이 탑승했다. 이것은 안중근 의사를 구출하기 위해 한국의 의병들이 공격을 할지도 모른다는 정보에 따른 특별 조치였다.

최근에 이태진 교수는 고종이 블라디보스토크에 밀사를 보내 안 의사를 구출하려고 한 사실을 발표했다. 당시 일본 정부는 하얼빈 의거 배후 세력의 중심으로 고종을 지목했다. 일제가 죄수용으로 특별한 마차를 제작한 것도 이러한 사실에 근거한 것이라고 볼 수 있다.

이태진 교수가 공개한, 당시 일본 총영사 고무라가 일본 외무대신에게 보낸 기밀 문서에 의하면 경성에서 하얼빈을 거쳐 1910년 1월 27일 블라디보스토크에 도착한 2명의 고종 밀사는 일본 법정에서 러시아 법정으로 재판 관할권을 옮겨 안중근을 구해 내려고 했다. 양복 차림을 한 밀사는 송선춘과 조병한이었는데, 송선춘은 삼십대 후반의 관리 출신으로 일본어와 영어에 능통하고 미국에도 다녀온 적이 있는 인물이었다.

이태진 교수가 언론에 공개한 문건에는 그때의 정황이 다음과 같이 기록되어 있다.

1910년 2월 17일 '태황제밀사'라는 제목의 보고서는 이들 밀사가 블라디보스토크 거류민회에 출석하여 '아태황제(고종) 폐하의 칙명을 받고 이렇게 폐하의 친새가 찍힌 밀서를 가지고 뤼순 옥중에 있는 안중근을 구해 내어 러시아령에 있는 우리 동포와 함께 극력 이를 러시아 재판에 맡기기 위해 당지에 왔다'고 말했다고 기록했다.

닷새후인 2월 22일 보고서 '한황의 밀사 송모에 관한 건'은 위 밀사는 도착 당시 다수의 한인으로부터 어느 정도 진위를 의심당하고 있었는데, 지금은 한인들이 위 밀사 밀칙을 믿기에 이르렀다.

고종이 파견한 밀사를 현지 한인들이 신뢰하고 있다는 1910년 2월 22일 일본 기밀보고서에 관한 건. 3월 2일 보고서 '한국 궁정으로부터의 밀사'는 "밀정의 말에 의하면 목하 이곳을 떠나 뤼순으로 간 송선춘, 조병한 두 사람의 밀사는 결코 위물(가짜)이 아니고, 니콜리스크 시에서 사망한 이용익도 한황의 밀사로서 당시 그가 가지고 온 내탕 잔금 7000엔은 지금도 최봉준의 집에 보관되어 있다고 한다."

배일의 본원은 물론 한국 황제라고 한다. 재작년 경성 및 평양 사람 다수가 와서 배일을 종용한 것은 궁정이 준 돈으로서 이 무렵부터 당지의 거류민회 및 신문사가 점차 세력을 얻게 되었다고 하고, 작년 10월 하얼빈에서 흉변사건도 궁정으로부터 연추(크라스키노)의 최재형 집으로 선동해 온 것으로서……

이태진 교수는 이 밀사 자료를 공개하면서 그들은 고종이 1902년 국내 첩보와 해외 정보 수집을 위해 설립한 첩보기관 '익문사' 요원으로 추정된다고 하고, 기밀보고서는 고종이 옌하이저우에 건설한 항일 독립운동 기지를 배경으로 하얼빈 의거가 일어났고, 일본 측이 이런 사실에 주목했을 '가능성'을 보여 준다고 주장했다. 고종의 이러한 노력에도 불구하고 결국 안중근 의사 구출 작전은 일어나지 못했다. 이미 일제는 모든 움직임을 세밀하게 파악하고 그 대처 방법을 철저하게 강구한 것이다. 일본에서 특수 제작된 호송용 마차가 바로 일제가 안중근 의거에 얼마나 신경을 쓰고 있는지를 보여 주는 증거물이다.

뤼순과 가까운 다롄은 항구다. 안중근은 먼 바다에서 불어오는 바닷바람을 느꼈다. 이제는 자신의 몸이 점점 바다와 가까워지고 있음을 느꼈다. 수평선에 이어져 있는 저 하늘의 끝을 보고 있었다. 그 끝에는 그가 꿈꾸었던 나라가 있다. 비록 자신의 두 손으로 그 나라의 문을 열지는 못했지만, '나는 내가 할 일을 다했다'는 자부심이 있었다.

재판장 마나베, 검관찰 미조부치, 서기 와타나베, 통역 소노키, 일본 관선 변호사 미즈노와 가미다 등이 법복을 입고 있었다. 안중근의 재판 소식이 알려지자 재판장은 인산인해를 이루었다. 『만주일일신문』 1910년 2월 8일자에는 재판장의 모습이 다음과 같이 그려져 있다.

8시 40분 안중근을 선두로 피고인 등은 법정 내에 모습을 보였다. 지난 3개월여의 감옥 생활도 그들에게는 너무 관대하다. 그들로 하여금 약간의 고통도 느끼게 한 것 같은 형적이 없다. 공판 전에 특별히 머리를 깎고 때를 밀었으니 일동의 면모는 한결 건강하게 보였다.

복장은 어떤가 하면 안중근은 깃을 접은 양복에 두 개의 단추가 달린 것을 입고 바지는 스카치로 상하 모두 매우 낡았다. 코 밑에는 한인 일류의 콧수염을 한 용모는 그다지 흉폭한 남자로는 보이지 않는다. 우덕순은 옷깃을 세운 양복을, 유동하와 조도선은 검은색 깃을 세운 양복을 입고 있고 유는 한쪽 눈이 아프다.

장하다. 망국의 괴로움을 못 견디어 독립자유 넉 자에 신명도 아깝게 여기지 않는 생사상계하고 우국우세하는 지사의 용모가 어떠한지를 예기한 수백 인의 방청인은 지금 눈앞의 이 초라한 복장 상태를 보고 상당히 의외로 느끼고 있었다. 그중에는 낮은 목소리로 개죽음이라고 평하는 사람도 있었다.

개죽음이라고 말하는 사람의 모습까지도 담은 안중근의 법정의 모습은 당시 신문의 보도이지만 생생하게 현장감이 느껴진다. 다행히 건강한 안중근의 모습이 보이고, 다른 동지들 역시 깔끔하다. 재판장 앞에 선 안중근의 모습은 우리에서 빠져나온 조선 범과 같이 힘차고 용감했다.

조선 범과 원숭이

법정에 선 안중근의 마음은 막 닦아 낸 유리거울처럼 맑고 깊었고 숲속의 샘물처럼 고요했다. 인산인해를 이룬 방청객들은 대부분 일본인들이었다. 과연 어떤 자가 우리의 이토 공을 죽였는가 하는 심경으로 안중근을 보러 온 것이다. 안중근은 법정으로 들어서기 전 잠시 대기를 하면서 어젯밤에 간수와 나눈 이야기를 떠올렸다.

다과와 고급 서양 담배를 권하면서 간수가 어떤 생각을 하더니 문득 말했다.

"조선 범이 그렇게 사납다면서요."

담배를 피워 물고 내일 일을 생각하고 있던 안중근은 뜬금없는 질문에 잠시 '네?'라고 반문했다.

"조선 범 말입니다. 사냥을 좋아한다고 하시는데 혹시 조선 범 사냥도 하셨는지요."

"허허. 조선 범 사냥 말입니까? 한두 번 경험이 있지요."

"아, 그렇습니까. 범 앞에 서면 천하장사라도 순간적으로 오금이 저려서 오줌을 지린다고 하던데, 과연 대단하시군요."

안중근은 평양에서 범 사냥을 할 때를 잠시 생각했다. 전광석화처럼 움직이는 범은 그 위용이 대단했다. 지나간 옛일이지만 기개가 한창이던 때였다.

"그런데 갑자기 웬 범 이야기입니까?"

"당신을 여기에서 지켜보니 문득 그 생각이 나더군요. 마치 범 같다는 생각 말입니다."

안중근은 슬며시 웃으면서 말했다.

"그래요? 과찬입니다. 조선에는 정말 범과 같은 인물들이 많이 있습니다."

간수가 말했다.

"아닙니다. 언젠가 조선의 화가 단원 김홍도의 〈송하맹호도〉를 본 적이 있습니다. 조선 화집에서 본 그림이었지만 대단히 충격을 받았어요. 지금도 머릿속에 생생합니다. 그림 속의 호랑이는 살아 있었어요. 바로 앞에 사냥감이 있는 듯 정면을 향해 돌린 머리, 정지한 자세에서 긴장감으로 허리가 휘어져 올라가 꿈틀거리고, 앞발은 서로 엇갈리면서 허리와 뒷다리는 근육이 팽팽하게 긴장하여 나에게 풀쩍 날아오를 것 같았지요. 그런데도 꼬리는 의젓하게 하늘을 향해 중심을 잡으면서 전체적인 화폭에 중심을 잡았습니다. 그 위로 휘어진 소나무 가지 하나가 늘어져 그 꼬리와 11자를 이루면서 여백과 호랑이가 우주의 조화를 이루어 고요했습니다. 아, 저것이구나. 저것이 생명이구나 싶었습니다. 안중근 씨 당신의 모습이 바로 단원의 〈송하맹호도〉에 나오는 조선 범과도 같습니다."

안중근은 간수의 해박한 지식에 잠시 놀랐다. 단원의 그림을 사랑하는 일본인이라……, 일본에도 이런 사람이 많이 있다면 좋겠다 싶었다. 안중근은 서양과자 하나를 입에 넣고 잠시 일어나 창문 쪽으로 걸으면서 말했다.

"조선 그림을 좋아하십니까?"

"단원과 혜원을 좋아합니다."

"조선의 최고 화가들이지요."

안중근은 잠시 범을 생각했다. 간수의 말대로 그의 심경은 지금 고요하다. 그는 잠시 뭔가를 생각하다 조용히 말문을 열었다.

"위이불맹(威而不猛)이라고 했지요."

"무슨 뜻이지요? 공자의 『논어』 이야기를 하십니까?"

"예, 『논어』의 '위엄이 있으되 사납지 않다'는 말로, 정치를 하기 위해 지도자가 갖추어야 할 자질 중 하나를 말합니다. 조선 범은 위이불맹의 짐승입니다. 아니, 우리 조선의 상징이지요. 나는 범을 보면서 그런 생각을 하곤 했습니다. 그런데 그 조선 범 사냥을 일본이 하고 있습니다."

간수가 고개를 떨구면서 말했다.

"무서우니까 그런 겁니다."

안중근이 말했다.

"그 두려움은 욕심에서 오는 거지요. 내가 동양 평화를 이야기하는 것도 그런 맥락과 이어집니다. 욕심을 버리면 두려움도 없습니다."

정치적인 이야기가 나오자 간수는 잠시 헛기침을 하더니 다른 이야기를 꺼냈다.

"범은 우리 일본에는 살지 않는 동물입니다. 그래서 더 신비감이 도는지도 모르지요. 대신에 우리 일본에는 원숭이가 많이 살고 있습니다. 조선에는 원숭이가 없지요."

"그렇습니다."

"그래요. 조선에는 범이 살고, 일본에는 원숭이가 자생합니다. 사는 짐승이 서로 다르듯 조선과 일본은 기질도 다르고, 생활 방식, 풍토도 다르지요. 우리 일본은 모방을 잘합니다. 서양의 교육, 군대, 경제를 원숭이처럼 재빠르게 모방해서 재창조해 일본화시켰습니다. 그 과정에서 정치적으로 무수히 많은 피바람이 불었습니다. 이토는 그 피바람을 헤치고 나온 대일본의 영웅이기도 합니다. 보통 사람이 아닙니다. 그는 천민 출신으로 귀족 중의 귀족인 공작이 된 사람입니다. 짐승으로 비유하자면 매우 큰 원숭이지요. 우리 일본은 지금 제국주의 물결을 타고 있습니다. 이제 이토가 죽었으니 그의 견제 세력이었던 군부가 득세를 할 겁니다. 당신의 거사로 인해 어쩌면 조선의 운명에 더 가혹한 일이 벌어질지 모릅니다. 이토가 있어 군부의 세력을 견제할 수 있었지요. 그자들은 무자비합니다. 당신은 조선 범처럼 이토를 물어 죽였다고 할 수 있지요. 그 여파로 당신은 여기 포박되어 왔습니다. 일본은 이제 조선 범 사냥을 본격적으로 할 겁니다. 그리고……."

"……기어이 합병을 한다, 이런 말이지요?"

안중근은 뭔가를 말하려다 입을 굳게 다물었다. 그건 내일 재판정에서 쏟아내야 할 기운이었다. 이 착한 사람과 논쟁을 하고 싶지 않았다. 그 역시 뭔가를 따지는 말투가 아니었다. 그건 그렇다는 선선한 말투였다. 간수도 조심스럽게 말했다.

"그럴 겁니다."

'그럴지도 모를 일이지요.'

안중근은 묵묵히 창밖의 밤하늘을 보았다. 별들이 빛났다. 무수히 별들이 빛나고 은하수 물결이 파도처럼 밤하늘에 흐르고 있었다. 아름다웠다. 이토가 죽었으니 조선에 평화가 올 거라고 믿는다. 아니다. 믿는다. 아니다. 그건 더 이상 중요한 게 아니다. 안중근은 이토의 죽음을 통하여 조선의 운명과 동양 평화를 포효하듯 세상에 알릴 운명이다.

"하지만, 한 사람이 할 일이 있지요. 나는 당신의 결단을 보고 심히 부끄러웠습니다."

"무슨 말인지요?"

"내가 과연 내 일을 다하고 있나, 하는 반성을 하게 되었지요."

"그렇습니다. 당신은 당신의 일을, 나는 나의 일을 최선을 다해서 하는 거지요."

"그렇지요."

"언젠가 저에게 휘호를 부탁하셨지요. 한가한 시간이 되면 써 드리지요."

"고맙습니다. 고맙습니다."

나중에 안중근은 그에게 '위국헌신군인본분'이라는 휘호를 써주었다.

간수는 밤 시간을 빼앗아 미안하다는 말을 남기고 감옥 문을 닫았다. 안중근은 간수가 주고 간 담배를 다시 피워 물었다. 밤이 깊었다. 휘이익, 불어오는 겨울바람이 창을 두들겼다. 안중근은 자리에서 몸을 일으켜 다시 밤하늘을 바라보았다. 별 하나, 별 둘, 별 셋, 안중근의 눈에 그 별들은 모두 조선의 별이었다. 비록 몸은 뤼순감옥에 갇혀 있지만, 영혼과 마음은 가둘 수 없었다. 그 별들은 모두 청계동 천봉산에서 보았던 눈부시게 찬란한 조선의 별이었다.

안중근 외 3명의 공판청구서

미조부치 검사는 다음과 같은 공판청구서를 작성하여 관동도독부 지방법원에 전달했다. 검사로서 조사를 마치고 재판에 회부하는 절차가 남았다. 모든 것이 일본의 생각대로 진행되고 있었다.

공판청구서

살인죄. 안응칠이라 하는 안중근. 우연준이라 하는 우덕순. 조도선. 유강로라 하는 유동하. 이 사람들에 관한 피고사건을 공판에 부치기 위해 일체의 소송 기록 목록과 함께 송치하오니 피고인을 호출하시기 바랍니다.

메이지 43년 2월 2일 관동도독부 고등법원 검찰관 미조부치 다카오

관동도독부 지방법원 귀중.

사실의 표시

피고 안중근은 추밀원 의장 공작 이토 히로부미 및 그의 수행원을 살해하고자 결심하고, 메이지 42년 10월 26일 오전 9시가 지나서 러시아 동청철도 하얼빈 역에서 미리 준비한 권총을 발사하여 공작을 살해하고, 또 공작의 수행원인 총영사 가와카미 도시히코, 궁내대신 비서관 모리 야스지로, 남만주철도주식회사 이사 다나카 세이지로의 각 팔과 다리 그리고 가슴 등에 총상을 입혔으나, 이 3명은 살해되지 않았음. 피고 우덕순과 조도선은 안중근과 공동의 목적으로 이토 공작을 살해하고자 동청철도 차이자거우 역에 체류하며 예비 행위를 했으나, 러시아 위병의 방해를 받아 그 목적을 수행하지 못한 자임. 피고 유동하는 안중근 등의 결의를 사전에 알고 통신 및 통역의 역할을 담당하며 그 행위를 방조한 자임.

증거의 표시

1. 수사 기록에 첨부한 목록에 기재된 서류와 증거물 일체.

2. 피고사건에 관해 러시아 관할 관아에서 작성하여 송치받은 원문 조서 및 원문에 대한 번역 서류 일체.

이상.

모든 범죄는 검사에 의해 이렇게 간단하게 정리된다. 안중근은 이 공판청구서를 인정할 수 없었다. 하지만 이 공판청구서를 근거로 재판은 시작되었다. 재판장은 피고 안중근에게 성명, 나이, 신분, 직업, 주소, 본적지와 출생지를 물었다. 안중근은 또박또박 자신의 신분을 밝혔다. 이어서 우덕순, 조도선, 유동하도 같은 과정을 반복했다.

사실의 질문에서 시작된 재판은 안중근의 가족관계, 재산 정도, 교육 정도를 상세하게 질문한다. 모두 다 알고 있는 내용은 지루하다. 안중근은 첫 검찰 조사에서와는 달리 '정직하게' 대답했다. 그동안 검사의 지독한 취조와 통감부에서 특파된 경사의 조사로 모든 것이 밝혀졌기 때문이다.

당시 방청객의 모습을 찍은 사진을 본다. 안중근과 우덕순, 조도선, 유동하가 나란히 앉아 있다. 뒤로 일본인으로 보이는 방청객들이 보인다. 여자와 남자, 수염을 기른 자와 안 기른 자, 늙은 사람과 젊은 사람들이 서로 수군대면서 이야기를 나누는 모습도 보인다. 낡은 흑백사진 속의 사람들, 안중근은 그 안에 조용히 앉아 있었다. 100년 전의 사람들이다.

공판시말서

안중근은 재판정을 자신의 뜻과 신념을 밝히는 대용량 마이크가 설치된 공설운동장으로 사용하고자 했다. 거사 후, 순순히 총을 버리고 체포된 것도 거사 후에 세계 각국에 자신의 뜻을 밝히기 위해서였다. 자서전을 보면 자신의 뜻은 법정에서 모두 이야기했다는 대목이 나온다. 공판시말서를 통해 일제는 안중근의 전 생애를 낱낱이 파악했다. 재판장과 안중근의 일문일답을 기록한 공판시말서를 본다. 우선 안응칠과 안중근이라는 자신의 두 이름에 대해서는 이렇게 말했다.

재판장 (피고 안중근에게) 피고는 안중근이라 불리는 자라는데, 일찍이 안응칠이라고 불리던 적이 있는가?

안중근 본국에서는 안중근이라고 부르고 있었는데 블라디보스토크 부근으로 와서, 그러니까 지금으로부터 3년 전부터는 안응칠이라고 부르고 있으며, 근래에는 오직 안응칠이라고 부른다.

재판장 그 3년간은 어떤 목적을 가지고 지내고 있는가?

안중근 나는 외국에 나가 있는 한국 동포들의 교육을 위해 일할 계획을 하고 있었다. 또 나는 의병으로 본국을 떠나 한국의 국사로 분주했다. 이런 생각은 수년 전부터 했는데, 절실히 그 필요를 느낀 것은 러일전쟁 당시로, 지금으로부터 5년 전에 체결된 5개조 조약과 3년 전에 체결된 7개조 조약 때문에 더욱 격분하여 지금 말한 목적으로 외국으로 나갔던 것이다.

그리고 일본의 침략 행위에 대항하여 자신의 한 몸을 돌보지 않고 독립운동을 했으며, 그 일환으로 이토를 저격한 내용을 당대의 시대 상황과 더불어 설명했다. 이것은 안중근이 첫 검사 신문에서 정확하게 밝힌 이토가 한국에 저지른 죄목들이었다. 또한 이 법정의 잘못된 공판에 대해서도 지적했다.

안중근 그렇게 발사했지만 그 후의 일은 모른다. 이는 3년 전부터 내가 나라를 위해 생각하고 있던 일을 행한 것이다. 하지만 나는 한국 의병 참모중장으로서 독립전쟁을 하여 이토를 죽였고 또 참모중장으로서 계획한 것인데, 지금 이 법원 공판정에서 심문을 받는 것은 잘못이다.

안중근의 이러한 지적에 대해 재판장은 아무런 대꾸도 하지 않고, 하얼빈에 언제 왔느냐는 질문을 던진다. 안중근 역시 선선히 대답했다. 그리고 우덕순 동지와의 만남을 이야기했다. 공판은 점심 식사를 한 후 오후에도 계속되었다. 안중근은 자신의 총에 대해서, 그리고 거사 당시의 상황에 대해서 말했다.

재판장 그때 어떤 복장으로 정거장에 갔는가?

안중근 이와 같이 검은색 양복을 입은 후에 외투를 입고 운동모자를 썼다.

재판장 그때 피고는 권총을 조사해 봤는가?

안중근 그때는 다른 양복 상의에 들어 있었기 때문에 이 양복 주머니에 바꿔 넣었는데, 총알은 전부터 일고여덟 발이 장전되어 있었고, 사람들이 보면 좋지 않겠다고 생각해서 그대로 가지고 있었다.

재판장 피고의 권총은 한 번 방아쇠를 당기면 연속해서 발사되도록 장치되어 있었는가?

안중근 그렇다.

재판장 그리고 총알은 모두 장전되어 있는가?

안중근 모두 재어 있었다.

재판장 피고는 13일 아침 정거장으로 가기 전에 신에게 절을 했는가?

안중근 그날 아침에 특별히 절을 한 것은 아니다. 나는 매일 아침 신에게 절하고 기도하고 있다.

재판장 피고가 정거장에 갔을 때 그 부근의 상황은 어떠했는가?

안중근 내가 갔을 때는 러시아 군인들이 와서 준비에 바쁜 모양이었다.

재판장 정거장 구내에는 자유롭게 드나들 수 있었는가?

안중근 제지하는 사람이 없어서 마음대로 들어갈 수 있었다.

재판장 이토 공이 탄 열차는 몇 시에 도착했는가?

안중근 나는 7시쯤부터 기다리며 찻집에서 차를 마시고 있었는데, 9시쯤에 공작의 열차가 도착했다.

재판장 그 부근에서는 일본인들도 보였는가?

안중근 일본인들도 출입하고 있었고, 또 나를 별로 수상하게 여기는 것 같지도 않았다. 다른 사람들은 모두 나를 일본인으로 생각하고 있는 것 같았다.

재판장 일본인들은 이토 공을 맞이하기 위해 와 있는 사람들이기 때문에 평소의 복장과는 달랐을 것이고, 피고는 평소의 옷차림을 하고 있었기 때문에 수상하게 여겼을 것이라고 생각되는데, 어땠는가?

안중근 다른 사람이 수상하게 생각했는지는 모르지만, 나는 느끼지 못했다.

재판장 그때 특별히 숨으려고는 하지 않았는가?

안중근 숨으려는 행동은 하지 않았다.

재판장 그 사이에 아는 한국인들과 마주친 일은 없었는가?

안중근 누구와도 마주치지 않았다.

재판장 이토 공이 탄 열차가 도착했을 때, 피고는 어떤 행동을 했는지 그 상황을 진술하라.

안중근 내가 찻집에서 차를 마시고 있는데 열차가 도착했다. 그와 동시에 음악이 연주됐고, 병대가 경례하는 것을 보았다. 나는 차를 마시면서 '하차하는 것을 저격할까, 아니면 마차에 타는 것을 저격할까' 하고 생각했는데, 일단 상황이라도 보려고 나가 보니 이토는 기차에서 내려 많은 사람들과 함께 영사단 쪽으로 병대가 정렬한 앞을 행진하고 있었다. 그래서 나는 그 뒤쪽에서 같은 방향으로 따라갔지만, 누가 이토인지는 분별이 가지 않았다. 자세히 보니 군복을 입은 것은 모두 러시아인이고 일본인은 모두 사복을 입고 있었는데, 그중 맨 앞에서 행진하는 사람이 이토라고 생각했다. 그리고 내가 러시아 병대 대열 중간쯤의 지점으로 갔을 때, 이토는 그 앞에 열 지어 있던 영사단 앞에서 되돌아왔다. 그래서 나는 병대의 열 사이에서 안으로 들어가 손을 내밀고 맨 앞에서 행진하고 있는, 이토라고 생각되는 사람을 향해 십보 남짓 거리에서 그의 오른쪽 상박부를 노리고 세 발 정도를 발사했다. 그런데 그 뒤쪽에도 또 사복을 입은 사람이 있었기 때문에, 그가 혹시 이토가 아닌가 생각하고 그 쪽을 향해 두 발 발사했다(실제로는 세 발을 발사했다). 그리고 나는 러시아 헌병에게 잡혔다.

재판장 피고는 군대 후방에 있었는데 어떻게 군대 전면을 통과하는 것을 저격했는가?

안중근 정렬하고 있는 병사와 병사 사이의 간격은 이삼 보 정도 떨어져 있었는데, 나는 그 후열의 병사 뒤에서 병사와 병사 사이에 있다가 내 앞을 이삼 보쯤 지나갔다고 생각했을 때 발사했다.

재판장 어떤 자세로 발사했는가?

안중근 서서 한쪽 발을 조금 앞으로 내디뎠지만, 특별히 왼손으로 오른손을 받치거나 하지는 않고 발사했다.

이어 안중근은 이토를 살해하고 그 자리에서 자살을 할 생각이었냐는 재판장의 질문에 "나의 목적은 한국의 독립과 동양 평화의 유지에 있었고, 이토를 살해하기에 이른 것도 개인적인 원한에 의한 것이 아니라 동양의 평화를 위한 것으로 아직 목적을 달성했다고 할 수 없기 때문에 이토를 죽여도 자살할 생각 따위는 없었다"고 말했다.

하지만 평화를 위해 무력을 사용하는 것이 과연 정도인가 하는 문제에 대해서는 여러 가지 견해가 나올 수 있다. 간디의 무저항 운동을 비롯해서 비폭력으로 대화하는 방법도 있기 때문이다. 하지만 안중근에게는 그런 여유가 없었다. '여유'가 없다는 것은 거사 직전까지 그를 내몰았던 여러 가지 참담한 정황을 말한다. 부친이 돌아가시고 나서 교육에 몰두하기도 했고, 독립 자금을 위해 사업을 하기도 했고, 기어이 의병 활동을 하여 대한군 참모중장이 되어 일본군과 전투를 했지만, '성공'이라고 할 만한 업적은 없었다. 다만 시작이었고, 좌절이었고, 고통이었다. 특히 조국의 현실을 외면하는 친일파와 하루하루 살림 걱정을 해야 하는 사람들의 무관심에 안중근은 상처 입은 짐승처럼 외로웠다.

우린 가끔 벽 앞에 선 것 같은 절망감에 시달린다. 안중근의 고독을 이해하기 위해서는 그의 의거가 이 절망감을 극복하기 위한 무력의 사용이었음을 간과해서는 안 된다. 국가 간의 전쟁도 그러하다. 국가 간의 전쟁은 도저히 대화나 평화로운 방법으로 문제가 해결되지 않을 때 쓰는 최후의 방법이다. 하지만 일제는 자국의 국력 확장을 위해 가난하고 힘없는 한국을 억압하고 유린했다. 그것은 중국도 마찬가지였다. 무력에 무력으로 대항하지 않을 수 없는 당시의 상황은 안중근의 정신을 탄생시켰다.

안중근은 이토 이외에 자신이 모르고 저격한 사람의 부상에 대해서는 '비통한 일'이라고 사과했다. 이것은 전쟁 중에 발생한 어쩔 수 없는 희생이었다. 이토에 대한 정확한 정보가 없이 짐작으로 저격했기 때문에 만약의 경우를 대비해 비슷한 인물을 저격해야 했던 심경, 안중근도 편치는 않았다.

왼손 무명지 끝마디

안중근의 왼손 무명지 끝마디가 잘린 것에 대한 재판장의 질문에 안중근은 "이것은 금년 봄인지 아니면 조금 지난 무렵인지, 동지 여러 명이 모여 동양의 평화가 유지될 때까지 한국을 위해서는 천신만고를 끝까지 참고 진력하자고 합의하고, 그 동맹을 실행하기로 하여 동맹자 모두가 손가락을 자른 것이다"라고 답한다.

그날 공판이 끝나고 나서 안중근은 감옥으로 돌아와 자신의 손가락을 보았다. 그 절단된 손가락의 마디는 단지 동맹의 맹세의 증표이지만, 상처이기도 하다. 단지 동맹을 하기 전까지 안중근은 '국가안위 노심초사'라는 그의 휘호처럼 불안하고 처참한 나날을 보냈다. 우선은 육신이 피폐해졌다. 오랜 시간 일본군을 피해 도망치는 동안 건장하던 안중근의 육체는 지쳐 힘들었다. 말 그대로 피골이 상접하여 가까이 지내던 사람조차 그를 알아보지 못할 정도였다. 거기에 패장으로서의 책임감도 남의 일이 아니었다. 동양 평화 한국 독립이라는 큰 뜻을 품은 안중근은 일생 일대의 위기를 맞게 된다.

"아니, 어쩌자고 일본군 포로들을 석방했단 말인가. 일제 놈들이 얼마나 처참하게 우리 동포를 학살하고 있는데 의병장이란 자가 그런 행동을 하다니 패전은 정해진 이치가 아닌가."

"적의 기습 공격은 전력을 노출한 안중근 탓이야."

"전쟁 통에 어디에 신이 있단 말인가. 신의 사랑으로 적군을 놓아 준다니 그가 지금 제정신인가?"

일본군과의 전투에서 패전하고 10여 일간 풍찬노숙을 하면서 굶어죽기 일보 직전에 기적적으로 엔치야로 귀환한 장군 안중근에게 돌아온 것은 동포들의 냉대였다. 그의 뜻은 알아볼 생각도 하지 않았다. 심지어 든든한 후원자였던 최재형조차 안중근에게 지원을 끊어 버렸다.

하지만 안중근의 진심을 알고 있던 일부 동포들은 의병 투쟁에서 무사 귀환한 것을 축하해 주어 한풀 꺾인 그를 위로하려고 했다. 하지만 안중근은 패장으로서 여러분의 환영은 받을 수 없다면서 거절했다. 동포들은 안중근의 상처를 보듬어 주었다.

"지고 이기는 것은 전쟁터에서 흔히 있는 일이니 부끄럽게 생각할 일이 아닙니다. 그 역경을 헤치고 살아 돌아온 것만으로도 당신은 대장부요. 힘을 내시오."

"적군에 대한 그러한 배려는 아무나 하는 것이 아닙니다. 언젠가는 안 장군의 뜻을 알아줄 날이 올 겁니다. 지금의 냉대를 거름 삼아 다음 전투에서 전훈을 세우면 됩니다. 우선 건강을 챙겨야 합니다. 힘이 있어야 놈들과 싸울 수 있습니다."

안중근은 이러한 격려 속에서 더 외로웠다.

'그래, 이렇게 머물 수는 없다. 움직여야 한다. 고여 있으면 썩는다. 움직이자. 움직이자.'

자신의 의지를 알아주고 격려해 주는 동지들에게 힘을 얻은 안중근은 재기를 위해 엔치야에서 하바롭스크 방면으로 여행을 떠났다. 동포들도 만나고 의병 조직을 재건하기 위해 노력했다. 그때 안중근은 큰 봉변을 당하게 된다. 국내의 친일파 본령인 일진회 무리들이 안중근을 납치하여 폭행하고 목숨을 앗아 가려 한 것이다. 안중근은 지혜롭게 처신하여 미친 개와 같은 이들의 포박 줄을 풀고 겨우 탈출했다. 이때 또한 심신이 병들었다.

병든 몸을 돌볼 시간에도 안중근은 움직였다. 안창호가 중심이 되어 미국에서 조직한 공립협회의 블라디보스토크 지회를 설치할 때 우덕순 동지와 함께 활동했고, 1909년 1월경에는 엔치야로 돌아와 30여 명의 의병을 모집하여 활동했다. 안중근은 다시 흩어진 동지들을 규합하는 데 전력을 다했다. 그리고 그해 봄 3월에는 '단지 동맹'을 결성했다.

"이를 정천 동맹이라 합시다."

안중근은 단지 동맹을 정천 동맹이라 명명하고, 생사를 같이할 구국 동지 11인과 함께 손가락의 한 마디를 잘랐다. 때는 1909년 3월 5일이었다. 당시 엔치야 하리 마을에서 결성된 '바른 하늘 아래

맹세'인 '정천 동맹'은 대부분 의병 출신 동지들이었다. 조선의 의기로운 청장년들이 터져 오르는 울분을 억누르고, 잘린 손가락에서 흘러나오는 선혈로 써내려간 혼의 외침이었다. 어두운 골짜기에서 울분을 참지 못해 기어이 자신의 손가락을 잘라 피를 낸 투쟁의 다짐이었다. 피는 피를 부른다. 안중근은 자신의 뜨거운 피를 조국을 위해 다 쓰고 떠날 것을 하늘에 맹세했다. 뜻을 같이한 동지들은 김기룡, 강순기, 정원주, 박봉석, 유치홍, 김백춘, 백규삼, 황영길, 조응순, 김천화, 강창두다. 안중근은 다음과 같은 취지문을 작성했다.

동의단지회 취지문

오늘날, 우리 한국인들은 국가가 위급하고 생민이 멸망할 지경에 이르러 어찌하였으면 좋을지 방법을 모르고 어떤 이는 좋은 때가 되면 일이 없다 하고, 또 어떤 이는 외국이 도와주면 된다고 하는데, 이러한 말은 다 쓸데없는 말이다. 이런 생각을 하는 사람은 다만 놀기를 좋아하고 남에게 의지하려고 하는 자들이다.

우리 2000만 동포가 일심단결하여 죽음을 두려워하지 않아야 국권을 회복하고 생명을 보존할 수 있다.

그러나 우리 동포는 말로만 애국이니 일심단결이니 하니, 실제로 뜨거운 마음과 간절한 단체가 없어 특별히 이 조직을 만드니, 그 이름은 동의단지회라고 한다. 우리 동지들이 손가락 하나씩 끊음은 비록 조그마한 일일지라도, 첫째는 국가를 위하여 몸을 바치는 빙거요. 둘째는 일심단체하는 표다. 오늘날 우리가 더운 피로써 청천 백일하에 맹세한다. 이 시간 이후로부터는 이전의 허물을 고치고, 서로 마음을 단합하여 그 마음 변치 않고 기어이 목적에 도달한 후에 태평동락을 만만세로 누립시다.

안중근은 간단하게 몇 마디 문장으로 당시 러시아, 일본, 영국 등 외세에 의존하는 한국 정부의 무능력을 비판하고 이제는 2000만 동포가 스스로 떨치고 일어나야 나라를 구할 수 있다고 역설했다. 바로 의병운동이나 독립운동의 전개를 의미한다. 그리고 손가락의 한 마디를 자르는 이유는 말로만 독립 운운하는 나태한 태도가 아니라 실천적인 행동임을 강조하는 것이다. 이들은 취지문을 쓰고 나서, 손가락에서 흘러나오는 피로 태극기 위에 대한 독립이라는 의지를 표명하고, 대한 독립 만세를 삼창하고 나서 이 뜻을 하늘에 맹세했다.

안중근은 서서히 분열 조짐을 보이고 있는 독립운동 단체들이 불안했다. 당시 이범윤 세력과 최재형 세력 간의 대립은 가슴 아픈 일이었다. 독립운동의 시작부터 사사로운 감정 대립과 세력 다툼을 한다면 장차 제국주의로 무장한 일본에 어찌 대항할 것인지 염려스러운 일이었다. 단지 동맹은 앞으로 독립운동을 할 때 제 손가락을 끊는 심경으로 사사로운 마음을 버리라는 안중근의 준엄한 메시지다.

안중근의 단지 동맹 정신은 우리 독립운동사에 한 이정표가 되어야 했다. 이후 독립운동이 이러한 정신으로 무장되었다면, 비록 공산주의·사회주의·민족주의·아나키즘 등 사상의 분열은 있을지 몰라도 분단의 비극은 없었을 것이다. 해방 이후 우리는 손가락 대신에 '개도 안 물어 가는' 이데올로기 싸움으로 허리를 잘라 버렸다. 전쟁이 나고, 독재가 시작되었다. 안중근 의사가 알면 하늘에서 통곡을 하였을 것이다.

'이제 공판이 시작되었으니 내 살날도 얼마 남지 않았다.'
안중근은 철창 밖으로 보이는 건물의 붉은 벽돌을 응시했다. 시간이 없다. 절박한 심경이었다. 잘린 손가락으로 안중근은 기록을 남겨야 했다. 책상 앞에 앉아 수감되면서부터 쓰기 시작했던 자서전을 빨리 써내려가기 시작했다. 돌이켜 생각해 보니 짧은 인생이었지만, 조국을 위해 좀 더 많은 일을 하지 못한 것이 안타까울 뿐이었다. 그런 생각이 꼬리를 물고 여러 가지 상념이 떠올랐다.

청계동 시절을 적을 때는 머리에 자주색 명주끈을 메고 화승총을 들고 산속을 내달리던 어린 안중근이 있었다. 진남포로 식솔들을 이끌고 이사하던 시절을 적으면 가슴에 피가 흘렀다. 단지 동맹의 소감을 적는 밤하늘에는 건강한 동지들의 얼굴이 어른거렸다.

"아, 보고 싶구나, 동지들이여. 지금 이 밤에 그대들은 어떤 꿈을 꾸고 있는가. 그 꿈과 현실을 이어 줄 작은 줄이 있다. 동지들이여, 꿈을 꿈으로 끝내지 말라."

안중근은 잠시 펜을 멈추고 깊은 한숨을 내쉬었다.

꿈이라면 어서 깨어라, 어서 빨리 깨어라

재판은 일사천리로 진행되었다. 재판장에게 안중근의 말 한마디 한마디는 칼이었고 총성이었다. 일제의 침략 행위에 대해, 이토와 일왕에 대해 소신껏 발언을 하려고 하면 재판장은 문서로 남기라면서 입을 막았다. 안중근은 자서전에 그때의 심경을 자세하게 적었다. 자서전의 다른 부분보다 문장이 힘차고 선명하다. 제국주의에 광분하는 일제가 읽을 것을 염두에 두고 적어 놓은 것이다.

나는 다시 한참 동안 묵묵히 앉아 생각했다.

'마나베 판사가 법률을 몰라 이러는가? 천황의 목숨이 중요치 않아서 이러는가? 이토가 내세운 관리이기 때문에 이러는가? 왜 이러는가? 가을바람에 크게 취하여 이러는가? 오늘 내가 이렇게 고난을 당하는 것이 꿈인가, 생시인가? 나는 당당한 대한국의 국민인데 어째서 일본 감옥에 갇혀 있는가? 더구나 일본 법에 따라 재판을 받아야 하는 이유는 무엇인가? 판사도 일본인, 검사도 일본인, 변호사도 일본인, 통역관도 일본인, 방청인도 일본인, 이것이 벙어리가 연설하고 귀머거리가 방청하는 것이 아니고 무엇이냐? 이것이 진정 꿈속 세계가 아니고 무엇이란 말이냐? 꿈이라면 깨어라, 어서 빨리 깨어라!'

이런 지경이 되고 나니 설명이고 뭐고 다 필요가 없었다. 아무런 이야기도 소용이 없었다. 나는 웃으면서 대답했다.

"재판장 마음대로 하시오. 나는 다시는 아무 말도 하지 않겠소."

다음 날, 검찰관이 피고의 죄상을 설명하는데, 하루 종일 쉬지 않고 입술이 깨지고 혀가 닳도록 떠들더니 기진맥진해서 끝내며 하는 말이 나를 사형에 처하도록 청하는 것에 불과했다. 그리고 사형을 구형하는 이유는 이러했다.

"이런 사람이 이 세상에 살아 있으면 많은 한국인들이 그 행동을 본뜰 것이므로 일본인들이 이를 두려워하고 겁을 내 마음 놓고 지내기가 어렵기 때문이다."

나는 싸늘한 웃음을 지으며 생각했다.

'예로부터 지금까지 천하 각국에 협객과 의사가 끊이지 않았는데, 그들이 모두 나를 본받아 그랬단 말인가? 속담에 이르기를, 10명의 재판관과 친해지는 것보다 한 가지라도 죄가 없기를 바란다고 하지 않았는가? 정말 옳은 말이다. 그리고 그 많은 일본인 중에서 왜 이토만 나에게 피해를 입어야 했단 말인가? 지금 또다시 한국인을 겁내는 일본인이 있다면 그는 이토와 같은 목적을 가진 사람이 아니겠는가? 그리고 내가 사사로운 원한으로 이토에게 해를 가했다고 하지만, 나는 이토와는 생면부지의 관계인데 무슨 개인적인 원한이 있다는 말인가? 만일 내가 이토에게 사사로운 원한이 있어 그랬다면, 검찰관은 나에게 무슨 사사로운 원한이 있어 이런단 말인가? 만일 검찰관의 말대로라면 세상에는 공법과 공사가 없고, 모두 개인적인 판단으로 나를 미워하여 죽이려는 것인가? 그렇다면 미조부치 검찰관이 사혐으로 나를 사형에 처하도록 청구하는 것이 이치에 맞을 것이 아닌가? 그렇게 한다면 세상일이 언제 끝날 날이 오겠는가? 또 이토가 일본 천지에서 가장 높고 큰 인물이어서 일본 4000만 인구가 모두 존경했기 때문에 내 죄가 크다고 생각하여 나에게 중벌을 청구한다면 왜 하필 사형을 청구하는가? 일본인이 재주가 없어 사형보다 더 큰 형벌을 미처 마련하지 못했기 때문인가? 아니면 형을 좀 경감해 준다고 그렇게 하는 것인가?'

나는 천 번 생각하고 만 번 헤아려 보아도 그 이유와 곡절을 알 수가 없어 의아해할 수밖에 없었다.

피고 안중근을 사형에 처한다

일본인 변호사는 피고의 범죄가 오해에서 비롯되어 그 죄가 중대하지 않고, 한국인에 대해 일본은 사법권이 없으므로 무죄라고 이야기했지만, 진정성도 설득력도 없는 허수아비의 형식적인 이야기였다. 변호사의 변론에 대해 안중근은 이렇게 다시 한 번 자신을 변호했다.

이토의 죄상은 천지신명과 사람들이 모두 다 아는 일인데 오해는 무슨 오해란 말인가. 더구나 나는 개인적으로 사람을 죽인 범죄자가 아니다. 나는 대한국의 의병 참모중장의 의무를 다하기 위해 하얼빈에 와서 공격을 가한 후에 포로가 되어 지금 여기에 있게 된 것이다. 따라서 뤼순의 지방재판소와는 전혀 관계가 없는 일이고, 만국공법과 국제공법으로 판결해야 한다.

이렇게 말하고 나서 안중근은 이제 자신이 법정에서 할 일은 다 했다고 안도했다. 선고는 일본 정부의 뜻에 의해 이미 결정된 일이었다. 1909년 2월 14일 마나베 재판장은 검사의 기소 내용을 그대로 받아들여 안중근에게 사형선고를 내렸다. 우덕순에게는 징역 3년, 조도선과 유동하는 각각 징역 1년 6개월의 형을 내렸다. 마나베는 천천히 선고한 주문과 주문 이유를 읽었다. 선고문을 읽는 법정에는 정적이 감돌았다.

주문

피고 안중근을 사형에 처한다. 피고 우덕순을 징역 3년에 처한다. 피고 조도선과 유동하를 각각 징역 1년 6개월에 처한다. 압수물 중 피고 안중근의 소유이던 권총 1정, 사용하지 않은 탄환 1발, 탄창 2개, 탄환 7발(검영특 제1호의 1, 2, 5, 6)과 피고 우덕순의 소유이던 권총 1정(탄환 16발 포함, 검영특 제1호 17)은 몰수하고, 그 외의 것은 각 소유자에게 돌려주기로 한다.

이유

피고 안중근은 메이지 42년 10월 26일 오전 9시가 조금 지난 시각에, 러시아 동청철도 하얼빈 정거장 내에서 추밀원 의장 공작 이토 히로부미와 그 수행원을 살해할 의사를 가지고 그들을 겨누어 그가 소유하고 있던 권총(검영특 제1호의 1)을 연사하여, 그중 세 발을 공작이 맞아 사망에 이르게 하고, 또 수행원인 하얼빈 총영사 가와카미 도시히코, 궁내대신 비서관 모리 야스지로, 남만주철도주식회사 이사 다나카 세이지로 이렇게 세 사람에게도 각각 한 발씩을 명중시켜 팔과 다리 또는 가슴에 총상을 입혔으나, 이 3명에 대해서는 피고의 목적을 이루지 못했다.

피고 우덕순은 앞서 언급한 피고 안중근이 이토 히로부미를 살해하려는 목적을 알고, 그 범행을 방조할 의사를 가지고 메이지 42년 10월 21일 그의 소유인 권총(검영특 제1호 17)과 탄환 수 발을 범죄에 사용할 목적으로 휴대한 채, 피고 안중근과 함께 러시아 블라디보스토크 역을 출발하여 하얼빈으로 왔다. 또 같은 달 24일 함께 남행하여 차이자거우로 가서, 그 역에서 공작이 지나가기를 기다리며 범죄를 결행하기에 적당한지 아닌지를 알아보기 위해 이튿날 25일까지 그 역의 형세를 살펴보며 안중근의 범죄 예비에 가담했다. 피고 조도선과 유동하는 앞의 피고 우덕순과 동일한 의사를 가지고 있었다.

조도선은 앞서 언급한 차이자거우 역을 살펴보려는 안중근, 우덕순과 하얼빈에서부터 동행하여 오던 도중 또는 차이자거우 역에서 그들을 위해 러시아어 통역을 맡았고, 유동하는 안중근이 같은 달 24일 차이자거우 역에서 공작의 도착 여부를 묻는 전보에 대해, 하얼빈에서 '내일 아침에 온다'라는 회답을 보내어 안중근을 다음 날인 25일 하얼빈에 오게 함으로써, 안중근의 범죄 예비에 가담했다.

(중략)

피고의 변호인은 일본 정부가 일한협약 제1조에 의해 외국에 있는 한국 신민을 보호하는 것은 한국 정부의 위임을 받고 하는 것이기 때문에, 영사관은 한국 신민이 범한 범죄를 처벌함에 있어서 한국 정부가 제정한 법을 적용할 것이지 제국 형법을 적용할 것이 아니라고 논하고 있다. 하지만 일한협약 제1조의 취지는, 일본 정부는 그 신민에 대해 갖고 있는 공권력 사용에 있어서 균등하게 한국 신민도 보호해야 한다는 해석에 의해 공권력 사용의 일부에 속하는 형사법을 적용하는 것이다. 이 적용에 있어서 한국 신민을 제국 신민과 동등한 지위에 놓고, 그 범죄에 대해 제국 형법을 적용 처단하는 것은 이 협약의 본뜻에 가장 잘 부합하는 것이라 하지 않을 수 없다. 그러므로 본 법원은 본 건의 범죄에 제국 형법의 규정을 적용할 것이지, 한국법을 적용할 것은 아니라고 판정한다.

피고 안중근이 이토 공을 살해한 행위는 제국 형법 제199조, 즉 '사람을 죽인 자는 사형 또는 무기 또는 3년 이상의 징역에 처함'이라는 것에 해당하며, 가와카미 총영사, 모리 비서관, 다나카 이사를 살해하려다 목적을 이루지 못한 각 행위는 동법 제43조, 제44조, 제199조, 제203조에 해당하여 모두 네 개의 살인죄가 병합됐다고 본다. 그런데 그중 피고가 이토 공을 살해한 행위는 그 결의가 개인적인 원한에서 나온 것이 아니라고 하더라도, 치밀한 계획 끝에 엄숙한 경호를 뚫고 많은 저명인사들이 모인 장소에서 감행한 것이므로, 이에 살인죄에 대한 극형을 과하는 것이 지당하다고 믿고 그 행위에 의해 피고 안중근을 사형에 처하는 것이다. 그러나 이 하나의 죄에 대해서만 사형에 처하며, 제국형법 제46조 제1항의 규정에 의해 다른 세 건의 살인미수죄에 대해서는 그 형을 과하지 않는다.

일사천리로 읽어 내려가는 주문과 선고 이유를 묵묵히 듣고 있던 안중근에게는 재판장의 목소리가 앵무새의 지저귐으로 들렸다. 그는 지금 법관으로서의 모든 양심을 버리고 일본 정부의 마음을 대신 읽어 주고 있었다. 안중근은 짐작한 일이었다. 각오한 일이어서인지 저절로 미소가 머금어졌다.

당시 『대한매일신보』의 기사는 안중근이 선고를 받던 법정의 풍경을 그리고 있다. 기자는 "망국의 한을 품고 독립자주 네 글자에 신명을 다 바친 애국 열사로서, 세계의 이목을 모은 범인의 판결은 과연 어떻게 내려질 것인가. 개정 시각도 되기 전에 방청 희망자가 모여들었다"고 주변 스케치를 한 다음에, 법정에 보이는 러시아 법학박사 야브친스키 부친, 러시아 변호사 미하일로프, 러시아 영사관원, 한국인 변호사 안병찬 씨, 안중근의 두 동생과 종형제인 안명근의 이름을 적었다. 선고를 마치고 판사가 판결에 불복할 경우 5일 내에 항소하라고 하자 안중근은 말했다.

안중근 씨는 "나의 목적을 법정에서 발표하는 것도 하나의 수단이므로 사회의 오해를 바로잡기 위해 더욱 말하지 않으면 안 될 것이 있다"로 발언을 요구했다. 그러나 재판관은 "고등법원에서 발표할 기회가 있다"며 그를 제지했다. 거기에서 안중근은 "진술을 위해서도 항소하지 않을 수 없다"고 말했다. 그는 사형선고를 받고도 태연자약,

얼굴색 하나 변하지 않고 "이 판결은 처음부터 알고 있었다"면서 미소를 머금었다고 한다.

하지만 자신이 왜 사형을 당해야 하는지, 이 답답한 현실에 대해서는 분통이 터지는 심경을 감추지 않았다.

내가 예상했던 바에서 벗어나지 않았다. 예로부터 지금까지 수많은 지사들이 죽음으로 일을 다 마치고, 충성으로 간언하고 정책을 세운 것 중에서 훗날에 맞지 않은 것이 없었다. 내가 동양의 대세를 걱정하여 정성을 다하고, 몸을 바쳐 방책을 세웠으나 끝내 허사로 돌아가니 이 어찌 통탄할 일이 아닌가. 그러나 일본국 4000만 인구가 안중근의 날을 크게 외칠 날이 머지않아 올 것이다. 동양의 평화가 이렇게 깨어지고 마니 백 년 비바람이 어느 날에 그칠 것인가. 지금의 일본 당국자에게 조금이라도 지식이 있다면 이런 정책은 결코 쓰지 않을 것이다. 더구나 염치가 있고 공정한 마음이 있다면 어떻게 이 같은 행동을 할 수 있는가. 지난 1895년에 한국에 와 있던 일본 공사 미우라가 병정을 이끌고 대궐에 침입하여 한국의 명성황후 민씨를 시해했으나 일본 정부는 미우라에게 아무런 처벌도 내리지 않고 석방했다. 그 내용을 보면 그러한 짓을 시킨 자가 분명히 있었기 때문에 그렇게 된 것이다. 그런데 오늘 나의 일을 보면, 가령 개

인간의 살인죄라 할지라도 미우라의 죄와 내 죄 중에서 어느 것이 무겁고 어느 것이 가볍단 말인가? 참으로 머리가 부서지고 쓸개가 찢어질 일이다. 내게 무슨 죄가 있단 말인가? 내가 무슨 잘못을 저질렀단 말이냐?

안중근은 억울했지만, 미리 예상했던 일이고 어느 정도는 각오를 했던 일이다. 하지만 막상 사형선고가 떨어지자 마음은 산란했다. 이 미친 시대의 희생양이 되는 심경이 억울하기도 했다. 안중근은 교육, 사업, 의병 활동 등 미완성의 인생을 걸었다. 그의 인생에 결정적인 성공은 단 한 번 바로 이토의 암살이었다. 이것은 안중근이라는 이름을 세상에 알리는 일이면서도, 동시에 자신의 내면을 완성하는 철학적 행동이었다.

안중근은 자신을 버리고, 민족과 동양 평화 이 두 가지 대의명분을 내걸고, 대한군 참모중장이라는 자격으로 하얼빈이라는 전쟁터에서 적의 우두머리 이토를 사살한 것이다. 미우라는 일본 낭인들을 이끌고 한 나라의 상징이라고 할 수 있는 궁궐을 군홧발로 짓밟고 저격이나 사살이 아닌, 군도로 왕비를 처참하게 살육하고 그 시신마저도 불을 질러 버렸다. 그런 인간들은 일본의 보호를 받아 훈방 조치되고, 안중근은 정당한 행위임에도 일본에 의해 사형을 언도받았다. 안중근의 이러한 억울한 생각은 반성하고 성찰하면서 큰 깨달음을 얻게 된다. 안중근의 자서전 전편을 통해 가장 가슴 아픈 문장이 탄생한다.

    천만 번 생각하다가 문득 크게 깨달아 손뼉을 치면서 웃었다.
    '나는 정말 큰 죄인이다. 내 죄는 다른 죄가 아니라 어질고 약한 한국민으로 태어난 것이다.'
    이렇게 생각하니 모든 의혹이 풀리고 마음도 안정을 찾을 수 있었다.

나는 정말 큰 죄인이다
    안중근은 현실을 응시한다. 기어이 선과 악의 경계선을 넘어선 '대긍정'의 사상에 도달한다. 어질고 약한 한국민으로 태어났다는 자각은 안중근의 억울한 마음과, 불합리한 세상 이치에 대한 의혹을 풀어 주었다. 이 지점에서 안중근의 실패라고 할 수 있는 일들, 교육 운동, 의병 투쟁, 탄광 사업 등의 일들이 성공이었다고 역설적으로 말할 수 있다. 약한 한국을 살기 좋은 나라로 만드는 과정에 안중근은 서 있었다. 자신이 할 수 있는 일에 언제나 최선을 다하였고, 몸과 마음을 아끼지 않았다.
    안중근은 징검다리로서 우리 근대와 현대의 약하게 흐르는 시냇물을 건너게 한다. 안중근이 이토를 향해 쏜 총알은 바로 어질고 약한 한국민들의 나약한 정신을 향한 일갈이기도 했다. 안중근의

1909년 11월 3일~1910년 3월 25일

자조 어린 비탄과 자기반성은 바로 정부와 고종과 명성황후는 물론이고 매천을 비롯한 모든 애국지사들이 했던 자기반성이기도 했다. 을사오적과 같은 매국노 시정잡배, 무관심한 평민들은 그 총성을 듣지도 않았고 들을 수도 없었다. 그들은 결국 그렇게 살아가고 시국이 바뀌면 또 그에 맞춰 변신해서 살아간다.

그들은 결코 저격할 수 없는 우리들 속의 '또 다른 우리'이기 때문이다. 이러한 의미에서 안중근의 거사는 더 큰 의미를 갖는다. 선고일 이후 안중근이 보여 주는 문장들은 고독의 문장이다. 나는 이 고독에서 살 힘을 찾는다. 당대의 그 어떤 인물보다 고독하게 자신의 시대를 살다 간 안중근은 사형선고를 받고 깊은 사색의 정점에서 원점으로 다시 돌아온다. 자신의 죄를 인식한 것이다. 그 죄는 시대라거나 이토를 저격한 것이 아니라 어질고 착한 한국민으로 태어난 것이다. 이것은 체념이 아니라 각성이다. 이러한 각성 앞에서 우리가 해야 할 일은 무엇인가? 안중근이 우리에게 이렇게 묻고 있다.

항소를 포기하고 「동양평화론」을 집필하다

안중근은 항소를 하겠다고 재판장에게 말했지만 이내 생각을 바꾸고 말았다. 안중근은 간수 구리하라의 소개로 고등법원장 히라이시를 만났다. 그 자리에서 안중근은 사형 판결에 불복하는 이유와 동양 평화에 대한 자신의 신념을 밝혔다.

나의 이야기를 다 듣고 난 그는 감격스러워하며 이렇게 말했다.

"내가 그대를 깊이 동정하지만 정부 기관에서 하는 일을 어찌할 수 있겠습니까? 그러나 그대가 말한 의견을 정부에 상신은 해보겠습니다."

나는 그 말을 듣고 고맙게 여겼다.

"그런 공정하고 바른 말이 내 귀에 우레처럼 들린다는 것은 일생에 두 번 있기도 어려운 일일 것입니다. 당신 앞에서는 목석도 감복할 것입니다."

그리고 다시 요청했다.

"허가될 수 있다면,「동양평화론」이란 책을 한 권 저술하고 싶으니 사형 집행 날짜를 한 달 정도만 연기해 주었으면 좋겠습니다."

"어찌 한 달뿐이겠습니까? 몇 달이 걸리더라도 특별히 허가토록 할 것이니 염려하지 마십시오."

나는 그에게 감사하고 돌아와 공소권을 포기했다. 다시 공소를 한다 해도 아무런 이득이 없을 것은 불을 보듯 분명한 일이었고, 또 고등법원장의 말이 진담이라면 굳이 더 생각할 것도 없었기 때문이다.

그리고 계란으로 바위 치는 식의 법정 공방보다는 저술을 통하여 자신의 의지를 밝히고자 「동양평화론」을 쓰기 시작하지만 서문과 전감 두 장을 쓰고 나서 서둘러 사형을 당하게 된다. 「동양평화론」은 서문, 전감, 현상, 복선, 문답 등 5단계로 구상했다. 일제는 안중근에게 시간을 주겠다고 했지만, 결국 그 약속마저도 지키지 않았다. 고등법원장의 약속은 일본 정부의 입김 앞에서는 무력한 것이다.

집필 시기는 3월 15일 자서전을 탈고했는데 3월 18일에 서문을 이미 작성한 것으로 미루어 보아, 자서전과 「동양평화론」을 같이 집필했을 것으로 추측할 수 있다. 그리고 공소권을 포기하는 대신에 집필 시간을 주겠다는 약속을 믿었기에 안중근 자신은 이 논문에 자신의 온 사상을 투영할 생각이었다. 미완으로 끝난 「동양평화론」은 그 서문과 전감만으로 안중근의 사상을 다 담았다고는 할 수 없지만, 열악한 상황에서 혼신의 힘을 다하여 저술한 미완의 명저다.

「동양평화론」은 "대저 합하면 성공하고 흩어지면 패망한다는 것은 만고에 분명히 정해지고 있는 이치다"라는 문장으로 시작해서 "슬프다. 자연의 형세를 돌아보지 않고 같은 인종, 이웃 나라를 해치는 자는 독부의 환난을 결코 면하지 못할 것이다"라고 그치고 말았다.

이 짧은 논문에서 안중근은 뤼순을 중립화하여 그곳에 한중일이 공동으로 관리하는 군항을 만들자는 제의, 동아시아 공동의 은

행을 설립하여 원만한 금융 관계를 만들자는 제의, 동아시아 3국 군대를 만들어 각 나라의 언어를 배우게 해서 국가 간의 연맹 체계를 만들자는 제의, 상공업이 발달한 일본에게 한국과 중국은 지도를 받자는 제의, 로마 교황청을 3국이 공동으로 방문해 협력을 맹세하자는 식의 논지를 펼쳤다. 다분히 이상주의적인 생각임에도 불구하고 동양 평화에 대한 안중근의 투명한 마음이 보이는 논문이다.

사형 집행을 목전에 두고 쓴 이 논문에 대해 학문적인 평가나 객관적인 평가는 무의미하다. 이 논문은 안중근이 자신이 꿈꾸는 나라에 대해, 시인의 마음으로 쓴 에세이로 보아야 한다. 북풍한설이 몰아치는 적군의 감옥 안에서 영하 20도가 내려가는 혹한 속에서 그가 기어이 보고 싶었던, 가고 싶었던 나라를 꿈꾸었던 것이다.

어머니

안중근의 공판 소식을 전해 들은 어머니 조마리아 여사는 '기어이 일이 그렇게 되었구나'라고 짧게 탄식을 하고 아들의 수의를 만들었다. '이유야 어찌 되었건 남의 목숨을 앗았으니 살기를 바랄 일은 아니다. 중근은 아마도 사형을 당할 것이다.' 어머니는 혼잣말처럼 중얼거렸다.

정근과 공근 두 아우는 어머니의 그런 모습을 보고 차마 같이 앉아 있을 수 없어 잠시 밖으로 나왔다. 어머니의 울음소리라도 들을까 싶어 두 아우는 두려웠다. 그렇게 마당을 서성거리면서 담배를 피우고 있는데 잠시 후, 어머니는 두 아우를 불러들였다.

"이 옷이 내 아들 중근이 이 세상을 떠나는 날 입을 옷이다. 어떠냐, 고우냐?"

정근은 수의를 곱게 접고 있는 어머니의 손길을 보고 아무 말도 하지 못했다. 조마리아 여사는 한복을 쓰다듬으면서 말했다.

"그래, 이제 우리 모자 상면은 이승에서는 없는 일이다. 너희들은 이 어미의 말을 잘 듣고 한 자도 왜곡 없이 중근에게 전해야 한다. 알겠느냐?"

"예, 어머니."

"너희 형은 어려서부터 남달랐다. 아버지가 너희를 대할 때도 달랐지. 너희가 글을 소홀히 하면 나무랐지만, 중근이 사냥을 가면 그냥 두었다. 왜 그런지 아느냐?"

"……"

"중근은 무사의 기질을 타고났기 때문이다. 그리고 나라를 위하여 자신의 길을 걸어갔으니 너희 아버지도 저승에서 아들을 반가이 기다리고 있을 것이다."

"어머니."

조마리아 여사는 곁에 큰아들 중근이 있는 듯 말했다.

"중근이 행여 늙은 어미보다 먼저 죽는 것이 불효라고 생각한다면 이 어미를 욕되게 하는 것이다. 대장부로 태어나 나라를 위해 큰일을 하였으니 이것은 가문의 큰 영광이다. 너희들도 마찬가지다. 살아서 나라와 민족에 욕을 보이는 때에는 죽음을 택하는 것이다. 죽음으로 자신의 이름과 나라의 이름을 빛낸 충신 열사들이 하나둘이 아니다. 사형선고를 받거든 당당하게 나아가라. 이 모진 세상에서 벗어나 하느님의 품으로 돌아가라. 그곳에서 우리 모자 상봉하여 이승에서 못 나눈 정을 천년만년 나눌 것이다."

두 아우는 안중근을 면회하여 어머니의 이 말을 전했다. 안중근은 고향에서 자신을 향해 항상 기도를 하고 있을 어머니의 모습에 가슴이 미어졌다. 안중근의 어머니는 '놀라운 부인'이라는 평가를 받을 정도로 아들의 의거에 자부심을 가지고 행동했다.

고해성사

독실한 천주교 신자인 안중근은 지상에서 마지막으로 자신의 신인 천주를 향한 예배를 보기를 원하였다. 안중근은 자신에게 세례를 주어 신앙의 길로 인도한 홍 신부를 찾았다. 홍 신부 역시 안중근에게 고해성사와 미사성제를 해주기를 원했지만, 당시 조선 천주교를 이끌고 있던 뮈텔 주교가 이를 반대했다. 뮈텔 주교는 안중근이 살인을 한 것으로 판단하고, 홍 신부를 뤼순에 보내지 않으려고 했다.

심지어 뮈텔 주교는 10월 26일 의거 후, 11월 4일 서울 헌병본부에서 거행된 이토의 장례식에 '조선천주교'라고 쓴 조화를 보낼 정도였다. 그가 장례식장에 직접 참여하지 않은 이유는 일본의 신도 행사로 장례가 이루어졌기 때문이다. 뮈텔 주교는 홍 신부에게 뤼순에 가지 말 것을 명령했다. 뤼순감옥에서 허가하고 중국 펑톈의 슐레 주교가 서한을 보내 홍 신부를 뤼순에 보내 줄 것을 당부하여도, 주위 사람들의 간곡한 부탁에도 안하무인이었다.

하지만, 안중근은 3월 7일 뤼순에 도착한 홍 신부를 그 다음 날 만났다. 홍 신부는 뮈텔 주교의 판단이 틀렸다고 보고 뮈텔 주교의 명령을 따르지 않고 안중근을 찾았다.

홍 신부와 안중근의 만남은 당시 통역을 맡았던 소노키 스에키가 작성한 공식보고서에 자세히 기술되어 있다. 안중근 연구가인 최서면 선생이 찾아낸 자료다.

3년 만의 만남

3월 7일 여러 곡절 끝에 홍 신부가 도착했다. 그는 재판부가 안 의사의 고해성사를 허락한 데 대해 사의를 표명했다. 그는 그러나 고해성사가 신부와 신자 사이에만 이뤄지는 비밀 행사이며 이 때문에 모든 일이 당국의 입회 아래 이뤄져야 한다는 형무소법과 충돌하는 문제를 상의했다.

  8일 오후 2시 홍 신부는 두 동생과 함께 법원 당국의 양해하에 형무소를 찾아 3년 만에 안 의사를 다시 만났다. 홍 신부는 죽음을 앞둔 신자로서 해야 할 바를 알려 주고 다음 날 고해성사를 하기로 하고 돌아갔다. 홍 신부는 위로의 인사를 하고 서서히 자기가 온 이유에 대해서 설명하면서 "내가 이 만주 뤼순에 오기까지는 많은 시련과 장애가 있었다. 네가 아는 대로 너와 나는 사제 관계에 있어서, 또 이번 거사는 내가 시킨 것처럼 와전됐기 때문에 적지 않은 의심을 받아 이번에 오는 것도 어떤 정치적 의미가 있는 것처럼 사람들이 알고 있어 무척 고단한 일이었다"고 말했다. 홍 신부는 이어 "몇 번이고 여기 오는 것을 주저했으나 너와 두 동생의 간절한 부탁으로 뤼순법원의 특별 면회 허가가 났다는 전보를 받고 여러 차례 반복해 고려한 끝에 원래 선교사로서 처음부터 끝까지 천명을 받들 나는 국가나 정치에 전혀 관계가 없고 공명정대한 것만을 생각하여 아무것도 두려울 것이 없다는 걸 느끼고 만난을 제치고 여기에 오겠다고 결심했다"고 했다.

  그는 "오늘 면회의 목적은 세 가지가 있는데 나는 내 아들인 신앙의 아들을 사랑하기 때문에 네가 죽을 때까지 사랑하고 목숨을 잃을 때까지 기도를 해야 한다. 그것이 하나다. 둘째, 나는 이번 너의 거행이 살인이며 그것이 옳지 않다는 것을 가르쳐야 한다. 셋째, 너의 고국과 동포와 교우들은 너의 이 큰 죄로 도저히 생명을 유지할 수 없고 어느 나라 국법에 의하더라도 반드시 사형에 처해질 것이라고 하며, 네가 깨끗이 죽음에 임하여 그 죄를 씻기를 원하고 있기 때문에 너의 모친과 교우의 위촉을 받아 네가 죽기 전에 일순간이라도 좋은 교우로서 죽기를 바란다"고 덧붙였다.

고해성사

3월 9일 오후 2시 안 의사는 홍 신부에게 고해성사를 했다. 고해성사는 백지 20장에 걸쳐서 적은 내용을 읽어 가며 20분간 진행됐다. 홍 신부는 아주 작은 목소리로 하느님의 말씀을 전하는 것 같았고, 안 의사도 신부의 귀에 입을 대고 고해성사를 했다. 너무 목소리가 작아 신부 외에는 누구도 들을 수 없었다. 홍 신부는 그렇게 진지하고 생생하게 말하는 것은 참으로 안 의사의 신앙을 보여 주는 것 같은 느낌을 받았다고 밝혔다. 일본 관리들이 고해성사의 내용이 무엇이었는지 물었으나 홍 신부는 일체의 내용을 밝히길 거부했다.

안중근이 가슴에 묻어 두고 간 고해성사의 내용은 아무도 알 수 없다. 이 고해성사에서 안중근은 무엇을 고백했을까? 아주 작은 목소리로 신부와 안중근은 대화했다. 안중근은 나중에 의문사를 당하게 되는 장남 분도가 신부가 되기를 간절히 원했다. 신부는 하느님의 말씀을 전하는 사람이고 정치적으로 자유로운 사람이고 수도자다. 안중근이 아들을 신부로 만들고자 한 간절한 마음에는 이토와 자신의 업보가 아들 대에서는 모두 풀리기를 바라는 심정이 있었다.

안중근은 고해성사를 통하여 신앙적으로 '죄사함'을 받았다. 밀실에서 신부와 신자 두 사람 사이에 이루어지는 고해성사는 뤼순 감옥의 면회실에서 이루어졌다. 신부와 안중근 두 사람이 가까이 앉았고, 나머지 사람들은 멀리 떨어진 곳에서 참관했다. 이 정도의 배려도 안중근에게는 고마운 일이었다. 두 사람은 마음의 밀실을 만들었고, 그 안에서 하느님의 말씀을 전해 들었다. 신은 안중근에게 어떤 말씀을 했을까? 백지 20장에 쓴 안중근의 고해성사는 우리가 알 수 없는 안중근의 심장소리다. 그 두근거리는 목소리는 결국 조용히 참선을 하듯 느낄 수밖에 없다. 안중근이 마음으로, 신을 향해 마지막으로 고해하는 내용은 사랑과 평화를 갈구하는 한 인간의 내면 고백이기도 하다.

고해성사는 자신의 죄를 고하는 행위다. 이 고해성사를 통하여 안중근의 마음이 평화를 얻었다는 것은 분명하다. 고해성사가 끝나고 나서 홍 신부는 안중근에게 성경의 한 구절을 읽어 주었다.

"베드로전서 4장의 말씀이다. 세상의 종말이 가까워 오고 있습니다. 깨끗한 마음으로 침착하십시오. 그리고 정신을 차려 기도하십시오. 무엇보다도 서로를 깊이 사랑하십시오. 사랑은 다른 사람의 허물과 죄를 덮어 줍니다. 불평하지 말고 서로 대접하십시오. 하느님께서는 여러분 모두에게 성령의 선물을 허락해 주심으로, 하느님의 은혜를 알게 하였습니다. 그러므로 하느님의 선물을 가볍게 여기지 말고, 착한 종처럼 남을 돕는 일에 사용하십시오. 말씀을 전하는 사람은 하느님의 말씀만을 전하는 사람이 되고, 봉사하는 사람은 하느님이 주시는 힘으로 남을 도우십시오. 무슨 일을 하든지 예수 그리스도를 통해 하느님께서 영광을 받으시도록 하기 바랍니다. 그분에게 영광과 능력이 영원토록 함께하기를 바랍니다. 아멘."

3월 10일에는 홍 신부가 집전한 미사에 안중근과 감옥 일반 관리들이 참례했다. 홍 신부는 다음 날 다시 안중근을 면회하고 위로와 강복을 준 다음 뤼순을 떠났다. 홍 신부는 이 일 때문에 뮈텔 주교에게 문책을 당하고, 명령 불복종을 이유로 본국인 프랑스로 쫓겨 나가는 수모를 겪게 되었다. 홍 신부는 이에 대해 훗날 탄원서를 제출한다. 홍 신부와의 만남을 마지막으로 안중근은 자서전에 마침표를 찍었다.

다음 날 오후 2시쯤 홍 신부가 나에게 와 말했다.

"나는 오늘 한국으로 돌아가니 작별하러 왔다."

홍 신부와 나는 몇 시간 동안 이야기를 나누었다. 마침내 홍 신부가 헤어지기 위해 내 손을 잡으며 말했다.

"인자하신 천주님께서 너를 버리지 않을 것이다. 반드시 너를 거두어 주실 것이니 안심하여라."

그리고 손을 들어 나에게 강복을 해주고 떠나시니, 이때가 1910년 경술년 2월 초하루 오후 4시경이다.

이상이 안중근의 32년간 역사의 줄거리다.

1910년 3월 15일(음력 2월 5일)

뤼순감옥에서 대한국인 안중근 글을 마치다.

사형 전야

'오늘이 내 인생의 마지막 날이구나.'

안중근은 사형 집행일 전날에도 두 동생을 면회할 수 있었다. 면회장에 있던 검사 미조부치가 이제는 마지막 날이니 서로 손을 잡아도 좋다는 허락을 했다. 두 동생들은 형의 손을 간절하게 잡고 싶었다. 두 동생이 손을 내밀려고 하자 안중근은 먼저 기도를 올리자고 했다. 두 동생은 간절한 형의 기도소리를 속으로 되뇌었다. 그리고 세 사내는 서로의 손을 굳게 잡았다.

이 자리에서 안중근은 어머니와 아내에게 보내는 편지를 비롯해 모두 여섯 통의 편지를 두 아우에게 주었다. 안중근은 다음 날 사형장으로 갈 때 입을 수의를 전해 받았다. 한복 바지와 저고리였다. '이것이 내 수의가 되는구나…….' 안중근은 문득 내일이라는 시간이 바로 발끝에 있는 것 같았다. 그간 걸어온 그 여정이 어머니가 지어 준 수의에서 멈추었다. 안중근은 생과 사는 인간의 몫이 아니라고 믿었다. 내일의 일은 신의 뜻이다.

나는 오늘 내가 할 일을 충실히 한다. 내일은 그 결과일 뿐이다. 자신의 삶, 서른두 살 인생이 그리 억울하지도 않았다. 어느 하루도 허투루 보낸 적이 없었다. 청계동, 진남포, 만주, 블라디보스토크, 하얼빈 등 그간 자신이 걸어온 여정이 철로처럼 길게 이어져 있었다.

안중근이 어머니 조 마리아에게 보낸 편지다.

어머니 전상서

예수를 찬미합니다.

불초한 자식은 감히 한 말씀을 어머니께 올리려 합니다.

엎드려 바라옵건대 자식의 막심한 불효와

아침저녁 문안 인사 못 드림을 용서하여 주시옵소서.

이 이슬과도 같은 허무한 세상에서

감정에 이기지 못하고

이 불초자를 너무나 생각해 주시니

훗날 영원의 천당에서 만나 뵈올 것을 바라오며

또 기도합니다.

이 현세의 일이야말로 모두 주님의 명령에 달려 있으니

마음을 평안히 하옵기를 천만 번 바라올 뿐입니다.

분도는 장차 신부가 되게 하여 주기를 희망하오며,

후일에도 잊지 마옵시고 천주께 바치도록 키워 주십시오.

이상이 대요이며, 그 밖에도 드릴 말씀은 허다하오나

후일 천당에서 기쁘게 만나 뵈온 뒤 누누이 말씀드리겠습니다.

위아래 여러분께 문안도 드리지 못하오니,

반드시 꼭 주교님을 전심으로 신앙하시어

후일 천당에서 기쁘게 만나 뵈옵겠다고 전해 주시기 바라옵니다.

이 세상의 여러 가지 일은 정근과 공근에게 들어 주시옵고,

배려를 거두시고, 마음 편안히 지내시옵소서.

안중근이 아내 김아려에게 보내는 편지다.

분도 어머니에게 부치는 글

예수를 찬미하오.

우리들은 이 이슬과도 같은 허무한 세상에서

천주의 안배로 배필이 되고 다시 주님의 명으로

이제 헤어지게 되었으나, 또 머지않아 주님의 은혜로

천당 영복의 땅에서 영원에 모이려 하오.

반드시 감정에 괴로워함이 없이 주님의 안배만을 믿고

신앙을 열심히 하고 어머님에게 효도를 다하고

두 동생과 화목하여 자식의 교육에 힘쓰며

세상에 처하여 심신을 평안히 하고 후세 영원의 즐거움을 바랄 뿐이오.

장남 분도를 신부가 되게 하려고

나는 마음을 결정하고 믿고 있으니

그리 알고 반드시 잊지 말고 특히 천주께 바치어

후세에 신부가 되게 하시오.

많고 많은 말은 후일 천당에서 기쁘게 즐겁게 만나 보고

상세히 이야기할 기회가 있을 것을 믿고 또 바랄 뿐이오.

1910년 경술 2월 14일.

안중근이 안병찬 변호사를 통하여 동포들에게 보내는 편지다.

동포에게 고함

내가 한국 독립을 회복하고

동양 평화를 유지하기 위하여

3년 동안을 해외에서 풍찬노숙하다가,

마침내 그 목적을 달성하지 못하고 이곳에서 죽는다.

우리들 2000만 형제 자매는 각각 스스로 분발하여

학문에 힘쓰고, 실업을 진흥하며, 나의 끼친 뜻을 이어

자유 독립을 회복한다면 죽는 자로서 유한이 없을 것이다.

1910년 3월 26일

순국의 날

뤼순감옥에서 안중근이 교수형을 당한 자리에 섰다. 100년 전 안중근이 섰던 바로 그 자리에서 교수형에 쓰는 밧줄을 보았다. 저 밧줄에 목을 걸고 안중근은 사랑과 평화의 신이 있는 천당으로 올라갔다. 교수대 옆으로 가니 사람 하나가 겨우 서 있을 만한 작은 공간이 있었다. 사형수가 잠시 대기하는 공간이었다. 그 공간에 들어가니 마치 관에 들어가 서 있는 것 같았다. 이 공간이 바로 인간 육체의 죽음의 공간인가 싶었다. 좁고 어두운 공간에 오래 있을 수 없었다. 다시 나와 사형장을 바라본다. 계단을 밟고 교수대로 올라가는 안중근의 모습이 보인다. 잠시 무릎을 꿇고 신께 기도를 올리는 그의 후광이 빛난다.

3월 26일 사형 집행일이 되었다. 새벽부터 긴 겨울이 끝나는 것을 알리는 봄비가 내리는가 싶었다. 안중근은 여느 때와 마찬가지로 먼저 기도를 올렸다. 일제는 안중근에게 「동양평화론」을 집필할 시간을 주지 않았다. 일제는 서둘러 2월 14일 사형선고를 하고 3월 26일 사형 집행을 했다. 애당초 안중근은 예수가 십자가에서 처형당한 3월 25일 세상을 떠나기를 원했다. 하지만 공교롭게도 25일은 순종의 생일인 건원절이었다. 조선 국왕의 탄신일에 조선인의 사형을 집행할 수는 없는 일이었다.

새벽에 눈을 뜬 안중근은 어머니가 보낸 수의를 기도하는 마음으로 입었다. 한복 저고리는 흰색이었고 바지는 흑색이었다. 곱게 접은 한복 위에 십자가가 놓여 있었다. 휘호를 비롯한 미완의 원고는 정리하여 한자리에 잘 두었다. 창문에 방울진 빗방울들이 하늘의 눈물이라도 되는 듯 흘러내리고 있었다. 안중근은 창문에 손을 대고 잠시 벽에 기대어 섰다. 그리고 다시 자리로 돌아와 수의를 바라보았다. 죽음은 어머니의 품으로, 고향으로, 천국으로 돌아가는 일인지도 모른다. 어머니의 자궁 속에서의 일을 기억할 수 없듯, 다시 돌아가는 어머니의 품을 상상할 수는 없는 일이다.

사각거리는 명주 한복의 촉감이 좋았다. 흰옷의 촉감은 고향을 느끼게 했다. 어머니가 이 옷을 지으면서 어떤 심경이었을까, 잠시 헤아리니 가슴이 미어졌다. 어려서는 입신출세하여 화려한 관복을 입고 어머니 앞에 서고 싶은 마음이었다. 안중근은 수의를 천천히 쓸어내렸다. 어머니의 모습과 더불어 다정한 아내, 귀여운 자식들의 얼굴이 어른거렸다. 그들의 따뜻한 몸이 느껴졌다. 아이들이 아버지를 부르며 얼굴을 부비며 달려드는 촉감을 느꼈다. 이제 이승의 마지막 길이어서인지 그 감각은 육체적이었다. 아내의 다정한 손길이 느껴졌다. 곁에 와서 그의 거친 손을 살며시 잡아 주었다. 안중근은 그 손 위에 자신의 거친 손을 덮었다. 울컥 눈물이 맺혔다. 대장부의 흔들리는 어깨 위로 어머니의 도닥거리는 손길이 닿았다.

안중근은 안색을 단정히 하고 천천히 옷을 갈아입었다. 옷을 다 입으니 드디어 마음이 평화로웠다. 이 옷을 입고 하늘나라에 간다. 깨끗한 옷으로 갈아입고, 이제 자신을 부르러 올 사람들을 기다리고 있었다. 조용히 가부좌를 틀고 앉아 있었다.

'중근아, 중근아. 장하다, 내 아들아.'

작고하신 아버지가 자신을 불렀다. 안중근의 넓은 등을 아버지가 어루어만지고 있었다. 안중근은 아버지를 부르면서 고개를 들었다. 멀리 환한 빛이 보였다. 넓은 문이 열렸다. 안중근은 가슴에 수의와 함께 온 십자가를 달았다. 그때 철컹 감옥의 문이 열렸다. 형무소장이 문 앞에 서 있었다. 그는 말했다.

"시간이 되었습니다."

안중근은 천천히 감옥을 나와 사형장으로 걸어갔다. 봄비가 계속 내리고 있었고, 교수형이 절차대로 집행되었다. 남기고 싶은 말이 있느냐는 질문에 안중근은 잠시 기도를 올렸고, 형이 집행되려는 순간에 마지막으로 대한 독립 만세를 외쳤다. 감옥 숲 풀에 숨어 있던 검은 새 한 마리가 봄비를 뚫고 힘차게 하늘로 날아올랐다. 안중근은 교수대에서 그 새가 날아가는 하늘을 올려다보았다. 안중근은 다시 한 번 우렁찬 목소리로 외쳤다.

"대한 독립 만세."

1910년 3월 26일

1910년 3월 26일 이후

동양 평화를 위하여

안중근의 법정 통역자인 소노키 스에키는 안중근의 사형 집행에 대한 기록을 남겼다. 다음은 2008년 3월 25일자 『한겨레신문』에 소개된 글이다.

살인 피고인 안중근에 대한 사형은 3월 26일 오전 10시 감옥소 안의 사형장에서 집행되었다. 그 과정은 다음과 같다. 오전 10시 미조부치 검찰관, 구리하라 감옥장과 소관 등이 사형장 검시실에 앉고 안중근을 불러들여 사형 집행의 뜻을 전하고 유언의 유무를 물은 데 대해 안중근은 별로 유언할 것은 없으나 자기의 이번 행동은 오직 동양의 평화를 도모하는 성의에서 나온 것이므로 바라건대 오늘 이 자리에 있는 일본 관헌 각의도 나의 뜻을 이해하고 피차의 구별 없이 합심하여 동양의 평화를 기할 것을 기원한다고 말했다. 그리고 이에 동양 평화의 삼창을 하도록 허락해 줄 것을 제의했는데 전옥은 그렇게 할 수 없다는 뜻을 설명하고 간수로 하여금 백지와 흰 천으로 눈을 가리고 특별히 기도를 드릴 것을 허가하니 안중근은 2분여 묵도를 하였다. 그리하여 두 사람의 간수가 데리고 계단으로 교수대에 올라 태연하게 형의 집행을 받았다. 때는 10시를 조금 넘은 4분이며 15분에 이르러 감옥의가 시체를 검시하고 절명하였다는 보고를 하기에 이르러 이에 집행을 끝내고 일동 퇴장하였다.

10시 20분 안의 시체는 특별히 감옥에서 새로 만든 침관에 담아 흰 천을 덮고 교회당으로 옮긴 뒤 공범자인 우덕순, 조도선, 유동하 3명을 끌어내 특별히 예배를 하게끔 하였다. 오후 1시 감옥의 장지에 이것을 매장하였다.

안중근은 죽음에 대해서 "사람은 반드시 한 번은 죽는 것이므로 죽음은 두려워할 것이 아니다. 인생은 꿈과 같고 죽음은 영원한 것"이라고 여러 번 밝혀 말을 했다. 그가 두려운 것은 죽음이 아니라 조국의 운명이었다. 하지만 이제 그 두려움마저도 형장에서 사라져 버렸다. 이제 살아남은 자들의 몫이 남아 있었다. 안중근은 이제 살아남은 자들의 몸과 영혼에 깃들어 조국의 어두운 현실을 헤치고 나아가야 했다.

형이 집행되고 나서 안중근의 유해는 봄비를 맞으며 형장에서

15킬로미터 정도 떨어진 뤼순감옥 묘지에 매장되었다. 안중근 의사가 순국하고 나자, 의사의 유해를 찾기 위해 우리나라와 북한, 중국 등이 현장 발굴을 하는 등 수십 년에 걸쳐 노력했지만 지금까지 찾을 수가 없다.

발굴 현장 사진을 보면 사형수들은 항아리에 몸이 접혀 들어가 아무렇게나 매장되었다. 이름도 나이도 성별도 없었다. 그들에게 사형수들은 짐승의 사체처럼 땅에 파묻어 버리면 그만이었다. 뤼순감옥에 있는 당시 묘지의 그림을 보면 들개들이 묘지를 파헤쳐 사체를 훼손하는 모습이 묘사되어 있다. 들개들이 일본군처럼 보인다.

사형 집행이 끝나고, 처형장 밖에서 형의 유해를 기다리고 있던 정근, 공근 두 동생은 이미 안중근의 유해가 묘지에 묻혔다는 이야기를 듣고 대성통곡을 했다고 한다. 안중근이 처형 전날까지 보여준 의연한 모습과 그의 정신에 심지어 일본인들까지도 감화를 받았다. 이러한 인물의 유해를 넘겨주면 안중근을 중심으로 한 독립운동의 불길이 더욱 거세어질 것이다. 일본 제국주의는 그것이 두려웠던 것이다.

두 동생은 형의 시신을 찾기 위해 노력하였지만 수포로 돌아갔다. 결국 안중근 의사의 유해는 '실종'되었고, 그의 유언만이 남아 있다.

내가 죽은 뒤에 나의 뼈를 하얼빈 공원 곁에 묻어 두었다가, 우리 국권이 회복되거든 고국으로 반장해다오. 나는 천국에 가서도 마땅히 우리나라의 회복을 위해 힘쓸 것이다. 너희들은 돌아가서 동포들에게 각각 모두 나라의 책임을 지고 국민 된 의무를 다하여, 마음을 같이 하고 힘을 합하여 공로를 세우고 업을 이루도록 일러다오.

대한독립의 소리가 천국에 들려오면, 나는 마땅히 춤추며 만세를 부를 것이다.

일본 제국주의가 진정으로 두려워해야 할 것은 안중근의 유해가 아니라 안중근의 정신이다. 정신은 유해와는 달리 실종될 수가 없기 때문이다. 안중근은 지금도 우리의 심장과 영혼에 살아 있는 조선의 독립투사다.

1910년 3월 26일 이후

2009년 10월 26일

안중근 의사 의거 백주년 기념식장에서

2009년 10월 26일 오전 서울 남산 안중근 의사 기념관 앞 광장과 중국 하얼빈에서 안중근 의사 의거 백주년 기념식이 열렸다. 동시에 일본에서는 이토 사망 백주년 관련 행사가 곳곳에서 열렸다. 100년이 지났지만 두 인물의 악연은 끝나지 않고 있다.

안중근과 이토는 동전의 앞뒷면처럼 우리에게, 일본인들에게 각인되어 있다. 기념식장에 온 한 일본인은 기자에게 일본에는 이토 사망과 관련된 많은 행사가 있다면서 양국을 오가면서 참 복잡한 생각이 든다고 했다.

기념식장에는 국무총리를 비롯한 정부 인사와 광복 회원 그리고 시민들이 참가했다. 대한민국 만세 삼창을 하는 소리가 남산에 울려 퍼졌다. 동시에 광화문에서는 교보빌딩에 안중근 의사의 얼굴을 시민 6000여 명의 얼굴을 합성해 만들어 걸었고, 그 옆에 안중근 의사의 트레이드마크가 된 약지가 한 토막 잘려 나간 손바닥 형상을 대형 현수막으로 만들어 걸었다. 이 단지 그림은 3만 2000명의 손도장을 모아 완성한 것이다.

더불어 안중근 의사의 일대기를 담은 뮤지컬이 공연되었고, 경기도 부천에 안중근 의사 공원을 만들어 하얼빈에서 철거당한 동상 제막식도 했다. 100년이라는 시간이 지난 뒤, 안중근 의사에 대한 우리나라의 추모 행사는 이날 절정을 이루었다. 더불어 안중근 의사의 마지막 모습을 담은 사진 28점과 유묵 34점이 예술의 전당 서예박물관에서 공개되었다.

안중근 의사를 향해 묵념을 하고 남산에서 빠져나와, 집에서 그날 저녁 뉴스를 보았다. 의거 백주년 기념식장에서 안중근 의사의 증손자인 안보영 씨(46)가 인터뷰를 했다. 동아시아가 경천동지했던 역사적인 의거 후 뿔뿔이 흩어진 안중근 의사의 후손들이 공식 기념식장에서 인사를 나누는 모습도 보았다.

하지만 뉴스에서 안중근 의사의 두 동생이 안 의사의 유해를 찾기 위해 노력하다가 결국 하얼빈에서 숨졌다고 보도했는데, 이것은 오보다. 정근과 공근 두 동생은 형 안중근의 유지를 받들어 상하이 임시정부에서 김구 주석과 함께 독립운동에 헌신하다가 안정근은 병으로 은퇴했고, 안공근은 실종되었다. 안공근의 실종에는 아직까지도 많은 이들이 의문을 품고 있다. 두 형제는 형을 이어서 우리나라의 독립운동에 헌신하신 분들이다. 맏형인 안중근의 엄청난 후광 때문에 그들의 활동은 상대적으로 덜 알려졌던 것이다.

안중근 의사의 집안은 온 가족이 독립운동에 헌신하여 한 가문으로는 가장 많은 독립운동 서훈자가 나왔다. 독립운동에 참여한 인물은 40여 명으로 추산되고, 대표적인 독립운동 서훈자는 안중근 의사를 비롯해서 두 동생인 정근과 공근, 사촌 명근, 경근, 조카 춘생, 봉생, 원생, 낙생, 안명근의 매제 최익형, 그리고 안춘생의 부인 조순옥 등이다. 우리나라 독립에 기여한 공로를 따지자면 단연 1위의 자리에 올려놓아야 할 명문 집안인 것이다.

이들은 일제강점기에 친일파들이 일제에게서 벼슬이나 작위를 받아 거들먹거리면서 민족의 고혈을 빨아먹는 흡혈귀처럼 살고 있을 때 러시아, 중국 등지를 떠돌면서 가난과 질병과 암살 위험 속에서 독립운동에 헌신한 우리나라의 진정한 '애국 집안'인 것이다. 이 명문 집안을 일제가 내려주는 공작이니 남작이니 자작이니 하는 작위를 받은 집안과 어찌 같이 견줄 수 있단 말인가?

이미 앞에서 언급했지만, 안중근 의사는 거사 전 자신이 거사를 하고 나서 가족들이 겪을 고초를 예상하고 정대호에게 편지를 써서 블라디보스토크로 가족을 데리고 오라고 했다. 하지만 가족들이 도착하기 전에 거사가 이루어졌고, 그 뒷감당을 두 동생이 도맡아 했다.

안중근 의사가 순국한 후, 두 동생이 유해를 찾기 위해 형무소장을 찾아가 시신을 돌려 달라고 했지만, 이미 안중근 의사의 교수형이 집행되고 시신은 매장된 후였다. 일제는 안중근 의사의 유해가 조선인의 손으로 넘어가면 독립운동의 상징이 될 것이 두렵고 무서웠다. 그래서 그들은 안중근을 서둘러 처형하고, 아무런 표지도 없이 항아리와 같은 관에 넣어 공동묘지에 유기하듯이 '파묻어' 버린 것이다. 두 동생은 거칠게 항의하며 형을 두 번 죽이는 행위라고 절규했지만, 말 그대로 벽에다 대고 통곡할 수밖에 없었다.

들개들이 유골을 파헤치는 그런 황량한 공동묘지에 안중근의사의 몸은 버려졌고, 그의 정신만이 하늘의 별로 떠올랐다. 두 동생은 감옥 주변을 맴돌면서 형의 유해를 찾으려 했지만 결국 수포로 돌아가고 말았다. 안중근 의사의 유해 발굴을 위해 우리나라는 물론이고 북측에서도 노력했지만 아직까지 찾지 못하고 있다. 공동묘지의 수많은 유골들 중에서 안 의사의 유골을 발굴한다는 것은 매우 지난한 일이다.

그럼 이토의 시신은 어떻게 되었을까? 이토 히로부미의 시신은 하얼빈 역을 떠나 다롄으로, 다롄에서 일본 도쿄로 조심스럽게 운구되었다. 그 당시의 자료 화면이 남아 있을 정도로 이토의 장례식은 성대하고 엄숙하게 거행되었다. 이토의 장례식은 일본 최초의 국장이기도 했다. 지금은 철거되었지만, 하얼빈 역에는 그의 흉상이 세워졌고, 우리나라에도 박문사라는 절을 지어 이토를 추모했다.

박문사는 이토의 이름(이등박문)에서 따온 것이다. 또한 이 박문사가 자리 잡은 언덕을 춘무산이라고 불렀는데, 춘무는 이토의 호다. 일제는 1932년 이토의 기일인 10월 26일에 장충단 동쪽에 박문사를 완공했다. 이 절의 건축 과정을 보면 더 기가 막힌다. 광화문의 석재, 경복궁의 선원전과 부속 건물, 남별궁의 석고각이 건축물로 쓰였으며, 경희궁의 정문인 홍화문을 떼어 정문으로 삼았다. 낙성식에는 당시 조선 총독 우가키 가즈시케가 참석하고, 히로히토 천황과 황족들의 하사품도 전달되어 성대하게 치러졌다.

일제의 박문사 설립 목적은 "조선 초대 통감 이토 히로부미의 훈업을 영구히 후세에 전하고, 일본 불교 진흥 및 일본인과 조선인의 굳은 정신적 결합"을 도모하기 위한 것이었다. 1939년에는 이곳에서 이토를 비롯한 이용구, 송병준, 이완용 등 한일병탄의 공로자들을 위한 감사 위령제가 열렸으며, 기록에 의하면 춘원 이광수, 최린, 윤덕영 등 친일파들이 참배를 하면서 애도의 뜻을 전했다고 한다. 안중근 의사의 둘째 아들인 안준생도 이 자리에 있었다. 이 행사에 약 1000명 정도의 사람이 참가했다고 한다.

이토의 시신은 일본 정부가 마련한 도쿄 시나가와 부근 특별 묘지에 안장되었다. 약 1000여 평이 넘는 넓은 부지에 자리를 잡고 있는 이토 히로부미의 묘지는 각종 석물들과 거목으로 웅장하게 꾸며져 있고, 그의 무덤은 돌로 쌓아올린 기단 위에 있다. 마치 조선시대 왕릉 같은 분위기다. 일본인들도 이토의 무덤을 보면서 일본 내에서도 이토록 훌륭한 무덤은 보기 힘들다고 이야기한다. 말 그대로 국가의 영웅으로 일본 내에서도 최고의 예우를 받고 있는 것이다.

현재까지도 일본 정부는 이토의 무덤을 사적지로 지정하고 전담 관리인으로 하여금 24시간 상주하게 하고 있다. 평소에는 일반인의 출입이 엄격히 제한된다. 단, 이토의 사망일인 10월 26일 하루만 공개된다. 요시다 시게루, 기시 노부스케 같은 일본의 우파 거물 정치인들이 정기적으로 참배하던 이곳은 일본의 성지 대접을 받고 있다.

아직 유해조차 찾지 못하고 있는 안중근 의사에 비하면 이토 히로부미는 사후에도 극진한 대접을 받고 있는 것이다. 이것이 안중근과 이토의 사후의 모습이다. 애통한 마음은 어쩔 수가 없다.

안중근 의사의 유해를 서둘러 아무도 모르게 매장한 행위를 생각하면 일제가 안중근을 얼마나 두려워했는지 짐작할 수 있다. 이후 항일 저항기를 거치면서 이봉창을 선두로 한 독립운동가들과 윤동주를 비롯한 민족 시인들은 모두 안중근의 고결한 뜻을 이어 받은 것이다.

죽은 자의 몸은 아무리 잘 포장을 해도 결국 사라진다. 하지만 위대한 자의 정신은 살아 있는 사람들의 가슴과 가슴으로 전해져서 결코 매장할 수도 방치할 수도 없다. 김구 선생은 효창원에 안중근 의사의 묘지를 마련해 두었다. 이봉창, 윤봉길, 백창기 의사의 묏자리인 삼의사 묘에는 맨 첫 자리에 안중근 의사의 허묘를 마련해 놓았다. 그 자리에 안중근 의사의 유해가 돌아와, 한 조각의 뼈라도 모실 수 있다면 지난 100년의 한을 풀 수 있지 않을까?

안중근 의사가 뤼순에서 순국하자 안중근의 직계 가족인 부인과 어머니, 두 아들과 딸은 일제의 감시와 탄압을 피해 달아나야만 했다. 국내외에서는 안중근 의사의 유족을 보호하기 위해 노력했다. 박환의 『러시아 한인 민족운동사』에서는 러시아에서 큰 활약을 하고 있던 최재형과 대한제국 러시아 공사를 지낸 이범진의 지원이 있었고, 최봉준·김병학·김학만·유진율 등 블라디보스토크의 한인 지도자들이 안중근 의사 유족구제회를 결성하면서 안중근 의사의 추모 사업을 모색한 것으로 기록하고 있다.

그리고 안중근 의사의 뜻을 이어받은 두 동생들의 행보도 분주해진다. 이들은 국내에는 머물 수가 없었다. 일제는 어떤 꼬투리를 잡아서라도 두 동생을 제거하려고 했다. 결국 두 동생은 옌하이저우로 떠난다. 옌하이저우에는 안중근 의사의 유족이 머물고 있었고, 항일 저항운동을 하는 데도 적절한 장소였기 때문이다.

일제의 감시를 피해 안정근은 1910년 5월경 북간도를 거쳐 블라디보스토크로 건너가고, 안공근은 원산에서 뱃길로 블라디보스토크에 도착해서 서로 만나게 된다. 그리고 1911년 안중근 의사의 장남인 분도가 의문사했는데, 일제에 의해 독살된 것으로 전해진다. 당시의 상황을 목격한 증인들의 말에 의하면 강변에서 놀다 온 분도가 어떤 이가 준 과자를 먹고 집으로 돌아와 고통스러워하다가 숨을 거두었다고 한다. 안중근의 유족이 중국의 무링(穆陵)에 머물고 있을 때의 일이다.

이후, 안정근은 식구들의 생활을 위해 잡화상을 운영했고, 안공근은 교육 사업에 주력하라는 안중근의 뜻에 따라 1912년 6월부터 러시아에서 공부를 했다. 하지만 대학 학비가 부족해 1914년 4월경에 다시 돌아왔다고 한다. 그리고 안 의사의 가족들은 1914년에 러시아령 니콜리스크로 이주했다. 일제의 감시와 암살 위험 때문이었다.

모스크바에서 공부를 중단하고 돌아온 안공근은 정근이 운영하는 상점에서 같이 일을 하면서 독립운동에 매진했다. 안정근은 러시아 국적까지 취득해 1915년에는 러시아 국민병으로 종군하기도 했다. 안정근은 1918년 한인사회당이 결성되자 가입했고, 1919년 4월 임시정부가 수립되기 전인 1918년 11월경 상하이로 건너가 본격적인 독립운동을 전개하다가 지병으로 1924년경 활동을 중단하게 되었다.

니콜리스크에서의 생활도 오래가지 못했지만, 이곳에서 안중근의 어머니 조씨는 러시아 동포들에게 민족의식을 고취하는 활동을 했으며, 정근과 공근 형제는 일본의 스파이를 처단하는 등 무장투쟁을 했다. 두 형제는 힘을 합쳐 우리나라와는 풍토가 다른 니콜리스크 지방에서 벼농사 연구를 하면서 독립운동 기지를 마련할 계획을 세우기도 했다.

안중근 의사 삼형제 중 막내인 안공근은 1918년 니콜리스크에서 결성된 한인 비밀 회합에 참여하면서 항일운동을 했다. 안공근은 둘째 형인 정근이 상하이로 떠나자 니콜리스크에 남아 가족을 돌보고, 비밀결사운동에 가입해 홍범도, 황병길 등 우리 의병부대와 결사대에 많은 무기와 자금을 조달해 주었다. 1920년경, 도산 안창호의 연락을 받고 상하이로 건너가 임시정부의 러시아 특사로 임명되었다. 러시아에서 유학을 한 경험이 있어 러시아어가 능통했고 그곳 사정에도 밝았기 때문이다. 이후 임시정부 초대 러시아 대사 겸 외무차장에 임명되어, 1922년에는 모스크바에서 외교 활동을 했다.

그는 1926년 5월경 조직된 독립운동촉성회 회장을 맡았고, 같은 해에 조카 안원생 등 청년들과 결사대 8인단을 결성했다. 1927년 4

월에는 한국유일독립당 집행위원을 맡았고 1930년 1월에는 안창호, 김구 등 민족주의자 28명과 함께 한국독립당을 창당했다.

안공근은 김구가 1931년 11월 무장투쟁 단체인 한인애국단을 만들 때에도 중요한 일을 담당했다. 이봉창 의사의 선서식도 안공근의 집에서 거행하였으며, 단원들의 연락도 안공근의 집에서 했다. 윤봉길 의사가 거사를 앞두고 태극기를 들고 찍은 사진은 안공근의 차남 안낙생의 집에서 촬영한 것이라고 한다.

안공근은 김구의 최측근으로 활동하면서 독립운동에 많은 업적을 쌓았다. 이후 김구 주석과의 관계가 소원해지기도 했지만, 독립운동에 대한 열정으로 살다가 1939년 5월 30일 의문의 실종을 당하게 된다. 그의 나이 50세가 되던 해다. 이 실종에 대해서는 두 가지 설이 있다. 독립운동 단체의 내부 갈등으로 희생되었다는 설과 일제의 밀정에게 암살당했다는 설이다. 안중근 의사가 순국한 후 두 동생은 독립운동에 혁혁한 공로를 세우고 생을 마감한 것이다.

하지만 옥에도 티가 있는 법이다. 안중근 의사의 둘째 아들인 준생이 일제 치하에 보여 준 행동은 실망을 준다. 안중근 가문과 인연이 깊고, 일제 치하의 변절자에 대해서도 관대했던 김구도 안준생만은 용서할 수 없었다. 김구 선생의 『백범일지』에 "민족 반역자로 변절한 안준생을 교수형에 처하라고 중국 관헌에 부탁했으나 그들이 실행하지 않았다"는 구절이 나온다.

안준생은 앞에서 잠시 언급한 박문사 행사에 참가한 친일파 중 한 명이기도 하다. 준생은 이토의 영전에 향을 피우고 "아버지의 죄를 내가 속죄하며 보국의 정성을 다하겠다"고 맹세한다. 다음 날엔 이토의 둘째 아들인 일본광업공사 사장 분키치를 만나 직접 사과했다. 이 모습을 담은 사진은 총독부 기관지인 『매일신보』 1939년 10월 18일자에 "극적인 대면, 여형약제(如兄若弟) 오월(吳越) 30년 영석(永釋)", 즉 "형·동생으로 30년 원한을 영원히 풀다"라는 제목으로 대문짝만하게 실린다.

안준생은 1937년 중일전쟁 발발 전만 해도 독립운동에 관여한 것으로 알려져 있다. 하지만 일제의 집요한 책략에 끝내 굴복하고 이용당하고 만다. 백범은 해방 후 자신을 찾은 안준생을 끝내 만나 주지 않았다. 그를 용서하지 않았던 것이다.

아마도 우리나라 독립운동에 가장 많은 인물을 배출한 집안에서, 그것도 안중근의 친아들이 저지른 친일 행위가 도저히 용서되지 않았을 것이다. 수없이 많은 고비를 넘기며 아름다운 청춘들을 적의 진영에 보내어 희생시킨 마음에, 그 거칠고 외로웠던 시절을 살아낸 백범으로서는 안준생을 '교수형'에 처해야 마땅하다고 판단했을 것이다. 하지만 과연 그러한가? 그것을 안준생이라는 한 개인의 잘못으로만 보아야 할까?

뉴스를 보니, 안중근의 증손자 안보영 씨는 우리말을 하지 못해 간단한 인사도 영어로 했다. 안중근 의사의 막내 동생인 공근 씨의 자손과 처음 만나 서로 인사를 하고 안부를 묻는 장면을 보면서 나는 우리 독립운동가들의 후손들이 어떤 대우를 받고 있는지 확인할 수 있었다. 친일파의 후손들은 많은 재산을 가지고 호의호식하면서 지금까지도 풍족한 생활을 하고 있는데, 독립운동가들의 후손은 물론 예외도 있겠지만 많은 사람들이 힘겹게 살고 있다.

그 시절 가난하고 힘겨운 짐을 지고 먹고살기 위해 발버둥을 쳤으니 가난이 대물림되고, 가난하면 교육을 받을 수 없으니 지금까지도 뿌리 잘린 나무처럼 여기저기 흔들리면서 살고 있는 것이다. 뉴스를 보면서 내가 마음이 아팠던 것은 증손자인 보영 씨가 우리말을 하지 못했기 때문이다. 이것이 바로 안중근의 후손들의 지금까지의 삶과 현재의 처지를 보여 주는 단적인 예다.

국내에는 안정근의 두 손녀인 기수 씨와 기려 씨만이 남아 있다. 두 자매는 10평 남짓한 월세방에서 근근이 살고 있다고 한다. 안 의사의 직계 후손들은 그래도 독립운동가의 자손이라는 자부심으로 살고 있다고 말한다. 또한 뉴스의 보도에 따르면, 안 의사 직계 후손들은 광복 후 친일파가 득세하면서 미국으로 쫓겨 가다시피 건너갔고, 공근의 후손들은 고향인 황해도로 갔다고 한다.

다시 한 번 안준생의 문제로 돌아온다. 그의 변절이 아버지 안중근의 명예에 먹칠을 한 것임은 따로 설명할 필요가 없다. 그의 친일 행위를 어떻게 보아야 할까. 단순히 친일 분자로 욕을 하면 간단하긴 한데, 뭔가 석연치 않은 구석이 있다. 그것이 무엇일까? 그것은 항일 저항기 당대 현실에 대한 뉘우침이기도 하다. 당시 임시정부는 안중근의 아들을 품어 보살피는 노력을 했어야 하지 않을까? 그러기에는 우리의 상황이 너무나 급박했던 것일까? 안중근을 사랑하는 한 사람으로 나는 그것이 못내 아쉬웠다. 하지만 엄연한 사실 앞에 '만약에'라는 말은 힘이 없다. 백범 역시 과거를 회상하면서 독립정신을 굳게 지키고 왜놈의 앞잡이가 되지 않은 사람은 자신의 주변에 10여 명뿐이었다고 개탄했다.

일제가 안준생을 회유한 까닭은 너무나 자명하다. 안중근 의사의 아들이 변절을 하면 조선인들을 회유하는 데 효과가 얼마나 크겠는가. 분명히 준생은 아버지 안중근의 이름과 우리나라의 독립운동에 오점을 남겼다. 우리는 그것도 기억해야 한다. 그리고 반성하고 성찰해야 한다. 안중근의 정신은 그래야 우리 곁에 온전히 자리 잡을 수 있다.

에필로그

안중근과 이토 히로부미는 동시대를 살면서 전혀 다른 길을 걸었다. 안중근이 유복한 양반 집안 출생이라면, 이토는 천민에 가까운 출신이다. 안중근이 짧고 굵은 인생을 살았다면, 이토는 당시로서는 장수를 한 인물이다. 안중근은 입신출세의 길을 걷지 못했지만, 이토는 일본 최고의 정치인으로 일본의 근대를 이끈 인물이다. 안중근은 동양 평화를 위해 목숨을 바쳤지만, 이토는 동양 정복을 위해 목숨을 바쳤다. 이 상반된 두 인물이 하얼빈에서 만났다.

하얼빈은 안중근과 이토 두 사람의 인생에 종착역이 되었다. 지금 하얼빈 역은 기적소리도 울리지 않고, 더 이상 환영 인파도 총성도 없다. 100년 동안 무수히 많은 사람들이 거쳐 간 하얼빈 역은 지금까지 왕성하게 움직이고 있다. 하얼빈에서 뤼순을 향해 출발하는 기차를 보면서 나는 레닌의 말을 생각했다. "꿈과 현실 사이에 실낱같은 끈이라도 있으면 그것으로 나는 충분하다." 안중근은 자신이 꿈꾸었던 세상과 눈앞에 펼쳐진 실낱같은 끈을 보았다. 그리고 그것으로 충분했다. 그 끈은 무엇일까?

　책을 쓰기 위해 안중근에 대한 자료를 읽고, 하얼빈과 뤼순을 다녀왔다. 안중근에 대한 사람들의 다양한 의견도 들어 보았다. 그런데 나는 자꾸 조선이라는 거대한 태양이 지는 광경을 배경으로 안중근이 서 있는 모습이 떠오른다. 이 이미지는 노을을 배경으로 서 있는 한 쓸쓸한 남자의 초상이다. 그를 말할 때 우리는 민족주의자, 천주교 신자, 독립투사 등등의 면류관을 씌워 준다. 우리는 한 영웅적 인간에게 그의 본모습보다는 자기 생각에 맞는 부분만을 확대하여 어울리지도 않는 동상을 만들어 세운다. 그 동상의 모습은 각양각색이다. 하지만 안중근의 마음속에는 오로지 조국과 세계의 평화에 대한 갈망이 있었고, 그는 역설적으로 폭력의 상징인 총구를 통하여 그것을 말하려고 했다. 어설픈 동상이나 정치적인 외침보다는 안중근의 한마디를 되새기는 정신이 필요하다.

　안중근의 일성에 귀를 기울이는 사람은 과연 얼마나 될까? 세월이 지나면 원형은 변질된다. 안중근의 정신 역시 그러한 기미가 보인다. 하얼빈에서 안중근이 보낸 11일은 안중근의 정신이 가장 옹

골차게 드러나는 날들이다. 더듬어 보면서 안중근의 맨얼굴을 보고 싶었다. 그의 거친 숨소리와 우렁찬 목소리를 듣고 싶었다. 안중근이 꿈꾸었던 독립된 조국에서 우리는 살고 있다. 하지만 과연 우리는 독립을 이루었는가, 자성하지 않을 수 없다.

하얼빈 역에서 만난 한 중국인이 떠오른다. 역내를 청소하고 있는 그에게 나는 "안중근 의사를 아느냐?"고 물었다. 그는 매우 잘 안다고 하면서 한국은 이런 사람이 있어 참 좋겠다고 했다. 그가 안중근 의사가 거사를 한 장소를 청소하는 뒷모습을 보면서, 나도 저 중국인 청소부처럼 먼지가 내려앉고 사람들의 발자국이 지나간 안중근의 고결한 정신을 잘 청소하는 사람이 되고 싶었다. 그런 심경으로 이 책을 마친다.

2009년 12월

원재훈

참고문헌

가토 요코, 박영준 옮김, 『근대 일본의 전쟁논리』(태학사, 2003)
김삼웅, 『안중근 평전』(시대의창, 2009)
김우종 엮음, 『안중근과 할빈』(흑룡강조선민족출판사, 2005)
김윤식, 『이광수와 그의 시대 1』(솔, 1999)
나카무라 기쿠오, 강창일 옮김, 『이등박문』(중심, 2000)
미요시 도오루, 이혁재 옮김, 『사전 이토 히로부미』(다락원, 2002)
박환, 『러시아 한인 민족운동사』(탐구당, 1995)
사이토 다이켄, 이송은 옮김, 『내 마음의 안중근』(집사재, 2002)
서명훈, 『안중근 의사 할빈에서의 열하루』(흑룡강미술출판사, 2005)
서명훈, 『할빈시 조선 민족 백년사화』(민족출판사, 2007)
송영걸, 『이등박문 연구』(제이앤씨, 2005)
신용하 엮음, 『안중근 유고집』(역민사, 1995)
이기웅 옮겨 엮음, 『안중근 전쟁 끝나지 않았다』(열화당, 2000)
이태복, 『도산 안창호 평전』(동녘, 2006)
임종국, 『실록 친일파』(돌베개, 1991)